シリーズ 英文法を解き明かす
現代英語の文法と語法 ③

内田聖二／八木克正／安井泉 編

大竹芳夫

談話のことば1
文をつなぐ

研究社

編者はしがき

　シリーズ「英文法を解き明かす——現代英語の文法と語法」は、英語語法文法学会が 2012 年に設立 20 周年を迎えたのを期に、学会で培われてきた活動成果を広く社会に還元すべく、出版を企画したものです。

　英語語法文法学会は、28 名の研究者による設立趣意書を受け、1993 年に初代会長小西友七のもと設立されました。その背景には、英語学、言語学の分野において、変形生成文法をはじめとする言語理論の隆盛によって学問的な関心が理論的側面に偏り、研究対象が文法の実証的記述から離れていったことがあります。各種学会での研究発表、シンポジウムが理論的な研究に傾き、個別言語としての英語の記述的な語法研究が正しく評価されない状況にありました。

　教育の現場で英語を教え、また英語のあるがままの姿を正しく理解しようと思っている研究者にとって、英語の語彙や構文の特性などの基本的な成り立ちをつまびらかにして、英語自体の理解を深めることこそが、基本的な出発点だと思います。ことばの多様性とそれを説明する筋の通った記述という地道な研究の成果を発表する場を保証することが、本学会の使命のひとつだと思うのです。

　1993 年 11 月、第 1 回大会が立命館大学で開催され、その後、設立の趣旨を実現すべく、さまざまな取り組みがなされてきました。年次大会ではシンポジウム、研究発表のほか、第 6 回大会からは特色ある「語法ワークショップ」をはじめました。機関誌の『英語語法文法研究』は創刊号(1994 年)から毎年刊行され、前年のシンポジウムに基づく論考、応募論文、語法ノートを掲載しています。また、小西友七初代会長の寄付金を基金として、2000 年に「英語語法文法学会賞」を、2010 年からは若手研究者の育成と研究活動の促進を目的とした「英語語法文法学会奨励賞」を、新設しました。さらに、2005 年以降、学会の社会貢献の一環として会員以外の方も参

加できる英語語法文法セミナーを毎年8月大阪で開催しています。これは、英語学・言語学の最先端の学識に触れる機会を広く提供することを目的としたものです。

　このシリーズは、「ことばの基礎」「談話のことば」「ことばを彩る」「ことばとスコープ」「ことばの実際」という5つの視座から英語ということばを見つめるものです。「ことばの基礎」ではものの名付け、代替表現などを対象として、名詞と代名詞を第1巻でとりあげ、第2巻では文構造の基本としての動詞を記述の中心に据えます。「談話のことば」では、品詞を超えて文をつなぐ現象を第3巻で扱い、談話と文法的規範からの逸脱との関係を第4巻で考察します。「ことばを彩る」というテーマでは、第5巻でテンス・アスペクト、第6巻ではムード、の観点から英語表現のニュアンスの違いを論じます。第7巻と第8巻は「ことばとスコープ」にあてられ、それぞれ照応表現、否定表現が分析の対象となります。「ことばの実際」では、話しことばの実相を第9巻で提示し、英文法と言語コーパスとの接点を第10巻で記述、説明します。

　本シリーズは、英語の文法事象と語法を、最新の知見からわかりやすく解説するとともに、その研究成果を英語教育の現場で役立つ情報として盛り込むことで、研究と教育の両面から包括的に、発話者の「心」を伝える英語表現の仕組みを解き明かすことを目指すものです。

2016年3月

編者
内田聖二
八木克正
安井　泉

はしがき

　私たちは感情や考えを伝え合うために文を話し、そして書く。述べ足りないときには情報を補足するために文をつなぎ、逆にまとまった内容を述べ終えたときには文をつなぐことをやめる。また、文を途中まで話していて、ふとことばが出てこなかったときには、相手が情報をつないで文を補完してくれることもある。英語の談話を観察すると、英語話者が文をつなぐ方法は一様ではなく実にさまざまな工夫を施していることがわかる。例えば、接続表現を用いて、接ぎ木の台木に穂を「接ぐ」ように文と文をぴたりとつなぐことがある。(1)では I'm leaving という文に、理由を表す接続詞 because から始まる it's simply time to go という文を接着させてつなぐことで因果関係が明示され、情報に流れが生まれて話の筋が通るようになる。

(1) I'm leaving because it's simply time to go.
　　　　　　　　　　　　　　　(*The New York Times*, Feb. 20, 1986)
　　（単に辞め時だから私は職を辞するんだ）

木に竹を接ぐことはできないが、親和性のある種同士であれば接げないわけではない。例えば、活力あるノイバラを台木に園芸品種のバラの穂を「接ぐ」ことで、養分の受け渡しができる１つの個体となり、やがてきれいな花を咲かせる。話し手が接続表現を活用して文をつなぎ、話の筋、情報のつながりを積極的に聞き手に伝える工夫は、これとよく似ている。

(2)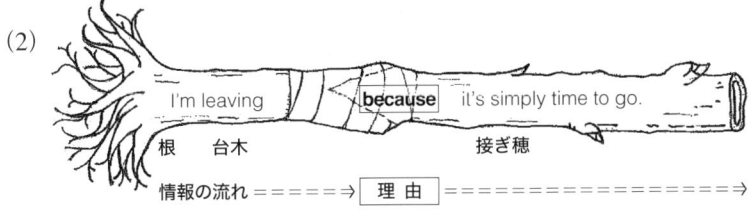

一方、話し手が文を「接ぐ」のではなく、そのままでは聞き手に誤解を生じさせたり意図が正しく伝わらないようなむき出しの情報、当該文脈や場面と親和性のない情報を担う文を「つなぎ表現」を介してつなぐこともある。(3)ではブラッドの What's so funny?（何がそんなにおかしいの？）という質問に対してクリスが即答するのではなく、思慮を巡らせながら釈明を切り出すことを告げる「つなぎ表現」として Well（だって）と it's just that（ただその）を発話した後に、ためらいの「間」を介してブラッドの言動の幼稚さを揶揄する you're just a child（まだ子供なんだもん）という内容を伝えている。Well, it's just that とそれに続くためらいの「間」は、相手の質問を受けて、その答えを相手にむき出しのまま荒々しく返すことを回避する緩衝機能を果たしている。

(3) Brad Anderson: What's so funny?
　　Chris Parker: Well, it's just that . . . you're just a child.
　　　　　　　　　　　　　　　　　　（映画の台詞：*Adventures in Babysitting*, 1987）
（ブラッド・アンダーソン：何がそんなにおかしいの？
　クリス・パーカー：だって、ただその . . . まだ子供なんだもん）

(4)

ことばによるコミュニケーションでは、情報を受け取る相手が必ず存在する。話し手(書き手)が聞き手(読み手)に一切配慮せず、思いつくままに文を並べて発話すれば、筋がなくばらばらで支離滅裂な発話、あるいは配慮に欠けた発話となる。蕎麦を打つときに、そば粉に「つなぎ」として小麦粉や鶏卵を混ぜ合わせることで生地のまとまりがよくなるのと同じように、発話場面や文脈に応じたつなぎ表現を発話に織り込むことによって、伝達内容のまとまりや相手の理解に対する配慮を表出することができる。もち

ろん、「つなぎ」を使わないで打つ十割蕎麦が香り高く人気があるように、聞き手の理解に負担がかからない配列順序で文がつながっている場合や、場面や文脈から容易に意味関係を推測できる場合などには、つなぎ表現を使う必要はない。

　本書では文を「接ぐ」事象、文を「つなぐ」事象の両方を扱い、英語の接続現象を支える発話者の感性や発想、つまり「心のひだ」に迫ることを目指す。

　本書は、第1章から第6章までの6つの各論と第7章の結語で構成される。第1章では、基本的な事例をもとに「文をつなぐ」仕組みについて論ずる。例えば(5)では、場面や文脈の情報を引き継いでつなぎ合わせる指示表現 it と that の選択には、それが指示することがらを話し手が心にどのようにとらえているのかが反映される(p.10参照)。

(5) a. Add seven to five. Now subtract it from twenty.
　　　(5に7を足しなさい。次に20から7(=it)を引きなさい：it=7)
　　b. Add seven to five. Now subtract that from twenty.
　　　(5に7を足しなさい。次に20からその計算の結果得られた数(=that)を引きなさい：that=12)　　　((5a), (5b)：Wolter 2006: 202)

　第2章では、「文をつながない」、つまり発話を終結させるメカニズムを明らかにする。例えば、(6)のように話し手が whatever を用いて、相手の発話内容に無関心な態度で応答し、相手の話題を展開する文をつなぐことを拒絶する事象を考察する(p.44参照)。

(6) Shirley: Samel, you gonna make that phone call today?
　　Samel: Yeah, whatever.　　　(映画の台詞：*Everyday People*, 2004)
　　(シャーリー：ザメル、その電話は今日かけるの？
　　ザメル：まあ、別にどうでもいいだろ)

　第3章「話し手の心を映し出して文をつなぐ」では、話し手の価値感覚や配慮意識がつなぎ表現として具現化することを実証的に明らかにする。一例を挙げると、(7)に見るように、相手にへりくだった態度を示して「ひ

と言、よろしいですか？」などあらかじめ告げてから本題につなぐ Can I put my two cents in? のような口語表現を取り上げて、つなぎ表現から見えてくる話し手の心の有り様を浮き彫りにする (p. 54 参照)。

(7) "I beg your pardon." Quinn sat on the edge of the wing chair. "But if I could put my two cents in . . ." "Take your best shot," Cale said.
(M. Stewart, *If Only in My Dreams*, 2015)
(「失礼ですが」とクインはそで椅子に浅く腰掛けて言った。「ひと言、言わせていただければ . . .」「言ってみてくれ」とケイルが言った)

第4章では「聞き手の理解に負担をかけずに文をつなぐ」をテーマとし、話の方向を変える場合や、情報を訂正、補完する場合に用いられるつなぎ表現を分析する。例えば、(8) のように話し手が言いよどんだときに、聞き手の手助けによって未完結の部分に情報をつないで補完してもらい発話を完結する現象について論ずる (p. 123 参照)。

(8) Brock Lovett: This is Brock Lovett. How can I help you, Mrs. . . . ?
Bobby Buell: Calvert. Rose Calvert.
Brock Lovett: Mrs. Calvert?　　　　　　　(映画の台詞: *Titanic*, 1997)
(ブロック・ロヴェット: はい、ブロック・ロヴェットです。いかがなさいましたか？ ミセス . . .
ボビー・ビューエル: カルヴァート。ローズ・カルヴァートだよ。
ブロック・ロヴェット: ミセス・カルヴァート？)

第5章「場面や文脈情報と関連づけて文をつなぐ」では、静寂の「間」をことばにしてつなぐ事象や、直前の発話内容を理由としてつなぐ just because 節などの分析を通して、場面や文脈情報と文とのつながりについて解き明かす。例えば、(9) に見るような、発話直前までは意識が払われていなかったにもかかわらず、突発的に知覚された新たな状況を談話に切り出す the next thing の特性について考察する (p. 132 参照)。

(9) "I just remember going into hospital in the morning, and the next thing I woke up in intensive care three weeks later. [. . .]"
(*The Guardian*, Sept. 12, 2003)

(「私は午前中に入院したことだけは覚えています。気がついたら、3週間後に集中治療室で目がさめたのです。[...]」)

第6章では、「情報の橋渡しをして文をつなぐ」というテーマのもとに、過去と対比して現在の状況をつなぐ表現 once upon a time、話し手が情報を事実認定してからつなぐ表現 as a matter of fact などを観察しながら、情報がつなぎ合わされる特徴を明らかにする。同一内容の反復を避けてつなぐ表現も考察の対象である。(10)の小説の子供の会話例では、自分も気に入ったということを伝えるのに、Me too の too を数字の two に掛けてことば遊びをしながら、子供たちが互いの発話をつないで楽しんでいる様子が描かれている(p. 182 参照)。

(10) "[...] I like them!" "Me too," Dan said. "Me three," said Andy. "Me four," Kevin agreed. "Me five," said John. "Me six," Trevor giggled at the counting!　　　(L. D. Hart, *Restoring Acres*, 2013)
(「[...]僕、気に入ったよ！」「僕も」とダンが言った。「僕も」とアンディが言った。「僕も」とケヴィンが言った。「僕も」とジョンが言った。「僕も」とトレヴァーが数を数えてくすくす笑った！)

第7章では、本書の分析と考察を振り返り、英語ということばをあらためて見つめ直す。

本書は本シリーズの刊行の趣旨に沿い、発話者の幾重にも折りたたまれたその心のひだを丁寧に読み取って、「文をつなぐ」仕組みを解き明かすことを究極の目標とする。副詞、接続詞、談話辞を網羅的に論ずるのでもなければ、体系的に説明するものでもない。しかし、映画、ドラマ、新聞、小説と多岐に渡る生きた言語資料の観察と分析を通じた裏づけを積み重ねながら、限られた英語の接続現象を実証的に分析することで、英語話者の生き生きとした発想や複雑で繊細なもののとらえかたをつまびらかにすることを目指している。

本書は多くの方々のご指導とご協力のおかげで完成したものである。本シリーズの編者であり、本書執筆の機会を与えてくださった内田聖二先生、

八木克正先生、安井泉先生からは英語語法文法学会をはじめさまざまな機会やご論著から学問的な刺激を大いにいただいてきた。安井泉先生には筆者が筑波大学、筑波大学大学院の学生時代から今日まで温かなご指導をいただき、本書についても多くの有意義なご助言を頂戴した。英語語法文法学会第1回大会に筆者が参加できたのは設立発起人の安井泉先生からお声をかけていただいたおかげであり、同学会誌『英語語法文法研究』創刊号(1994年)に採択された投稿論文「It is that 構文に関する意味論的、語用論的考察」から学究への道の第一歩を踏み出すことができた。その後『英語語法文法研究』に採録いただいた4編の論文の研究成果は『「の(だ)」に対応する英語の構文』(2009年)の上梓につながっている。

　本シリーズの執筆者である吉良文孝氏、中山仁氏とは折りあるたびに意見を交わし、励ましてもらった。ここに記して感謝を申し述べたい。

　本書の出版に際して、研究社編集部の津田正氏には編集作業の細部にわたりお世話になった。守屋岑男氏には校正の段階で貴重なコメントとご指摘を頂戴した。両氏に厚く御礼を申し上げる。

　最後に、執筆中は長きにわたり、励まし応援をしてくれた家族の支えがあったことを書き留めておきたい。

　なお、本書の研究成果の一部は、平成27–30年度日本学術振興会科学研究費補助金基盤研究(C)課題番号15K02592「日英語の文連結現象において指示表現と名詞節化形式が果たす役割に関する総合的研究」(研究代表者: 大竹芳夫)の補助金助成を受けている。記して感謝を申し上げたい。

　　2016年6月

大 竹 芳 夫

目次

編者はしがき　iii
はしがき　v

第1章　文をつなぐ　1

1.1　文脈に解き放してつなぐ　1
1.2　さまざまな形式でつなぐ：並置、等位接続、従属接続　5
1.3　指示表現を選んでつなぐ：it と that の選択　10
1.4　共通要素をくくり出してつなぐ："She bought X, Y, and Z." と "She bought X, she bought Y, and she bought Z."　13
1.5　基本的な単語を組み合わせた表現でつなぐ：but then　16
1.6　名詞句でつなぐ：There wasn't a sound, a fact which . . .　18
1.7　コンマだけでつなぐ：You want to see him, you go.　21
1.8　異なる形式で共通要素につなぐ：関係節と前置詞句の等位接続　23
1.9　伝達部を引用の途中でつなぐ："Dr Cooper," the President began, "do sit down."　24
1.10　天候・明暗・時間などを表す文と形式主語構文を1つの主語 it でつなぐ：It was drizzling rain and foggy and impossible to see very far.　27

第2章　文をつながない　30

2.1　未完結のまま発話を終結する　30
2.2　積極的に発話を終結する(1)：That's that. と That's it.　31
2.3　積極的に発話を終結する(2)："Period. Full stop. End of story."　34
2.4　文をつなぐことを拒否する(1)：名詞化される接続表現 no ifs, ands or buts　37
2.5　文をつなぐことを拒否する(2)：相手を苛立たせる表現 whatever　40

第3章　話し手の心を映し出して文をつなぐ　46

3.1　確信の揺れを表現してつなぐ：{perhaps / maybe} not　46
3.2　抵抗感を表現してつなぐ：I hate to say {it / this}, but . . .　49
3.3　へりくだった気持ちを表現してつなぐ(1)：if I can put my two {cents / pennies} in　53
3.4　へりくだった気持ちを表現してつなぐ(2)：in my humble opinion　57
3.5　相手の依頼や確認にひと呼吸おいてから承諾・承認表現につなぐ：why, {yes / sure}　61
3.6　相手に許可を求めて補足的情報をつなぐ：let me add . . .　64
3.7　価値意識を反映してつなぐ：but　66
3.8　前の事実から期待される結果に反する事実をつなぐ：and　68
3.9　釈明をつなぐ：It is just (that) . . .　72
3.10　情報価値のある内容を婉曲に伝えてつなぐ：for {what / whatever} it's worth　76

3.11 真偽のほどは保証しないで伝聞情報をつなぐ：文修飾副詞 allegedly　80
3.12 論証可能な情報であることを認定してつなぐ：文修飾副詞 arguably　83
3.13 冷静かつ論理的に文をつなぐ：アメリカの宇宙ドラマ『スタートレック』のミスター・スポックの台詞に学ぶ　88

第4章　聞き手の理解に負担をかけずに文をつなぐ　93

4.1 結束性と首尾一貫性を保ってなめらかにつなぐ　93
4.2 相手の記憶に残したい情報を文末に置いてつなぐ：動詞（句）前置 I have determined to go, and go I shall.　97
4.3 情報を訂正してつなぐ：(or,) rather　99
4.4 適切な情報に切り替えてつなぐ：(or,) better　101
4.5 話の方向を本題から突然そらしてつなぐ：by the way　102
4.6 話の方向を本題からそらさないことを装ってつなぐ：{I don't mean to / not to} change the subject　108
4.7 他の理屈や事実に理解を示しつつ反論につなぐ：It is true (that) α but β　113
4.8 付言をつなぐ：for that matter　116
4.9 常識や予想を打ち消してつなぐ：on the contrary　119
4.10 相手の発話を補完してつなぐ　122
4.11 命令文を連続してつなぐ：Run, Forrest! Run!　124

第5章　場面や文脈情報と関連づけて文をつなぐ　127

5.1 場面や文脈情報と結びつけてつなぐ：I'm fine.　127
5.2 静寂の「間」をことばにしてつなぐ："A silence. . . . Another silence."　129
5.3 突発的に知覚した状況を継起関係に基づいてつなぐ："(the) next thing (,)", "(the) next thing S＋V(,)"　131
5.4 話題を提示してつなぐ：as for　137
5.5 主文が表す事態にそれが至り及ぶ状況をつなぐ：{till / until} 節　139
5.6 ステップの完了と開始をつなぐ：once 節　144
5.7 重要な情報の伝達を告げてつなぐ：文修飾副詞 importantly　148
5.8 文頭に独立する名詞句を伴う文をつなぐ：An avid reader, Hancox was largely self-educated.　154
5.9 直前の発話内容を理由としてつなぐ：just because 節　159
5.10 内実や例外を追述してバランスよくつなぐ：{having said that / that said}　162

第6章　情報の橋渡しをして文をつなぐ　167

6.1 過去と対比して現在の状況をつなぐ：once upon a time　167
6.2 過去の場面設定から具体的叙述へとつなぐ：used to から would へ　174
6.3 先行情報と比較しながら新情報をつなぐ：比較を表す形容詞句を文頭に立てる倒置構文　176
6.4 比例関係をつなぐ：2つの比例構文　179
6.5 同一内容の反復を避けてつなぐ：so＋{助動詞 / be 動詞}＋主語構文と"Ditto."　181

6.6　情報を事実認定してつなぐ：as a matter of fact　188
6.7　倒置してつなぐ：as＋{助動詞／be 動詞}＋主語構文　191
6.8　条件と結果を直截的につなぐ：名詞句＋{and／or}＋文　195
6.9　条件や制限を補足してつなぐ：if 節、unless 節、when 節と共起する{that is／that is to say}　196
6.10　同時や直前に発生することがらをつなぐ：just when と just before　200
6.11　従属節を独立させてつなぐ：because 節　202
6.12　分詞構文でつなぐ　205

第7章　結語―英語ということばをあらためて見つめ直す―　210

参考文献　213
索　　引　216

第1章

文をつなぐ

　She bought a red dress, a green one, and a blue one. と She bought a red dress, she bought a green dress, and she bought a blue dress. という2つの形式は、数学の展開と因数分解の関係のように等価に見える。しかしことばには、数学でイコールで結びつけられるような関係の文は存在しない。この2つの文に関しても、後者には前者にはない「彼女がこれも買ったしあれも買った」と彼女が買いすぎたという含意がある (Bolinger 1977: 7)。これは文をつなぐときに話し手の心が映し出されることを示す1つの事例である。本章では基本的な事例をもとに「文をつなぐ」仕組みを解き明かす。

1.1　文脈に解き放してつなぐ

　発話は聞き手の知識や発話される文脈の情報とつながることで初めて、話し手が意図する意味が伝達される。Kiparsky and Kiparsky (1971: 367) は、He's an idiot. という文は聞き手の知識や前後の文脈情報とつながっていなければ、(i)〈話し手が一定の証拠に基づいて事実認定して〉「彼には知的障害がある」という意味なのか、それとも (ii)〈話し手の心に浮かんだ個人的な考えとして〉「彼はばかだ」という意味なのか、あいまいなままであると説明する。Kiparsky and Kiparsky (1971: 367) によれば、この意味解釈のあいまいさがあるがゆえに、(1)のように話し手Aの発話に対して話し手Bのような確認の問いかけが続くかもしれないし、さらには(2)のようにWhy疑問文になる場合にも、事実を直接的に証明する証拠を理由とす

る答え（=(2)B1）が続くのか、それとも個人的な考えを持つに至ったある特定のことがらを理由とする答え（=(2)B2）が続くのかという両方の可能性があると言う（Kiparsky and Kiparsky (1971)では、idiot という単語が知的障害の意味も表すことを前提に文のあいまい性が分析されている。現在、idiot はその意味では用いられない。本書では『日本医学会 医学用語辞典(英和)』第3版の訳語に従い、idiot を知的障害と訳すことにする）。

(1) Speaker A: He's an idiot.

Speaker B: Is that a fact or is that just your opinion?

(Kiparsky and Kiparsky 1971: 367)

(話し手 A：彼は "idiot" だよ。
話し手 B：それは事実？ それともあなたが自分でそう思っているだけなの？)

(2) Speaker A: Why is he an idiot?

Speaker B1: Because his brain lacks oxygen.

Speaker B2: Because he failed this simple test for the third time.

(*ibid.*)

(話し手 A：{彼に知的障害があるというのはなぜなの？ / なぜ彼がばかだと思うの？}
話し手 B1：彼の脳の酸素が不足しているからだよ。
話し手 B2：彼がこの簡単な試験に落ちたのはこれで3回目だからだよ)
引用者注：Kiparsky and Kiparsky (1971)によれば、話し手 B1 の理由が答えとなるのは、話し手 A の質問が Why is it a fact that he is an idiot? (彼に知的障害があるというのはなぜなの？)と解釈される場合であり、話し手 B2 の理由が答えとなるのは、話し手 A の質問が Why do you think that he is an idiot? (なぜ彼がばかだと思うの？)と解釈される場合である。

Kiparsky and Kiparsky (1971)は、He's an idiot. のような基本的な平叙文でさえも聞き手の知識や発話される文脈の情報と関係づけられなければ、話し手が証拠に基づいて事実認定した内容を伝えているのか、それとも心に浮かんだままの内容をただ伝えているのかがあいまいとなるという事実を明快に説明している。

では、このように文と聞き手の知識や文脈情報とがはっきりと結びつかず、事実が述べられているのか、それとも話し手の心に浮かんだ考えが述

べられているのかがあいまいなために、聞き手が確認の質問をする場面を考えよう。次の例では、波線部の I'm good at lots of things. (僕はたくさんのことが上手にできるんだ) という話し手の発話に対して、Is that a fact or an opinion? (それは事実なの？ それとも自分でそう思っているの？) と確認の質問が発せられる場面が描かれている。話し手は、自分がダンスを披露した視覚情報が I'm good at lots of things. という文の内容につながるものと考えていた。しかし相手は、たしかに話し手がダンスは上手であることは知っているが、他のことも上手かどうかを知らない。そのため、相手からの確認を受けて、事実であることを実証しようと I could show you my certificates. (証明してみせられるけど) という文をつないでいることがわかる。

(3) He excelled at ballroom dance, [...]. "You're good at it." "I'm good at lots of things." Even his slight smirk held an element of charm. "Is that a fact or an opinion?" "Some of both." "I'll take your word for it." "I could show you my certificates." "Oh, you're certified. Impressive." (J. Labrecque, *Northern Rebel*, 2013)
(彼は社交ダンスがとても上手だった [...]。「ダンスがうまいわね」「僕はたくさんのことが上手にできるんだ」 彼の得意げな気取った笑いにさえもちょっとした魅力があった。「それは事実なの？ それとも自分でそう思っているの？」「どちらもってとこだね」「言うことを信じるわ」「証明してみせられるけど」「えっ、証明してくれたでしょ。見事だったわよ」)

次に、Kiparsky and Kiparsky (1971) が示す He's an idiot. のような類の文が、聞き手の知識や文脈情報と結びつくことで明瞭に解釈されることを確認する。第一に、聞き手の知識や世間の常識と文がつながることで、文の解釈のあいまいさが解消される場合がある。次の(4a)と(4b)では、有名なゴルファーのタイガー・ウッズを主語に据えた Tiger Woods is an idiot. (タイガー・ウッズは愚かである)、Tiger is a genius. (タイガーは天才である)という文が書かれている。しかし、いずれの文も書き手個人の評価を伝えていることは明らかである。これは、主語の指示対象のタイガー・ウッズがゴルファーとして有名であるという世間の常識と文がつながることで、解釈のあいまいさが解消される例である。

(4) a. <u>Tiger Woods is an idiot.</u> A mesmerizing, peerless, incandescent idiot. If he'd used his head at all, he would never have entered the U.S. Open last week with a double stress fracture and a torn ligament in his left leg.　(*San Francisco Chronicle*, June 19, 2008)
(<u>タイガー・ウッズは愚かである</u>。唖然とさせる、並ぶ者がいないほどの、見事なまでの愚か者である。もしいやしくも彼が頭を使っていたら、左脚の2ヶ所の疲労骨折と靱帯裂傷を抱えたまま、先週の全米オープンゴルフには決してエントリーをしていなかっただろう)

b. And there are technical things about his swing as well. <u>Tiger is a genius.</u> But I tried to break it down to make it simple for people to understand.　(*San Francisco Chronicle*, Mar. 31, 2012)
(さらに彼のスイングにも技術面で優れたところがある。<u>タイガーは天才である</u>。しかし、私はそれを分析し、人々にわかりやすく教えるようにしてきた)

第二に、文が文脈情報と結びつくことによって文の解釈のあいまいさが解消される場合がある。次の(5a)では、前後の文脈情報と結びついて、My dog is an idiot (私の犬はばかだわ) という文が話し手イヴの個人的な考えを表現していることは明らかである。また、(5b)では、先行文脈で述べられている情報が証拠として This man is a genius. (この男は天才である) という文とつながり、事実として文の内容が伝えられている。

(5) a. My friend Eve stopped eating pork after she read an article about pigs singing to their children. But should animal intelligence decide who's food and who's friend? "<u>My dog is an idiot</u>," says Eve. "Dumber than a pig."　(*San Francisco Chronicle*, Mar. 8, 2010)
(友人のイヴは、ブタが子供たちに歌ってあげるという記事を読んでから豚肉を食べるのをやめました。しかし、いったい動物の知能はだれが食べ物でだれが友人か判断するのでしょうか？「<u>私の犬はばかだわ</u>」とイヴは言います。「ブタよりばかだわ」)

b. Dr. Nash was widely regarded as one of the great mathematicians of the 20th century, known for the originality of his thinking and for his fearlessness in wrestling down problems so difficult that few others dared tackle them. A one-sentence letter written in support of his application to Princeton's doctoral program in math said simply, "<u>This man is a genius.</u>"

(*The New York Times*, May 25, 2015)

(ドクター・ナッシュはその考えの独創性と、だれも取り組もうとしない非常な難問に恐れずに立ち向かう研究姿勢で知られる、20世紀の偉大な数学者の1人として広く認知されていた。彼がプリンストン大学大学院の数学の博士課程プログラムに出願する際の推薦書には、簡潔に1文「<u>この男は天才である</u>」と書かれていたのである)

　個々の文には解釈のあいまいさがついてまわる。しかしひとたび文脈に解き放たれた文は談話の流れに磨かれながら、聞き手の知識やさまざまな情報とつながり、その意味解釈がはっきりと浮かび上がるのである。

1.2　さまざまな形式でつなぐ：並置、等位接続、従属接続

　文と文とをつなぐのには、どのような形式が用いられるのであろう。また、それぞれの形式を話し手はどのような基準で選んでいるのであろう。Radden and Dirven (2007) は認知言語学の見地から、内容的なつながりが弱いことがらは文法的にも弱く緩やかな接続形式でつながれる傾向があり、多様な解釈を受ける可能性があることを指摘している。ここでは、並置 (juxtaposition)、等位接続 (co-ordination)、従属接続 (subordination) という3つの異なる接続形式を取り上げ、Radden and Dirven (2007: 52–55) の考察をもとに、これらの接続形式の選択には文が表すことがらの内容的なつながりの強弱や緩急が反映されることを考察する。

　まず、2つの文が音調上の切れ目やピリオドで区切られて、形式的な独立性を保ちながら並置される場合がある。

(6)　[並置]
　　a. I saw the burglar. He ran away.
　　b. The burglar ran away. I saw him.

((6a), (6b)：Radden and Dirven 2007: 54)

Radden and Dirven (2007)によると、並置によって文と文とがつながれるとき、それらの内容的なつながりがさまざまな解釈を受けると言う。第一に、(6a), (6b)のように並置される2つの文の配列順序は、それぞれ(7a), (7b)のように2つのことがらが生起する時間的順序、つまり継起関係を反映していると解釈されることがある。

(7) a. 私はその強盗を見た。するとその強盗は走って逃げ出した。
   ((6a):「継起関係」の解釈)
   b. その強盗は走って逃げ出した。そのとき、私はその強盗が目に入った。
   ((6b):「継起関係」の解釈)

先行文と後続文とが形式的な独立性を保ちながら並置される(6a), (6b)では、それぞれの文が表すことがらの生起順序は明示されてはいない。しかし、「時間順配列の類像性の原則(the iconic principle of sequential order)」に基づく推論によって、先行文のことがらが後続文のことがらより時間的に先に生ずると推論される傾向がある。また、「遠隔の類像性の原則 (the iconic principle of distance)」に基づく推論によって、連続する2つのことがらの発生に時間的な隔たりがあるがゆえに、それぞれが独立して重要なことがらを伝える文として並置されていると解釈される場合もある。

第二に、並置される2つの文のことがらの間に因果関係が推論される場合がある。例えば、(6a), (6b)は(8a), (8b)のように、先行文のことがらが原因となって後続文のことがらが結果的に生じたとも解釈される。

(8) a. 私はその強盗を見た。その強盗は私に見られたので、走って逃げ出した。('I noticed the burglar and, because of being detected by me, he ran away.')
   ((6a):「因果関係」の解釈)
   b. その強盗は走って逃げ出したので、結局、私はその強盗を見たのだ。('The burglar ran away and therefore I noticed him.')
   ((6b):「因果関係」の解釈)

Radden and Dirven (2007: 54) は、並置によってつながれる文から因果関係の解釈が得られる場合、「前後即因果の誤謬 (post hoc, ergo propter hoc)」による含意に起因すると説明する。前後即因果の誤謬とは、「乙が甲の後に起きたから、甲が乙の原因であると考える論理的誤り；時間的前後関係をただちに因果関係と同一視する誤謬」(『新英和大辞典』第 6 版、post hoc, ergo propter hoc の項) のことである。つまり、(6a), (6b) の並置される 2 つの文のことがらの間に (8a), (8b) の因果関係の解釈を認める場合、まず時間的前後関係を推論し、次いで因果関係を誤って推論した結果にすぎないということになる。

第三に、並置される 2 つの文のことがらの間に対比のつながりがとらえられる場合もある。例えば、(6a), (6b) の先行文のことがらからは予期されないことがらが実際に生じたことを後続文が伝えているととらえられるときには、(9a), (9b) の対比関係の解釈が得られる。

(9) a. 私はその強盗を見た。しかし、予期せぬことに、その強盗は走って逃げ出した。('I saw the burglar but he ran away.')
 ((6a):「対比関係」の解釈)
 b. その強盗は走って逃げ出した。しかし、私にはその強盗の姿が見えた。('The burglar ran away but I saw him.')
 ((6b):「対比関係」の解釈)

第四に、先行文の内容に対して後続文が、「後から思いついたこと (afterthought)」や「発話内容に対する根拠 (evidence)」としてつながっているととらえられる場合がある。Radden and Dirven (2007) は (6b) の後続文が、先行文の発話内容に対する根拠として先行文につながって (10) の意味を伝える可能性を指摘している。

(10) その強盗は走って逃げ出した。私はその強盗を目撃したからこのことを事実として知っているのだ。('The burglar ran away. I know this for a fact because I saw him.')
 ((6b):「発話内容に対する根拠の関係」の解釈)

次に、文と文とが等位接続によってつながれる場合の意味解釈について考えよう。Radden and Dirven (2007)によれば、等位接続されることがらの内容的なつながりは並置される場合に比べてやや強いものであり、得られる意味解釈の可能性も並置されてつながれる場合よりも制限される。

(11) ［等位接続］
    a. I saw the burglar *and* he ran away.
    b. The burglar ran away *and* I saw him.
((11a), (11b)：Radden and Dirven 2007: 54)

等位接続は並置と同様に、2つのことがらの時間的前後関係のつながり、さらには因果関係のつながりも推論させる傾向がある。しかし、並置とは異なり、対比関係の解釈や発話内容に対する根拠の関係の解釈は、等位接続によってつながる2つの文からは得られない。

一方、従属接続は並置や等位接続とは異なり、特定の内容的なつながりを明示する具体的な従属接続詞を用いて、文と文とを主文と従属節としてつなぐ点に特徴がある。Radden and Dirven (2007)は時間関係を表す従属接続詞 as を例に挙げ、従属接続では、as 従属節のことがらが時間的に先行して生じ、次いで主文のことがらが後続して生ずるという時間的順序が文法的に固定されており、(12a), (12b)はいずれも(13)の意味を伝えると説明している。なお、Radden and Dirven (2007)は従属接続によって2つの文がつながれる場合、(12a), (12b)のように主文のことがらは図(F=figure)として前景化され、従属節のことがらは地(G=ground)として後景化されて互いにつながると述べている。

(12) ［従属接続］
    a. I saw the burglar (F) *as* he ran away (G).
    b. *As* the burglar ran away (G), I saw him (F).
((12a), (12b)：Radden and Dirven 2007: 55)

(13) まずその強盗が走って逃げ出し、次いで私がその強盗を見た。('The burglar first started to run away and then I saw him.')

文と文とが従属接続によってつながれる場合、従属接続詞が明示する特定の意味だけを伝える。従属接続が因果関係も含めてさまざまな含意を帯びることがある点では、先に見た並置や等位接続の場合と類似している。しかし、先に見た並置や等位接続が「時間順配列の類像性の原則」に基づく推論によって、ことがらの生起順序が文の配列順序に反映されるのとは異なり、従属接続はことがらの生起順序が文法的に固定されている。

さて、Radden and Dirven (2007)によれば、英語話者の幼児は(14a)の文の意味は正しく理解できるのに対して、(14b), (14c)の文の意味は正しくは理解することが難しいと言う。(14a)–(14c)はいずれも before や after といった従属接続詞によって2文がつながれているのに、なぜ幼児の理解の程度に差異が観察されるのであろう。

(14) a. John played *before* Mary sang.
(メアリーが歌う前にジョンが演奏した)

b. John played *after* Mary sang.
(メアリーが歌った後でジョンが演奏した)

c. *Before* Mary sang, John played.
(メアリーが歌う前にジョンが演奏した)

((14a)–(14c)：Radden and Dirven 2007: 59)

(14a)–(14c)は John played（ジョンが演奏した）と Mary sang（メアリーが歌った）という2つのことがらが、従属接続詞 before や after を介してつながっている。しかし、次の(15)に示すように、2つのことがらが生じた順序をそのまま反映して文と文とが線状的につながっているのは(14a)だけであることがわかる。

(15) a. (＝(14a))　　| John played |　　before　　| Mary sang |.
・ことがらの生起順序〈先に生じたことがら〉===>〈後に生じたことがら〉
・文の配列順序　======================================>

b. (＝(14b))　　| John played |　　after　　| Mary sang |.
・ことがらの生起順序〈後に生じたことがら〉<===〈先に生じたことがら〉
・文の配列順序　======================================>

c.（＝(14c)）　　　Before　Mary sang，　　　　　　　John played．
　　　　・ことがらの生起順序〈後に生じたことがら〉　<===　〈先に生じたことがら〉
　　　　・文の配列順序　============================>

　このことは、英語話者の幼児が2つの文の内容的なつながりをとらえようとするとき、従属接続詞を手がかりにするのではなく、文の配列順序にことがらの生起順序を類像的に見ていることを示している。つまり、英語話者にとって、たとえ after や before という接続表現があったとしても、時間の流れの通りに文と文とがつながれているものとして認知処理することが既定値(default value)として初期設定されているものと考えられる。

1.3　指示表現を選んでつなぐ：it と that の選択

　計算を指示する2つの文がつながれている次の例では、後続文中の指示表現 it と that はそれぞれ先行文中の異なる対象を指示している。(16a)の it が指示しているのは先行文中で言及した数字 19 であり、(16b)の that が指示しているのは先行文の計算の結果新しく得られた数 19^2、つまり 361 という数である。また、(17a)の it は先行文中で主題として言及した数字 7 を、(17b)の that は先行文の計算の結果新しく得られた数 12 を指示しているという解釈が優先的に得られる。

(16)　a.　First square 19 and then cube it．
　　　　　（まず 19 を 2 乗して、次に 19(＝it)を 3 乗しなさい：it＝19）
　　　b.　First square 19 and then cube that．
　　　　　（まず 19 を 2 乗して、次にその計算の結果得られた数(＝that)を 3 乗しなさい：that＝19^2）　　　　((16a), (16b)：Isard 1975: 289–90)

(17)　a.　Add seven to five. Now subtract it from twenty．
　　　　　（5 に 7 を足しなさい。次に 20 から 7(＝it)を引きなさい：it＝7）
　　　b.　Add seven to five. Now subtract that from twenty．
　　　　　（5 に 7 を足しなさい。次に 20 からその計算の結果得られた数(＝that)を引きなさい：that＝12）　　　　((17a), (17b)：Wolter 2006: 202)

また、次の例では、定名詞句を含む 2 つの指示文がつながれているが、(18a), (18b)の後続文中の it はいずれも先行文中の定名詞句を指示している。具体的には、(18a)の it が指示しているのは先行文中の定名詞句 the vase であり、(18b)の it が指示しているのは先行文中の定名詞句 the table である。一方、(18a), (18b)の後続文中の that が指示しているのは、先行文の指示の結果新しくできた組み合わせ、つまり、そのテーブルと花瓶 (table＋vase)の組み合わせである。

(18) a. First put the vase on a table, then take a picture of {it / that}.
(まずその花瓶をテーブルに置き、次に{その花瓶(＝it) / そのテーブルと花瓶(＝that)}の写真を撮りなさい)
b. First put a vase on the table, then take a picture of {it / that}.
(まずそのテーブルに花瓶を置き、次に{そのテーブル(＝it) / そのテーブルと花瓶(＝that)}の写真を撮りなさい)

((18a), (18b)：Kamio and Thomas 1999: 302)

(16), (17), (18)が示すように、指示表現 it と that が指示する対象はそれぞれに異なることがある。その理由は、話し手が何を表現しようとしているかによって指示表現 it と that の選択が決定されるからである。it の指示対象は相手の発話に先立って話し手が持っている情報を表し、「既獲得情報(already-learned information)」でなければならないが、that の指示対象にはそのような制約はなく、相手の発話などにより話し手が初めて得た情報、「新獲得情報(newly-learned information)」であってもよい(詳しくは Kamio and Thomas (1999)、大竹(2009)を参照)。例えば、(19)の会話において、It's absurd! はブルックラインの駐車規則をよく知っている住人の発話であるが、That's absurd! は市の条例を知らない新参者の発話であるという違いがある。

(19) Speaker A: Overnight parking on the street is prohibited in Brookline.
Speaker B: {It's / That's} absurd!　　　(Kamio and Thomas 1999: 291)
(話し手 A：ブルックラインでは夜間の路上駐車は禁止ですよ。

話し手B：{ばかげているんだよ！/ ばかげているよ！})

では具体的に、会話で頻用される Don't mention it. と Don't mention that. を例に、先行文の内容を指示する it と that の選択について見てみよう。まず、指示表現 it で先行情報をつなぐ Don't mention it. は、相手の感謝や謝罪を受けて発話され、「どういたしまして」や「気にしないでください」という意味を表す。

(20) a. "Thank you, Danny. Thank you for everything." "Please, don't mention it," Buchanan said. "Please don't."

(D. Baldacci, *Saving Faith*, 1999)

(「ありがとう、ダニー。今までありがとう」「どういたしまして」ブキャナンは言った。「どういたしまして」)

b. "I'm so sorry, Jane. I do hope you will forgive me." "Please don't mention it, Miss Heartwright." (S. Hale, *Austenland*, 2007)

(「本当にごめんなさい、ジェイン。許してもらえるといいんだけど」「気にしないでください、ミス・ハートライト」)

一方、指示表現 that で先行情報を指示する Don't mention that. は、話し手が言及してほしくない相手の発話内容を受けて発話されて、「そのことには触れないでください」という意味を表す。

(21) a. Ernest Paxton: What is your specialty again?
Stanley Goodspeed: Chemical weapons.
F.B.I. Director Womack: Don't mention that!
Stanley Goodspeed: You want me to lie?

(映画の台詞: *The Rock*, 1996)

(アーネスト・パクストン：君の専門をもう一度？
スタンリー・グッドスピード：化学兵器です。
F.B.I.長官ウォマック：そのことは言うな！
スタンリー・グッドスピード：私にうそをついてほしいと？)

b. "[...] And you've lost all that money." Stone raised a hand. "Please, don't mention that again."

(S. Woods, *The Short Forever*, 2003)

(「[...] おまけにおまえはその金を全部なくしてしまった」 ストーンが手をあげた。「二度とそのことには触れないでくれ」)

場面や文脈の情報を引き継いでつなぎ合わせる指示表現 it と that の選択には、それが指示することがらが話し手の心にどのようにとらえられているのかが反映されることがわかる。

1.4　共通要素をくくり出してつなぐ： "She bought X, Y, and Z." と "She bought X, she bought Y, and she bought Z."

　数学では方程式を解くときに、展開や因数分解が使われる。例えば、(22a)では3(a+b+c)の括弧内のa, b, cそれぞれに数字3を分配して掛けることによって、3a+3b+3c という形に展開されている。逆に、(22b)では 3a+3b+3c の共通する数字3を共通因数としてくくり出すことによって、3(a+b+c)という形に因数分解されている。

(22)　a.　3(a+b+c) ＝ 3a+3b+3c
　　　b.　3a+3b+3c ＝ 3(a+b+c)

(22a)と(22b)それぞれの等号(＝)の左右は等価となる。a, b, c の3項を含むこれらの数式の等価関係は、形式的には次の(23)と(24)の関係に類似している。(23)と(24)は、a red dress, a green dress, a blue dress を含む3項をコンマと and でつないでいる。

(23)　She bought a red dress, a green one, and a blue one.
　　　　　　　　　　　　　　　　　　　　　　　　(Bolinger 1977: 7)
　　　(彼女は赤、緑、青のドレスを買った)

(24)　She bought a red dress, she bought a green dress, and she bought a blue dress.　　　　　　　　　　　　　　　　　　　　(*ibid.*)
　　　(彼女は赤のドレスを買い、緑のドレスも買い、さらに青のドレスも買った)

(23)は she bought を共通要素としてくくり出して a red dress, a green one

（＝dress），a blue one（＝dress）につないでいるし、(24)は she bought を a red dress, a green dress, a blue dress に分配してつないでいる。しかしながら、数学の展開や因数分解とは違い、(23)と(24)が表すそれぞれの意味は等価ではない。Bolinger (1977: 7)は、(23)は彼女が買い物のリストを示しているにすぎないのに対して、(24)は「彼女がこれも買ったしあれも買った」と彼女が買いすぎたことを推測させるという意味の違いを指摘している。

実際の用例を観察しよう。次の(25)は gave を共通の動詞としてくくり出して3つの要素 Yvonne a black one, me a red one, Billie a white one につなぎ、彼がブタ3匹を買った後、だれに何色のブタをくれたのかをリストとして示している。

(25) There was a time, while living in Willard, when he bought three pigs and gave Yvonne a black one, me a red one, and Billie a white one.

(J. Blake, *The Railroad Man in My Life*, 2014)

（彼がウィラードに住んでいたとき、ブタを3匹買って、イヴォンヌには黒いブタを、私には赤いブタを、ビリーには白いブタをくれたことがあった）

一方、次の(26)は he drank を beer, whisky, beer に分配してつなぎ、彼がまずビールを飲み、続けてウィスキーを飲み、さらにまたビールを飲んだと飲酒を重ねた事実を伝えている。

(26) Somehow he found himself in the village pub. He drank beer, and then he drank whisky, and then he drank beer again.

(R. Campbell, *Slave to Love*, 2004)

（どうしたことか、気がつくと彼は村のパブにいた。彼はビールを飲み、続けてウィスキーを飲み、さらにまたビールを飲んだ）

また、次の例が示すように、2つの出来事を表す文が and でつながれる際に、主語が省略される場合と主語が代名詞化される場合にも意味の違いが表出される。

(27) George came in the room and turned off the lights.

(Bolinger 1977: 7)

(ジョージは部屋に入ってきて電気を消した)

(28) George came in the room and he turned off the lights.　　(*ibid.*)

(ジョージは部屋に入ってきた。すると電気を消してしまった)

Bolinger (1977: 7)によれば、(27)はジョージが部屋に入ってきて電気を消したという2つの出来事を、and でただつないでいるだけにすぎない。一方、ジョージを he で代名詞化した上で and he のようにつなぐ(28)は、2つの出来事が代名詞化によって分離(separation)され、ジョージが部屋に入ってきたという報告と、彼が電気を消したという報告を2つの報告として伝えていると解釈されると言う。こうした Bolinger (1997)の指摘から明らかなように、直前の文と共通要素がある文をつなぐとき、その共通要素をくくり出したり、省略したり、あるいは代名詞化してつなぐかどうかは、話し手が伝えたい意向によって決まってくることがわかる。次の例を見ることにしよう。

(29) The driver parked the rig <u>and</u> <u>he</u> turned off the headlights <u>and</u> left the parking lights on and the engine running, as most drivers do.

(J. L. Connolly, *The Pawn in the Game*, 2009)

(運転手は車を駐車した。それからたいていの運転手がするようにヘッドライトを消して、駐車灯は点けたままに、エンジンはかけたままにした)

(29)では、3つの出来事が2つの and によってつながれている。しかし、初めの出来事 The driver parked the rig(運転手は車を駐車した)と続く2つの出来事とが、代名詞を伴って and he で分離されている。これは運転手が車を駐車したという出来事と、車を駐車した後の一連の出来事、つまりヘッドライトを消して、駐車灯は点けたままに、エンジンはかけたままにしたという運転手が行った一連の動作とを、2つに分けて伝えているからである。ただし、この2つの出来事を伝える文がピリオドによって互いに完全に独立していないのは、全体で1つのまとまったことがらとして話し手がとらえているからである。これは、話し手の意識の流れをなるべく忠実に言語に写し取った結果を表していると考えられる。

2つの文が数学の展開と因数分解の関係のような等価関係に見える英語の形式であっても、異なる意味を伝えるためにそれぞれは存在している。そして、この基調には Bolinger (1977: x) の「言語の自然な条件は意味と形が1対1の対応を保持する」という考えがある。

1.5 基本的な単語を組み合わせた表現でつなぐ: but then

基本的な単語同士が組み合わされて、しばしば複雑な意味を表す場合がある。例えば、つなぎ表現として談話で頻用される but then (や but then again) がその例である。大きく分けて but then には4つの用法がある。

第一に、but then にはそれぞれの単語の基本的な意味をつなぎ合わせた、「しかしそのうち」といった時間的順序を表す意味がある。

(30) I stood outside Goldman headquarters one night last week around closing time, to see if I could spot any beards. At first I thought I saw quite a few, but then I realized they were 5-o'clock shadows.

(*The New York Times*, Dec. 7, 2013)

(先週のある晩、終業時間近くにゴールドマン・サックス本社の外に立ち、ひげを生やしている人を見つけられるか確かめてみた。初めのうちは、かなり多く見かけたように思った。しかしそのうち、朝きれいに剃ったひげが夕方に生えてくるひげだとわかった)

(30) では、At first と but then が呼応して、出来事の時間的継起関係でつながれていることが伝えられている。

第二に、but then には「しかしそうしたら」といった意味がある。

(31) Landon Carter: What's number one?
　　　Jamie Sullivan: I'd tell you, but then I'd have to kill you.

(映画の台詞: *A Walk to Remember*, 2002)

(ランドン・カーター: 何が1番?
ジェイミー・サリヴァン: 教えてあげてもいいわ。でもそうしたらあなたを殺しちゃわなければならなくなるわよ)

第三に、but then や but then again には「でもよく考えてみれば / そうは言っても」といった意味がある。*Collins COBUILD Advanced Dictionary of English*[7] は次のような説明と用例を示している。

(32) You use the **but then** or **but then again** before a remark which slightly contradicts what you have just said.
⇒ *My husband spends hours in the bathroom, but then again so do I.*　　　(*Collins COBUILD Advanced Dictionary of English*[7])
(**but then** や **but then again** は、あなたが述べたばかりのことと多少矛盾する意見の前で用いられる。
⇒夫は風呂に入ると何時間も入っているのです。でもよく考えてみればこの私も似たりよったりですが)

(32)のように *Collins COBUILD Advanced Dictionary of English*[7] は、but then や but then again が話し手が述べたばかりのことと多少矛盾する意見の前で用いられると説明しているが、「他者」の発話を契機として発せられることもある。次の例では、ロンが話した内容に対してハリーが but then again を発話している。

(33) Ron Weasley: This is mad! At this rate, we'll be the only ones in our year without dates! Well, us and Neville.
Harry Potter: Yeah, but then again he could take himself.
　　　　　　　(映画の台詞: *Harry Potter and the Goblet of Fire*, 2005)
(ロン・ウィーズリー: むちゃくちゃだ！ この調子だと学年で相手がいないのは僕たちだけだ！ そう、僕たちとネヴィルだ。
ハリー・ポッター: うん。でもね、彼は 1 人で行くだろうけどね)

第四に、but then には「もっともそれもそのはず...だから」といった意味がある。*Collins COBUILD Advanced Dictionary of English*[7] は次のような説明とともに用例を示している。

(34) You use **but then** before a remark which suggests that what you have just said should not be regarded as surprising.

⇒ *He was a fine young man, but then so had his father been.*
（*Collins COBUILD Advanced Dictionary of English*[7]）
(**but then** は、あなたが述べたばかりのことが特段これと言って驚くべき内容ではないことを示唆する意見を述べる、前置きとして用いられる。
⇒彼は立派な若者でしたが、もっともそれもそのはず彼の父親もそうでしたから)

手元の資料から実例を挙げる。

(35) Uncle George had died of cancer. But then, he had never trusted doctors, and so he had waited until it was too late to have the disease diagnosed. (L. Phillips, *The Bus to the Moon and Other Stories*, 2002)
(アンクル・ジョージはガンで亡くなりました。それもそうかもしれません。とにかく、医者というものを信用しなかったので、ガンが手遅れと診断されるまでするべきことをしなかったのでした)

基本的な単語が組み合わされることにより、つなぎ表現として多様な意味を派生することがある。ここでは、その一例として but then の接続表現を取り上げて具体的な用法を論じた。

1.6　名詞句でつなぐ： There wasn't a sound, a fact which . . .

次の例が示すように、先行する文をコンマ（＝(36a)）、ダッシュ（＝(36b)）、コロン（＝(36c)）、括弧（＝(36d)）などを介して名詞句でつなぐことがある。

(36) a. There wasn't a sound, a fact which only fanned his ever-building anxiety.
(物音が何もしなかった。そのことは彼の不安をさらに募らせるだけだった) (R. Cook, *Toxin*, 1999)

b. There is no Glastonbury Festival this year — a fact that will, to be frank, be making the lives of about 120,000 people fairly bleak as summer approaches. (*The Times*, Apr. 13, 2006)
(グラストンベリー・フェスティバルが今年は開催されない。これは、

率直に言わせてもらえば、夏が近づくにつれて約 12 万人の生活をかなりさびしいものにすることになると思われる事実である)

　　c. A great deal of the work on Mrs. Dalloway was done in Virginia Woolf's new garden writing room at Monk's House, Rodmell: a fact which has clearly marked the book.

(*The Sunday Times*, June 18, 2004)

(ダロウェイ夫人に関する多くの研究は、ロッドメルにあるモンクス・ハウスのヴァージニア・ウルフの新しい庭園を臨む書斎で行われた。これはその本を明らかに際立たせている事実である)

　　d. Homer sees war as miserable and humiliating, but he also sees it as glorious, the supreme expression of human greatness (a fact which Manguel does recognize). (*The Sunday Times*, May 2, 2008)

(ホメーロスは戦争を悲惨で屈辱的であると考える。しかし彼は戦争を輝かしく、人間の偉大さの至高の表現であるとも考えている (それはマングェルが実際に認めている事実である))

さらに、先行する文に対して、ピリオドで独立した名詞句でつなぐ場合もある。

(37) PERU is Portuguese for turkey. A fact which will hold you in good stead if you decide to apply for a job with Bernard Matthews.

(*The Times*, Sept. 16, 2004)

(PERU は七面鳥を表すポルトガル語である。これは、バーナード・マシューズ社七面鳥農場の仕事に応募しようと思うならば、大いに役に立つことになることである)

これらの名詞句は、先行する文が表す内容がどのような意味や重要性を持っているのかを聞き手に説明する機能を果たしている。これらの名詞句の直前に [and] this {is / was} を補うことで、先行する文とのつながりをよりはっきりと理解することができる。上記の (36), (37) はそれぞれ次の (36′), (37′) の省略形であると考えてよい。

(36′)　a. There wasn't a sound, and this was a fact which [...].

b. There is no Glastonbury Festival this year — this is a fact that [. . .].

c. A great deal of the work on Mrs. Dalloway was done in Virginia Woolf's new garden writing room at Monk's House, Rodmell: this was a fact which [. . .].

d. Homer sees war as miserable and humiliating, but he also sees it as glorious, the supreme expression of human greatness (this is a fact which [. . .]).

(37′) PERU is Portuguese for turkey. This is a fact which [. . .].

ただし、直前に [and] this {is / was} を介在させずに、(36a)–(36d), (37) のように名詞句で先行する文を直接つなぐことにより、先行する文の内容に話し手が直ちに説明を加えていることが表出される。

　先行する文を説明してつなぐこのような名詞句には、a fact に加えて、a possibility, a suspicion, an interpretation などがある。

(38) a. The $3 billion figure assumes that investors get no interest for the money that they invested in the Madoff funds — a possibility that has infuriated many of the victims.

(*The Times*, July 27, 2012)

(30億ドルという金額は、投資家たちがマドフ・ファンドに投資した金からは利子を取らないことを仮定している。そして、この可能性が多くの被害者たちを激怒させてきたのである)

b. Yeats suspected that Wilson had talked to Sinclair, a suspicion that was confirmed when he discovered that Wilson had been negotiating on his own behalf with the agents acting for both the American and the Australian tours.

(N. Grene, *Irish Theatre on Tour*, 2005)

(イェイツは、ウィルソンがシンクレアと話をしたのではないかと疑った。この疑いを持ったのは、ウィルソンが自らのためにアメリカとオーストラリアのツアーを代行する代行者たちと交渉してきたということにイェイツが気づいたことを知ったときであった)

c. A permanent provision of the Patriot Act, Section 214, has been used in the past to justify the bulk collection of metadata, <u>an interpretation that a secret surveillance court blessed</u>. Perhaps that interpretation will be resurrected in the future.

(*The Atlantic*, June 1, 2015)

（米国愛国者法の条項第214条は、メタデータの膨大な収集を正当化するために過去に適用されたことがある。<u>それは秘密監視裁判所が認めた解釈である</u>。おそらく将来、その解釈は再適用されるであろう）

先行する文を名詞句でつなぎ、先行する文の内容の意味や重要性を説明するこのような用法は書きことばで使用される。先行する文と名詞句とはコンマやダッシュでつながれるため、回りくどくなく、簡明で直截的な表現である印象を読み手に与える。

1.7 コンマだけでつなぐ：You want to see him, you go.

文と文とが具体的な接続表現でつながれるわけではなく、かといってピリオドで切り離されるわけでもなく、コンマだけで互いにつながれる現象が観察される。

(39) "We've got parades just like this where I'm from," said Wolfgang Horster of Stuttgart, Germany, who was visiting a friend in Thousand Oaks and stopped briefly to check out the parade. "<u>You've seen one, you've seen them all</u>." (*The Los Angeles Times*, May 1, 1994)

（「私の故郷でも、これとまるでそっくりなパレードがある」とヴォルフガング・ホルスターが言った。彼はドイツのシュトゥットガルト出身で、サウザンドオークスの友人を訪れていて、このパレードを見てみようと短期間滞在しているところだった。「<u>1つ見るだけでそのすべてがわかる</u>」）

(39)の下線を施した You've seen one と you've seen them all という2つの文はコンマだけでつながれており、明示的な接続表現で連結されてはいない。しかしながら、When you've seen one, you've seen them all.（1つ見

ればすべてがわかる)という諺を知っているならば、接続詞 when が表面に現れていなくても聞き手は 2 つの文の間に「条件－帰結」の意味関係を容易に推論することができる。しかし、元の諺などが存在しなくても 2 つの文がコンマだけでつながれる事例は、主に会話文で広く見られる。

(40) a. "You can go, Freddie. <u>You want to see him, you go</u>."

(A. Giardina, *White Guys*, 2007)

(「もう行ってもいいよ、フレデリ。<u>彼に会いたいなら、行ったらいいよ</u>」)

b. "Just don't come here. <u>You come here, I can't let you in</u>. I'll call the cops myself, okay? I'll tell 'em you stole my money."

(P. Quinlan, *Smoked*, 2007)

(「ただもうここへは来ないでちょうだい。<u>おまえが来たって、中に入れることはできないよ</u>。警察を呼ぶよ。いいかい？ おまえが私のお金を盗んだって言うからね」)

c. "<u>You drink, I'll talk</u>," she says curtly.

(L. F. Rech, *It Started with a Dare*, 2010)

(「<u>あなたは飲んで。私は話すから</u>」とそっけなく彼女は言った)

(40a)–(40c)の下線部は、いずれも 2 つの文がコンマだけでつながれている会話文である。2 つの文がコンマを介して有意味なつながりを保持したまま一体となり、1 つの状況や出来事が伝えられている。接続関係を積極的に表現するのであれば、(40a)は if を用いて If you want to see him, you go. と「条件－帰結」の関係を、(40b)は even if を用いて Even if you come here, I can't let you in. と「譲歩－帰結」の関係を、(40c)は and を用いて You drink and I'll talk と「対照」の関係を伝えることになる。2 つの文がコンマだけでつながれる現象は、主に書き起こされた会話文に見られる。話しことばでは条件、譲歩、対照といった意味関係は、接続詞を用いなくても音調や休止によって表出されうる。会話が書き起こされるとき、上の例のようにコンマがその役割を担うことがあると考えられる。ただし、具体的な接続表現を介さずに 2 つの意味内容がつながれるため、聞き手に直截的に指示しているという含みを伴うこと(＝(40a))や、場合によっては

そっけない印象を与えること(=(40c))がある点にも留意したい。

1.8　異なる形式で共通要素につなぐ：関係節と前置詞句の等位接続

1つの先行詞に複数の関係節が等位接続詞を介してつながれる場合がある。(41)では her family という共通の先行詞を説明するのに、目的格の関係代名詞が導く関係節 whom she loved と、主格の関係代名詞が導く関係節 who loved her が等位接続されている。

(41) She will be greatly missed by her family whom she loved, and who loved her, so dearly.　　　　　　　　(*The New York Times*, Sept. 1, 1997)
（彼女は心から家族を愛し、また家族も心から彼女を愛していた。彼女がいなくなってしまうと家族はとてもさびしく思うだろう）

(42)でも、主格の関係代名詞が導く関係節 who'd blundered into him と目的格の関係代名詞が導く関係節 whom he hadn't seen が、but を介して等位接続されて同一の先行詞 the man を説明している。

(42) Then he remembered the man who'd blundered into him, but whom he hadn't seen.　　　　　　　(K. J. Parker, *The Escapement*, 2007)
（そのとき彼は、以前自分にぶつかってきたが、それまでは会ったこともなかったあの男のことを思い出した）

ただし、先行する共通の名詞句を説明するために等位接続詞を介してつながれる形式は、関係節同士であるとはかぎらない。(43a)では先行する名詞 women を説明する形式は、with no health insurance という前置詞句と who were insured through a public program like MediCal という関係節である。また(43b)では前置詞句 without a partner が関係節と等位接続されて、先行する名詞 one を説明している。

(43) a. In a related finding, 18% of women with no health insurance or who were insured through a public program like MediCal wait-

ed at least six weeks to begin treatment, and 31% of them died within five years. (*The Los Angeles Times*, Apr. 24, 2013)
(それに関連してわかったのは、健康保険未加入か MediCal のような公的保険の被保険者である女性は、その 18 パーセントが治療を始めるのに最低でも 6 週間待機しており、その 31 パーセントが 5 年以内に死亡していたことである)

b. PITY the single person. I don't mean <u>one</u> <u>who's unmarried</u> or <u>without a partner</u>, but the individual attempting to book just one seat at a West End theatre. (*The Sunday Times*, Jan. 18, 2015)
(独り身は不憫だ。未婚とかパートナーがいないという人のことではなく、ウェストエンドの劇場で芝居の席をたった 1 つ予約しようとしている人のことだ)

これらの例が示すように、共通する要素に等位接続されるそれぞれの形式は必ずしも同等である必要はない。実際には、聞き手に無理なくつながりが理解できるものと話し手が判断すれば、異なる形式であっても共通の要素に並列されてつながれることがわかる。

1.9 伝達部を引用の途中でつなぐ： "Dr Cooper," the President began, "do sit down."

ある発話が引用伝達される際に、発話者と伝達動詞などを明示する部分（＝「伝達部」）が文頭（＝(44a)）や文末（＝(44b)）に加えて、しばしば文中（＝(44c)）の位置に挿入されてつながれることがある。

(44) a. <u>Tom said to her</u>, "If I was a bird, I could fly to you."
b. "If I was a bird, I could fly to you," <u>Tom said to her</u>.
c. "If I was a bird," <u>Tom said to her</u>, "I could fly to you."

(44c)のような発話者と伝達動詞などを明示する伝達部が引用文の途中でつながれる形式は、どのような発話の意図を持って選択されることになるのであろう。実際の用例を観察しながら考えてみることにしよう。(45a)

では呼びかけ語 Mr. Pettibone の直後で、(45b)では副詞句 In other words の直後で、(45c)では if 節の直後で伝達部がそれぞれつながれ、次いで残りの発話部分が引用符に囲まれて続いている。

(45) a. "Mr. Pettibone," I said when he brought my drink, "do you recall the other day when you and I were talking about money?"

(L. Sanders, *McNally's Risk*, 1993)

(「ペティボーンさん」と彼が私の酒を運んできてくれたときに私は言った。「あなたと私がお金について話をしていた先日のことを思い出せますか?」)

b. "In other words," said Gordon ironically, "Shorr Kan's leadership."

(E. Hamilton, *Return to the Stars*, 1969)

(「つまり」とゴードンが皮肉っぽく言った。「ショア・カンの指揮だ」)

c. "If you don't mind," Mameha said, "I'd be very eager to hear it."

(A. Golden, *Memoirs of a Geisha*, 1997)

(「よろしければ」と豆葉が言った。「ぜひその話を聞かせていただきたいわ」)

このように、まずは引用文の冒頭部を談話に提示しておいてから、伝達部を挿入してつなぎ、残りの引用文を続けるのには主に2つの理由がある。第一には、引用文の冒頭部のみを区切って読み手に伝えておくことで、引用文の後半部に読み手の意識を向けて伝達価値のある情報や新情報を文末部分で明かすという、文脈効果をより際立たせるためである。例えば、先に挙げた(45a)–(45c)では伝達部に続く後半の引用文には、疑問文(=(45a))、換言内容(=(45b))、主文(=(45c))といった重要な情報を担う内容が伝達されている。また、次の(46a)では書き手は、後半の引用文 is meaningless(意味がないのだ)というレーニンの独自の思想を伝える発話部分に読み手の関心を集中させている。(46b)でも、and very fond of you(おまえのことがとても気に入っているんだよ)という新事実を伝える発話部分に読み手の注意を引きつけている。

(46) a. "A revolution without firing squads," Lenin is meant to have

said, "is meaningless." (S. S. Montefiore, *Stalin*, 2005)

(「銃殺執行隊のない革命は」とレーニンが言ったとされている。「意味がないのだ」)

b. "Nobu-san is a good man," she said, "and very fond of you."

(A. Golden, *Memoirs of a Geisha*, 1997)

(「延さんは立派なかたで」と彼女が言った。「しかもおまえのことがとても気に入っているんだよ」)

　第二には、当該発話が突然談話に切り出された様子を生き生きと描写するためである。つまり、発話者が読み手に直接語りかけているかのような臨場感を表現するために、発話の出だしを真っ先に伝え、その後に発話者と伝達動詞などを明示する伝達部を挿入してつなぎ、残りの引用文を続けるのである。(47a), (47b)では伝達動詞に began（ことばを切り出した）が用いられているし、(47c)では said suddenly（突然言った）が用いられており、その後に残りの引用文が続いている。

(47) a. "Dr Cooper," the President began, "do sit down."

(P. Pullman, *The Amber Spyglass*, 2003)

(「ドクター・クーパー」と法院長が切り出した。「まあお掛けなさい」)

b. "So," he began, "how did you come to work for Marvella?"

(C. Williamson, *Reign*, 1990)

(「ところで」と彼が切り出した。「どうやってマーヴェラのために働くことになったんですか？」)

c. Suddenly Speer pulled a pistol out of his pocket. "The only way to stop Hitler," he said suddenly, "is with something like this."

(C. Ryan, *The Last Battle*, 1995)

(突然シュペーアがポケットからピストルを取り出した。「ヒトラーを止めるたった１つの方法は」と彼が突然言った。「こんなものでだ」)

　発話者と伝達動詞などを明示する伝達部を引用の途中でつなぐことは、日本語ではあまり一般的ではないように思われる。しかし、英語の文は内部の結束が強いので、たとえ引用文の途中で区切られてもつながることがで

1.10 天候・明暗・時間などを表す文と形式主語構文を1つの主語 it でつなぐ：It was drizzling rain and foggy and impossible to see very far.

Bolinger, *Meaning and Form* (1977)に次のような例が紹介されている。

(48) Speaker A: What caused the accident?

Speaker B: It was dark and also raining and consequently impossible for the driver to see the road. (Bolinger 1977: 83)

（話し手A：その事故の原因は何だったんですか？
話し手B：暗くて雨も降っていたので、結果として運転手には道路が見えなかったんです）

(48)の例は、文頭の it が、明暗や天候を表す文 (＝It was dark., It was raining.) の主語としてのみならず、形式主語構文 (＝It was impossible for the driver to see the road.) の主語としての役割も果たし、3つの文をつないでいる点が興味深い。Bolinger (1977: 83)によれば、and also や and consequently のような副詞を挿入することでより自然なつながりになっていると言う。つながれた3つの文には木に竹を接いだようなチグハグな違和感がないことから、中右 (2013: 15) はこれらの it は等しく「状況の it」であると説明している。Bolinger (1977)が言及する(48)の事例を通して、明暗や天候を指す it も形式主語 it も共通した指示特性があるものとして英語母語話者がとらえていることの一端が垣間見える (Bolinger (1977)ではこれらは「環境の it (ambient *it*)」と呼ばれている)。実際の資料を観察すると、文頭に立つ it が天候・明暗・時間などを表す文だけでなく、形式主語構文もつなぐ共通の主語として用いられ、ある場面の状況を描写する用例が確認できる。次の(49a)では天候を表す文 (＝It was drizzling rain., It was foggy.) と形式主語構文 (＝It was impossible to see very far.) が、(49b)では明暗を表す文 (＝It's still completely dark outside.)と形式主語構文（＝It's impossible to tell how much the sea is rising.)が、(49c)では時間を表す文（＝It was night.)と形式主語構文（＝It was hard to see you.)がそれぞれ it を共通の主語としてつながり、一体となって場面の状況を描写している。

(49) a. "It was drizzling rain and foggy and impossible to see very far. [...]"　　　　　　　　　　　　(B. Towsley, *Benoit Bucks*, 2003)
（「霧雨が降り続いていて、霧が深く、あまり遠くは見えなかった。[...]」）

b. It's still completely dark outside and impossible to tell how much the sea is rising.
　　　　　(M. Messer, *Shore Lines: Reflections beside the Wide Water*, 2004)
（まだ外は完全に真っ暗で、海面がどれくらい上昇しているのかわからない）

c. "It was night and hard to see you. [...]"
　　　　　　　　　　　　(L. Stepp, *For Six Good Reasons*, 2011)
（「夜だったので君のことが見えづらかったんだ。[...]」）

このように、天候・明暗・時間などを表す文と形式主語構文を共通の主語 it でつなぐことで、話し手は場面の状況を丸ごと端的に表現できる。ただし、場面の状況を個別に描写する意図がある場合には、話し手は個別に文の主語を立てて文同士をつなぐことになる。

(50) a. "It was cold and windy, and it was probably hard for him to get movement."　　　　　　　(*San Francisco Chronicle*, May 24, 2008)
（「寒くて風が強く、おそらく彼は思うように体を動かすことができなかっただろう」）

b. It was cloudy and foggy and I couldn't see the moon or its light or any stars.　　(K. and K. Woodhouse, *No Safe Haven*, 2011)
（曇って霧が出ていて、月も月明かりも 1 つの星も見えなかった）

c. It was Sunday evening. Steven Dunbar took the airport bus from Glasgow Airport into the centre of the city. Outside it was dark

1.10 天候・明暗・時間などを表す文と形式主語構文を 1 つの主語 it でつなぐ | 29

and it was raining. 　　　　　　(K. McClure, *Donor*, 2001)

(日曜日の夕方だった。スティーヴン・デュンバーはグラスゴー空港から空港バスに乗り、市街地に入った。外は暗く、雨が降っていた)

(50a)では、寒暖と天候を表す文と形式主語構文のそれぞれに主語 it を立ててつないでいる。(50b)では天候を表す先行文の主語 it を後続文では継承せず、話し手 I を主語に立てて I couldn't see the moon or its light or any stars という文をつないでいる。また、(50c)では時間、明暗、天候を表す文それぞれに主語 it を立てて、場面の状況を区切りながら次々に描写している。

第2章

文をつながない

　会話を終結するとき、「終止符」という意味の "Period." や "Full stop." を話し手が音声で発話することがあるのはなぜであろう。「別に」のように相手が持ち出した話題の展開を拒否して文をつながない英語表現には、どのようなものがあるのであろう。また、発話を結ぼうと "That's that." と伝えたにもかかわらず相手に拒まれることはあるのであろうか。本章では、「文をつながない」、つまり発話を終結させるメカニズムを解き明かす。

2.1　未完結のまま発話を終結する

　話し手が発話途中であるにもかかわらず発話を終結し、文をそれ以上はつながないことがある。まず、話し手の発話途中に聞き手が口を挟んできたために、未完結のまま発話を終結せざるをえない場合がある。

（1）"Thanks," Laurie said. "I'll try to be patient. It's just that —" "I know, I know," John interrupted. "I get the picture already. Please!"

　　　　　　　　　　　　　　　　　　　　　　（R. Cook, *Blindsight*, 1993）

（「いいだろう。待ってみるか。ただ、実はその...」とローリーが言った。「わかってる。わかってるって」とジョンが口を挟んだ。「すでに写真を手に入れているんだ。頼むよ！」）

　(1)では、ローリーが It's just that — と言いかけたところでジョンが口を挟んできたために、未完結のまま発話をやめてしまったことがわかる（ここ

[30]

ではダッシュ記号（—）は相手が話に割って入ってきたことを表している）。また、突発的な事態が生じたために話し手が文をそのまま続けることができなくなって終結できない場合もある。

(2) She didn't speak. "What happened? Did you —" He quit talking in mid-question, because her other hand had lifted and was tugging at the green mask.　　　　　　　　　　　　(B. Pronzini, *Masques*, 1999)
（彼女は口を開かなかった。「何があったんだ？　君は ...」　彼は途中で質問するのをやめた。なぜならば彼女が片手を挙げて緑色の仮面をぐっと引いたのだ）

(2)では、話し手が疑問文を発している途中で、聞き手が突発的な行動をとったために未完結のままで発話を終えている場面が描かれている（ここではダッシュ記号は話し手が絶句していることを表している）。

Biber et al. (1999)は未完成（incompletion）なまま発話が終結される理由として、話し手が話の筋を忘れてしまった、だれも聞いていないので話すことをやめた、あるいは不愉快な結論を伝えることを避けた（＝(3)）といったことが考えられると説明している。

(3) Speaker A: So it was just, you know.
　　Speaker B: Yeah.　（AmE）　　　　　　(Biber et al. 1999: 1064)
　　（話し手A：つまりただ何と言うのか、わかるよね。
　　話し手B：わかるよ。（アメリカ英語））

このように、円滑な情報交換を行うためには、話し手が持ち合わせている情報をすべて言語化してつなぎ合わせて発話することが好ましいとはかぎらないことがわかる。ことばに表されなかった部分の解釈は、言外に秘められている共有知識にゆだねられているのである。

2.2　積極的に発話を終結する(1)：That's that. と That's it.

話し手は聞き手の理解に配慮し、伝達する情報に区切りをつけて終結する。これ以上文をつながずに発話を結ぶことを伝える場合、どのような表

現が用いられるのであろう。例えば、手紙文においては日本語では「敬具 / 草々 / かしこ」などが、英語では Best regard, Sincerely yours などが結び表現として用いられ、相手に敬意を示しつつメッセージが終結される。また、英語の演説の結びには次のように宗教的な表現が現れることもある。

(4) Thank you. God bless you. And God bless the United States of America.　（米国大統領バラク・オバマの就任演説 (2009 年 1 月 20 日)）
（ありがとう。神の祝福がみなさんにあらんことを。そして、神の祝福がアメリカ合衆国にあらんことを）

さて、文をつながずに積極的に終結を伝える表現に、「これでおしまい」の意味を表す That's that., That's it. がある。Carter et al. (2000) は That's that. と That's it. を発話場面の中で比較対照し、どちらも話の終わり、終結を表すが、完全に終結したことを話し手が伝える That's that.（「これにて一件落着」に相当）に比べると、That's it. は終結の強調度が弱いことや、賛意を表明したり、問題が解決したときの感嘆表現としても用いられることを指摘している。ちなみに D. Bolinger が 1972 年に刊行した *That's That* の書名は、that を扱っていることに加えてこのことに由来する。両構文のこうした相違に学習者の意識を向けるために、Carter et al. (2000) は次のような場面でどちらの構文がより自然に発話されるかを問うている。Carter et al. (2000) は語気の強弱に着目し、(5a) の場面では話し手 B は That's that. を発話するのがより自然であるのに対し、(5b) の場面では話し手 B は That's it. を発話するのがより自然であると説明する。

(5) a. Speaker A: But I don't want to go.
　　　Speaker B: You'll do as you are told and (　　)! No arguments!
　　　　N.B. *that's that* (*that's it*, also possible, but less emphatic)
　　　（話し手 A：でも行きたくないんです。
　　　話し手 B：言われた通りにするんだ。それだけのこと！ 議論の余地なしだ！
　　　注：*that's that* である。(*that's it* も発話可能であるが語気が弱い)）

　　b. Speaker A: So, (　　) for today then, we can go home now.

Speaker B: Good.

　　N.B. *that's it* (*that's that*, also possible, but more emphatic)

(((5a), (5b)：Carter et al. 2000：94)

(話し手 A：では、今日はこれでおしまい。もう家に帰ってもいいですよ。
話し手 B：やったあ
　注：*that's it* である。(*that's that* も発話可能であるが語気が強い))

　ところで、That's that. と That's it. には、従来の研究では注目されてこなかった注意すべき特性が存在する。That's that. や That's it. は発話の終結を積極的に伝えることになるので、聞き手の介入を認めずに話し手が一方的に話を打ち切るという含みをしばしば帯びることになる。そのために、発話を完結するはずであった言明が聞き手によって直ちに打ち消される事例がある。(6a), (6b) の談話では、話し手が発話を結ぶことを That's that., that's it. と伝えたにもかかわらず、聞き手は That's not that. (それだけじゃない), That can't be. (それだけのはずがない), That was never it. (本当は決してそうではなかったんだけどね) と切り返して、相手が発話を打ち切ることをそのまま受け入れずに拒んでいることがわかる。

(6) a. "Yes. But I don't think we've ever gotten to the point where we're in love with each other, at least not at the same time. That's why we never married. I guess deep down, we're a couple of romantic saps. We want it all. That's that." "That's not that. That can't be." "It is."
　　　　　　　　　　　　　　　　　　　(S. Isaacs, *Lily White*, 2008)
(「そうね。でも私たちは少なくとも、同時にお互いに愛し合うところにまで至ったことがあるとは思わないわ。だから結婚しなかったわけだしね。実は、ロマンチックな恋をしていた気分になっているカップルだと思うわ。すべてを手に入れたがっている。それだけのことよ」「それだけじゃない。それだけのはずがない」「それだけのことなのよ」)

b. "We had a teenage crush, that's it." "I know my son. That was never it. But we can argue about that later. [. . .]"
　　　　　　　　　　　　　　　　　(B. Freethy, *Summer Secrets*, 2015)
(「僕たちは十代の恋をしたんだ。ただそれだけだよ」「そうだね。本当は

決してそうではなかったんだけどね。でも、そのことについては後で話し合えるさ。[...]」)

発話の終結を伝達する表現は定型表現として定着している。しかしながら、これ以上文をつながずに話を切り上げたい、長くなる話を単純化したいという話し手の意図がこうした表現に込められるとき、聞き手に切り返されて、結果的には発話が終局を迎えないことになる可能性もある。

2.3　積極的に発話を終結する(2)："Period. Full stop. End of story."

　アメリカ英語とイギリス英語には、発音、綴りも含めてさまざまな違いがある。文の終わりに打つ符号「終止符」も、アメリカ英語では period、イギリス英語では full stop と違う呼び方がされる。「終止符」を意味するこれらのことばが、ある話題について文を続けないで発話を締めくくることを宣言するのに使用されることがある。"Period." や "Full stop." と音声で発話されることもあれば、文字として綴られて用いられる場合もある。次の例では、研修医が解剖中に得られたそれぞれの所見をマイクに向かって述べ終えた時点で "..., period."（「...、以上」）と発話して内容を区切ることによって、1つの説明がそこまでで終わることをはっきりと伝えている。

(7) The resident stepped on a foot pedal on the floor, speaking into the microphone. 'The liver appears reddish brown with a lightly mottled surface, period. The gross weight is ... a ... two point four kilograms, period.' [...] 'The liver consistency is more firm than usual but definitely pliant, period.'

(R. Cook, *Coma*, 1977)

（その研修医は床のフットペダルを踏んでマイクに向かって話した。「肝臓は赤茶色で表面にはかすかに斑点あり、以上。総重量は ...2.4 キログラム、以上」[...]「肝臓の硬さは平常よりもかたいが、確実に柔軟性あり、以上」）

この例のように音声記録のために内容の区切りをつける場合以外にも、

2.3 積極的に発話を終結する(2) | 35

"Period." や "Full stop." はさまざまな場面で発話の終結、つまり、ある話題について文を続けないで発話を締めくくることを相手に伝える。次の例では、イギリスのキャメロン首相がある事件についての話を終結してこれ以上は述べないことを伝えるのに、"full stop, end of story"（「以上。もう話すことはありません」）という言い方で表現している。

(8) During an exchange in the Commons on Thursday, the prime minister, David Cameron, said: "It is absolutely clear that Raoul Moat was a callous murderer, full stop, end of story. I cannot understand any wave, however small, of public sympathy for this man."

(*The Sunday Times*, July 18, 2010)

（木曜日の下院でのやりとりの際に、デイヴィッド・キャメロン首相は次のように述べた。「ラオール・モートが冷淡な殺人者であったことは明々白々な事実です。以上。もう話すことはありません。この男に対する世間の同情の声がわずかながらにせよあったとしても、私には理解できません」）

実際の資料を観察すると、"Period." と "Full stop." がつながり、"Period. Full stop. End of story."（「以上。話はもう終わり」）やそれに類した連鎖を形成し、ある話題について議論の余地なしとして発話を締めくくることを積極的に相手に伝える場合もある。

(9) a. Their ringleader, U.S. Nobel Prize winner Paul Krugman, wrote: "Why is unemployment remaining high? Because growth is weak — period, full stop, end of story."

(International Monetary Fund, *Finance & Development*, Vol. 52, No. 1, Mar. 2015)

（彼らの首謀者であるアメリカのノーベル賞受賞者ポール・クルーグマンは書いた。「なぜ失業者数が多いままなのか？　それは成長がわずかだからだ。以上。これ以上議論の余地なし」）

b. To counter the perception that the president lacked the mettle to see things through, Berger outlined for his listeners "four irreducible facts": "One, we will win. Period. Full stop. There is no al-

ternative. Second, [...]." 　　(A. J. Bacevich, *American Empire*, 2002)
(大統領には洞察力がないという認識に反論するために、バーガーは彼の話を聞く者たちに対して要点をまとめ、「4つの最小限の事実」を述べた。「第一に、我々は勝つ。以上。これ以外に選択肢はなし。第二に、[...]」)

注意すべきことに、話し手は "Period." や "Full stop." によって、ある話題についての発話を終結することを伝えるのであり、それ以降にまったく文をつなげずにだんまりを決め込むことを伝えるのではない。当該の話題を打ち切ることがその意図であり、次の例では、"Period." や "Full stop." に続けて Now から始まる新たな話題を導入して談話を続けている。

(10) "[...] The issue is never whether my client is a man you would date or invite home for dinner. The issue is did my client kill Cock Robin, period. Now let's hear your side of it."
　　　　　　　　　　　　　(P. S. Kolins, *Nocturnal Omissions*, 2008)
(「[...] 問題なのは私の依頼人が、あなたがデートしたり自宅でのディナーに招待する相手かどうかなんかじゃないの。問題は私の依頼人がコックロビンを殺したことなのよ。以上、わかったわね。さあ、今度はあなたの話を聞く番よ」)

さて、ある話題に関する文をもはやつながないということを話し手が一方的に宣言する "Period." や "Full stop." は、もうこれ以上話すのがばかばかしいとか、話す価値がないといった含みをしばしば伴う。(11a)では、話し手が Rubbish!(ばかばかしいわ!)と発話を切り出しながら、相手にこの話題についてこれ以上は話す必要がないことを伝えている。また、(11b)では、話し手が当該の問題について話したくないという状況が波線部で示されている。

(11) a. Elspeth Cook: Rubbish! When someone tells you something contrary to fact, they are lying! Full stop!
　　　　　　　　　　　(テレビドラマの台詞: *The Mentalist*, 2011)
(エルスペス・クック:ばかばかしいわ! 人があなたに事実と反対のことを言うとき、それはうそをついているということなのよ! 以上、わかったわね!)

b. He didn't want to talk about the issue. "The truth is that the cause of neuroblastoma is not known, period! Listen, just come back to bed." (R. Cook, *Intervention*, 2010)
(彼はこの問題に関して話をしたくはなかったのだ。「実は神経芽細胞腫の原因はわかっていない、以上！ いいかい、ベッドに戻っておいで」)

ところで、"Period." や "Full stop." は、情報を開陳しないで話を終結しようとする相手を揶揄する場合にも用いられる。(12)では、相手がこれ以上の情報を伝えずに話を終結することに我慢ならなかった話し手が、相手の発話をオウム返しに繰り返して揶揄し、最後に "Period. Full stop. End of statement." (「以上。話はおしまい」) と言い添えている。

(12) "Homeland Security doesn't work that way," Shane said. Piarow chuckled. "Homeland Security doesn't work. Period. Full stop. End of statement." Shane stood, anger crossing his face. "Listen —" Piarow pushed on Shane's chest, sitting him back down. "I have listened. [...]" (D. Pendleton, *Splintered Sky*, 2014)
(「国土安全保障はそのようには機能しない」とシェインが言った。ピアロウはくっくっと笑って言った。「国土安全保障はそのようには機能しない。以上。話はおしまい」シェインは怒りの表情で立ち上がって言った。「いいかよく聞け...」ピアロウはシェインの胸を押して座らせた。「聞いているさ。[...]」)

会話を中断して発話を終結することを相手に伝える英語表現は、多様である。本節で取り上げた "Period." や "Full stop." という符号を音声化した発話には、話し手が当該の話題についてはこれ以上もう文を続けないという強い決意が込められている。

2.4　文をつなぐことを拒否する(1)：名詞化される接続表現
no ifs, ands or buts

文をつなぐ接続表現の中には、言い訳や弁解をあれこれと並べ立てると

きに頻用されるものがある。if, and, but がその例である。これらの接続表現が複数名詞化を受けて否定的な環境で用いられる場合がある。例えば、次のような慣用表現の no ifs or buts（イギリス英語）、no ifs, ands or buts（アメリカ英語）は、「「たられば」も「それに」も「でも」もなし」という意味を表し、つべこべと言い訳を伝える文をつなぐことを禁止する。なお日本語の「たられば」とは、「[「もし...だったら」「もし...していれば」の意]現実とは相反することを想定することの口語的表現」（『新明解国語辞典』第7版）のことである。

（13） **no ifs or buts**

UK（US **no ifs, ands or buts**）

something that you say to a child to stop them arguing with you when you want them to do something: *I want <u>no ifs or buts</u> — just get on and tidy your room now*.

(*Cambridge Advanced Learner's Dictionary*[4])

（イギリス英語（アメリカ英語では **no ifs, ands or buts**）
子供に何かをさせようとするときに、子供がつべこべ言うのをやめさせるために言う表現：「<u>つべこべ弁解は一切不要</u>。今すぐあなたの部屋を片づけ始めなさい」）

現代のアメリカの独身女性の本音をコミカルに代弁するテレビドラマとして話題を呼んだ *Sex and the City*（『セックス・アンド・ザ・シティ』）の1話（2000年）に、この慣用表現を念頭においた "No Ifs, Ands or Butts"（弁解も紙巻タバコも禁止）というタイトルがつけられている。嫌煙家の男性が愛煙家の女性とはつき合えないというストーリーのタイトルであり、慣用表現 "no ifs, ands or buts" の3番目の複数名詞 buts を butts（紙巻タバコ）に代えた表現となっている。

さて、あれこれと仮定の話を切り出したり、言い訳を始めたりすることを禁ずるのに接続表現を名詞化して表現する現象は、日本語でも観察される。例えば、(14)のような「もし〜たら」や「もし〜れば」といった仮定の話を持ち出しても仕方がないことを表す「たられば」という表現は ifs と

類似しているし、(15)のような「でももへちまもない」や「でももへったくれもない」といった反論を談話に持ち出すことを批判する際の「でも」は buts と似ている。

(14) 反省とは、あくまで未来へ向かってすべきもので、過去へ向かうのは「たられば」という後悔でしかない。

(野村克也『楽天はなぜ強くなれたのか』、2014)

(15) 「でももへちまもない。俺がやれといっているんだからやれ」

(渡辺淳一『雲の階段(上)』、1985)

接続表現が名詞化される用例をさらに観察しよう。(16a)では「but と言う」という意味の動詞 but と、複数名詞 buts を伴う慣用表現 But me no buts.(「でも、でも」って言わないこと)が用いられている。(16b)では、仮定や反論のことば ifs と buts がクリスマスの時期に欠かせないキャンディーと木の実に喩えられて、言い訳や弁解のことばの多さが皮肉られている。

(16) a. "Of course we are," said Lola. "But . . ." "But me no buts, young lady;" said the little man, leaning forward to look her in the eyes.

(R. Asprin, *No Phule Like an Old Phule*, 2004)

(「もちろん私たちはそうです。でも . . .」とローラが言った。「「でも、でも」って言わないこと」 その小柄な男は前かがみになり、彼女の目をじっと見てそう言った)

b. Sheldon Cooper: If ifs and buts were candy and nuts we'd all have a Merry Christmas.

(テレビドラマの台詞: *The Big Bang Theory*, 2010)

(シェルドン・クーパー:「たられば」や「でも」がキャンディーや木の実なら、僕たちみんなは楽しいクリスマスが迎えられるよ)

ここまでは接続表現 if, and, but が複数名詞化される用例を見てきた。いずれも、ある具体的な仮定、補足、反論ではなく、多種多様な仮定、補足、反論であることが複数形によって含意されていた。しかし、これらの接続表現は単数名詞として用いられることもある。(17a), (17b)では a big *if*(まずありえない「もしも」の仮定の話), a but(「しかし」ということばをつけるべき

問題点)のように接続表現がいずれも単数名詞化されて、後続する内容と同格関係で結びつけられている。

(17) a. And *if* — and this is a big *if* — all individuals are treated fairly and respectfully, it is hard to see why we should care if those individuals come disproportionally from some demographic groups.
　　　（A. Wertheimer, *Rethinking the Ethics of Clinical Research: Widening the Lens*, 2010）
（それに、「もしも」、まずありえない「もしも」の仮定の話だが、個々人がすべて公正かつ敬意をもって扱われるならば、なぜそれらの個々人が不釣り合いなほどに、いくつかの人口層出身かどうかを気にするのか、その理由を理解することは難しい）

b. I respect your concern for your aunt and admire your ingenuity in curbing costs, but — there is a but — I am wary of your conduct. 　　　(*The New York Times*, Jan. 23, 2011)
（私はあなたが叔母さんのことを心配していることには敬意を払うし、経費を抑える工夫は賞賛に値する。しかし、「しかし」ということばをつけるべき問題点がある。つまり、あなたの行状を警戒しているのだ）

　文をつなぐ接続表現である if, and, but などが名詞化されるのは、それぞれが仮定、補足、反論を切り出すメトニミー(換喩)として定着していると同時に、しても仕方がない仮定や反論をあれこれと並べ立てることを禁止するような場合の表現としても確立していることを示している。

2.5　文をつなぐことを拒否する(2)：相手を苛立たせる表現 whatever

　「別に」、「どうでも」、こうしたひと言は、相手が投げかけた話題に対する話し手の無関心な態度、その話題の展開を拒否する態度の表れである。このような日本語に相当し、相手が持ち出した話題の展開を拒否して文をつながない英語表現に whatever がある。次の(18a), (18b)では同意や確認

を求める相手に対して、話し手は不満げな態度や不遜な態度をとりながら"Whatever." と返し、それ以上の意見の交換を拒んでいる。

(18) a. "I just love the holiday season!" she chirped to the bored teenager. "It's such a happy time of year, don't you think?" "Whatever," grunted the clerk.　　　　(J. Fluke, *Candy Cane Murder*, 2014)
（「私はとにかく休暇シーズンが大好きなの！」と彼女はその退屈なティーンエイジャーに甲高い声で言った。「それは一年で本当に楽しい時期だと思わない？」「別に」とその事務員は不満げに言った）

b. "I'm going to let my grandmother know that you're back." Taylor rolled her eyes. "Yeah. Whatever."
(M. Carlson, *Stealing Bradford*, 2009)
（「あなたが戻ったことを私のおばあさんに知らせるわ」 するとテイラーは目玉をぎょろぎょろさせて不遜な態度をとった。「はいはい。別にどうでもいいわ」）

相手が持ち出した話題の展開を拒否する態度を表す whatever は、相手の提案を無条件に受け入れる態度を表す次のような whatever とは峻別される。(19) の whatever は相手の発話内容に話し手が無関心であることを伝えているのではなく、何でも受け入れるということを伝えている。

(19) "Would you like something cold to drink? I have soda, iced tea . . ." "Whatever. Anything is fine. Ice water is fine."
(M. Stewart, *Voices Carry*, 2010)
（「何か冷たいものを飲みますか？ あるのは炭酸水とかアイスティーとか. . .」「何でも。何でもいいです。氷水で結構です」）

なお、上記のような whatever の用法について、内田 (編) (2009: 626) には「相手の都合に合わせるための配慮を表す場合は、Whatever. よりも Whatever you like. や Anything is OK. を使用する」という指摘がある。

相手が持ち出した話題の展開を拒否する態度を表す whatever の後には、話し手にとって関心があることがらが示されることがある。(20) では、話し手は相手の話題に関心がないことを whatever で伝えた後で、The key point is . . .（重要なのは . . .）と続け、自分の関心がある話題へと相手に方向転換をうながしている。

(20) "He was no Mafia don," Lou Soldano said. "He was nothing but a midlevel functionary of the Vaccarro crime family." "Whatever," Calvin said with a wave of his hand. "The key point is that he was whacked while literally boxed in by a number of New York's finest, which doesn't say much about their ability to protect someone in their charge."　　　　　　　　　　　(R. Cook, *Chromosome Six*, 1998)
（「彼はマフィアのドンなんかではなかったんだ」とルー・ソルダーノが言った。「彼はヴァッカーロ犯罪グループの中級レベルの幹部にすぎなかったんだ」「そんなことは別にどうでもいい」とカルヴィンは手を振って言った。「重要なのは、彼がニューヨークの多くの警官たちに囲まれてのっぴきならない状況下でダウン寸前になったということは、責任を持ってだれかを守るという彼らの能力が大したことないということだ」）

さて、相手が持ち出した話題に対して意見を伝え合うことを拒絶する態度を表す whatever は、英語話者にとって使用場面に配慮しなければならないようである。米国マリスト大学世論調査研究所 (Marist College Institute for Public Opinion) は、「普段の会話で聞き手を苛立たせる表現」について 7 年間調査を続けている。同世論調査研究所が発表した 2015 年の調査結果（米国本土在住の 18 歳以上、1,517 名を対象）によれば、1 位 whatever（別に）(43%)、2 位 no offense, but（気を悪くしないでほしいんだけど）(22%)、3 位 like（みたいな）(20%)、4 位 no worries（心配ないよ）(7%)、5 位 huge（超デカッ）(3%) である。（参考：2014 年の調査結果（米国本土在住の 18 歳以上、1,140 名を対象）は次の通りである。1 位 whatever（別に）(43%)、2 位 like（みたいな）(23%)、3 位 literally（マジで）(13%)、4 位 awesome（超ヤバイ）(10%)、5 位 with all due respect（おことばですが）(8%)。）　なお、同世論調査によれば、whatever は 2015 年まで 7 年間連続、もっとも「普段の会話で聞き手を苛立たせる表現」に選ばれている。whatever がたったひと言で相手を苛立たせるのは、相手の提示した話題について意見交換を拒み、無関心を決め込むことから、相手を軽視し、時には好戦的な態度を話し手が表明する

2.5 文をつなぐことを拒否する(2) 43

ためである。このような理由から、whatever は口論の際にもしばしば用いられる。(21a), (21b)では(Yeah,)whatever を互いに言い返す言い争いの場面が描写されている。

(21) a. "You shouldn't have pegged Papa Smurf. That was a bad idea." Said Adam. "Yeah, whatever. They won't even remember about that shit in an hour." "Whatever Chris." "Yeah, whatever Adam." "Whatever." "Yeah, whatever." "Whatever." "Can you two just shut the fuck up?!" Hank yelled. (J. Melendez, *Just Ruthless*, 2007)
(「パパ・スマーフを認めないほうがよかったのに。あまりよいことではなかったかもね」とアダムが言った。「はいはい、別にどうでもいいよ。彼らはそんなこと、1時間も経てばすっかり忘れてしまっているよ」「別にどうでもいいよ、クリス」「はいはい、別にどうでもいいよ」「別にどうでもいいよ」「はいはい、別にどうでもいいよ」「別にどうでもいいよ」「2人ともちょっと黙ってくれよ?!」とハンクは大声で文句を言った)

b. "A blond dread," Earl said. "Is that the Twilight Zone or what? Where's Rod Serling?" "Who?" Lark said. Earl chuckled. "Wow! I know something you don't know. Wow!" "Whatever." "Yeah, whatever," Earl barked. "Whatever. Whatever."

(D. South, *Phillip Thomas Duck*, 2009)
(「あの、ブロンドドレッドヘアー。あれは『トワイライト・ゾーン』(=ロッド・サーリングが案内役を務めたアメリカのSFテレビドラマ)か何かかい? ロッド・サーリングはどこにいるんだ?」とアールが言った。「だれですって?」とラークが言った。アールがくすくすと笑った。「うおーっ! 君が知らないことを知ってるぞ。うおーっ!」「別にどうでもいいよ」「そう、どうでもいいさ。どうでもいい。どうでもいい」とアールが怒鳴り声で言った)

なお、相手が投げかけた話題に対して、whatever とひと言だけ発し、意見交換を拒絶する態度をとることは、"whatever" attitude(「別にどうでもいい」という態度)と呼ばれている。次は "whatever" attitude の説明の一例である。

(22) Beware of the "whatever" attitude. A "whatever attitude type person"

is a person who believes in "whatever" when you ask them what they think. Avoid them like the plague.

(T. R. Wallin, *What I Would Have Said*, 2013)

(「別にどうでもいい」という態度 ("whatever" attitude) にはご注意。「別にどうでもいいという態度をとるタイプの人」は、その人にどう思うのかを尋ねても「別にどうでもいい」という態度をとることをよしとする人のことだ。そんな人たちには絶対に近づかないで)

このように、相手が投げかけた話題に対して、whatever とひと言だけ発し、意見の交換を拒絶する態度をとることが定着していることを示す事実がある。次の例のように、Don't whatever me.（私に向かって whatever（別に）なんて言わないで）という形式で whatever が動詞化される用例も見受けられる。この現象は、but が慣用表現 But me no buts.（「でも、でも」って言わないこと）で動詞化される用法と類似している（詳しくは 2.4 節を参照）。

(23) a. Shirley: Samel, you gonna make that phone call today?
　　　　Samel: Yeah, whatever.
　　　　Shirley: Don't whatever me. You hear me, Samel?
　　　　Samel: I hear you, Shirley. I'm sorry.

(映画の台詞：*Everyday People*, 2004)

(シャーリー：ザメル、その電話は今日かけるの？
ザメル：まあ、別にどうでもいいだろ。
シャーリー：私に「別にどうでもいいだろ」なんて言わないで。わかったわね、ザメル？
ザメル：そうだね、シャーリー。悪かったよ)

b. "I'm not an idiot, Kenji. I have reasons for the things I say." "Yeah, and maybe I'm just saying that you have no idea what you're saying." "Whatever." "Don't whatever me —" "Whatever," I say again. (T. Mafi, *Ignite Me*, 2014)

(「私はばかではないわ、ケンジ。私が言うことにはわけがあるのよ」「そうだねえ、僕は君が自分の言っていることがわかっていないと言っているだけなんだ」「別にどうでもいいわ」「「別にどうでもいい」なんて僕に言わないでくれよ ...」「別にどうでもいいわ」と私は繰り返した)

c. Damian and I have arguments sometimes. When he tries the "whatever" with me, I usually say, "Don't you 'whatever' me!"

(J. Santomauro and D. Santomauro, *Asperger Download*, 2007)

(ダミアンと私はときどき議論をします。彼が私に「別にどうでもいい」という態度をとろうとすると、「「別にどうでもいい」という態度を私にとってはいけませんよ！」と私はいつも言っています)

話し手は whatever を用いて、相手の発話内容に無関心な態度、時には好戦的な姿勢で応答し、相手の話題を展開する文をつなぐことを拒絶する。whatever を普段の会話で口癖のように用いる英語話者もいるが、相手に不快な思いをさせ、苛立たせるという可能性も認識しなければならない。

第3章

話し手の心を映し出して文をつなぐ

　ことばをむき出しのまま発しても聞き手には受け入れてもらえない。聞き手と良好な関係を保ちながら情報を交換するとき、英語ではどのような「つなぎ表現」が活用されるのであろう。本章「話し手の心を映し出して文をつなぐ」では、I hate to say {it / this} ... (言いにくいことですが...) や Can I put my two cents in? (ひと言、よろしいですか？) などのつなぎ表現を用いる話し手の心のひだの奥底に潜む「文をつなぐ」仕組みを解き明かす。

3.1　確信の揺れを表現してつなぐ：{perhaps / maybe} not

　可能性を推し量るとき、さまざまな表現を活用して話し手は確信の度合いを心のひだの表れとして伝える。日本語の「ことによると」、「ひょっとすると」や英語の perhaps, maybe もそうした話し手の確信の度合いを表出する副詞となる。Biber et al. (1999) が記述するように、perhaps は maybe よりも学術論文や小説で多く用いられるが、逆にアメリカ英語の会話では perhaps よりも maybe が圧倒的に多く用いられる。また、先行する発話内容に対して、控え目に肯定的見解を示すためには perhaps, maybe が用いられ、控え目に否定的見解を示すためには否定辞 not を伴う perhaps not, maybe not が用いられる。次の例では相手の質問に対して話し手は perhaps not と返答し、否定断定を避けて控え目に否定的見解を伝えている。

(1) 'Would YOU like cats if you were me?' 'Well, perhaps not,' said Alice

in a soothing tone [. . .].

(L. Carrol, *Alice's Adventures in Wonderland*, 1865)
(「もしあんたがネズミだったらネコを好きになんかなれるかね」「うーん、おそらく好きにはなれないわね」と、アリスはネズミをなだめるような口調で言いました [...]) (安井(訳) 近刊)

実際の談話を観察すると、ある発話内容に、perhaps と perhaps not の連鎖や maybe と maybe not の連鎖が後接してつながり、「ことによるとそうかもしれないし、そうでないかもしれない」といった話し手の確信の揺れを伝えることがある。(2a)では相手の脅し文句に対して、(2b)、(2c)では自分への問いかけに対して、そうした話し手の確信の揺れを表す表現がつながっている。

(2) a. "It would do you no good. My people would kill you." "Perhaps, and perhaps not," I countered.

(E. R. Burroughs, *Land of Terror*, 2007)
(「それは無益なことだろう。うちの者たちがおまえを殺るだろう」「ことによっては殺るかもしれないが、殺らないかもしれない」と私は反論した)

b. She married an older man, a widower. Was it a love match? Perhaps, but perhaps not. (*The Wall Street Journal*, Oct. 21, 2010)
(彼女はある年上の男やもめと結婚した。恋愛結婚だったのだろうか？ そうかもしれないが、そうでないかもしれない)

c. I ran over my beard with a razor, then sized myself up in the mirror. Could I still pass for a guy in his twenties? Maybe. Maybe not. (H. Murakami, *Dance Dance Dance*, 2002)
(私はかみそりであごひげを剃り、鏡に映った自分自身を見た。まだ20代で通るだろうか？ 通るかもしれないし、通らないかもしれない)

こうした "Perhaps. Perhaps not." あるいは "Maybe. Maybe not." は、同一話者によって組み合わされて発話されるとはかぎらない。次の例では、perhaps を用いる相手の確信の度合いを確認するために、もう1人の話者が And perhaps not? (ことによると違うのか？)を疑問文の音調で発している。

48 | 第3章　話し手の心を映し出して文をつなぐ

(3) a. "Look, there," Carabella said. "Is that a trail, Valentine?" "Perhaps it is," he said. "And perhaps not?" "Perhaps not, yes."

(R. Silverberg, *Valentine Pontifex*, 1985)

(「あれを見てごらん」とカラベラが言った。「ヴァレンタイン、あれは足跡なのか？」「ひょっとしたらそうだ」と彼は言った。「ことによると違うかもしれないのか？」「その通りだ。ことによると違うかもしれない」）

b. "[...] Let us give ourselves a chance at least to be friends. Let me get to know you. Get to know me. Perhaps I am worth knowing." "And perhaps not," she said. "And perhaps not."

(M. Balogh, *Seducing an Angel*, 2010)

(「[...]少なくとも友達になるチャンスをくれないか。君のことを知りたいんだ。僕のことも知ってもらえないか。おそらく僕は知り合いになる価値があるから」「ひょっとすると価値がないかもしれないのね」と彼女が言った。「ひょっとするとそうかもしれないね」）

　また、話し手が自分の発言内容に対して確信の揺れを示す場合も観察される。次の例では下線部の内容に対して話し手自らが、「ことによるとそうではないかもしれない」という意味を表す perhaps not を繰り返してつないでいる。

(4) Now perhaps your mathematical method is the best way to do that, and perhaps not. Perhaps my nonmathematical reasoning can do more than your more mathematical reasoning, perhaps not.

(P. Kreeft, *Socrates Meets Descartes*, 2012)

(ところで、ひょっとしたらあなたの数学的手法はそれを実行するのに最適な方法かもしれません。また、ことによると最適な方法ではないかもしれません。ひょっとしたら私の非数学的な論法のほうがあなたのもっと数学的な論法よりも効力があるかもしれませんし、ことによるとないかもしれませんが）

　確信の揺れを表す perhaps not は、時として先行内容に対する話し手の自信のなさを表面化してしまう。そのため、perhaps not の直後には、先行内容に対して話し手の確信度の高い断定を表す文が補完的につながれることがある。次の例では、perhaps not の直後に certainly から始まる文がつ

ながっており、間違いなく断言できる情報、疑う余地のない情報が補完されている。

(5) a. The title "Happy Here and Now" may be ironic; perhaps not. Certainly no one in the film seems especially happy to be in the here and the now except a little girl named Josephine [...].

(*The New York Times*, Dec. 14, 2005)

(映画のタイトル "Happy Here and Now" は皮肉とも解釈できる。いや、ひょっとすると皮肉ではないのかもしれない。ただ、間違いなく言えるのは、本映画のジョセフィンという名前の小さな女の子以外の出演者は、だれひとりとして本映画の場面で特に幸せには見えないのだ [...])

b. Sitting on the beach, he watched the sun drop lower, and sighed. Perhaps Tina Bowman had seen a new animal, and perhaps not. Certainly Guitierrez had not.　　(M. Crichton, *Jurassic Park*, 1990)

(彼は海辺に腰を下ろして、日が沈むのを眺めながらため息をついた。ひょっとするとティナ・ボウマンは今まで見たことのない新しい動物を見たのかもしれない。いや、ことによると見なかったのかもしれない。間違いなく言えるのは、グティエレスはそれまでに見なかったということだ)

3.2 抵抗感を表現してつなぐ: I hate to say {it / this}, but ...

伝達するのに抵抗感があることがらを告げ伝える場合、話し手はさまざまな伝達上の工夫をする。例えば、次の例では「言いにくいことですが」、「自分で言うのもなんだが」とあらかじめ前置きを述べ、言うのが憚られる内容のことがらをこれから伝達しなくてはならない胸の内を明かしている。

(6) a. ちと私を見習いなさい。言いにくいことだが、あなたは少し欲が深すぎる。　　(松下幸之助『縁、この不思議なるもの』、1993)

b. おれもまた若く、自分で言うのもなんだが外見はスマートなほうで、幸子を心から愛している。

(星新一『おみそれ社会・だれかさんの悪夢』、1975)

英語においても、伝達するのに抵抗感があることがらを告げ伝える構文は存在する。例えば、指示表現 it や this を伴う I hate to say {it / this} ... は、but, as much as, although などの逆接や譲歩を表す接続表現を介して、言うのが憚られる内容を聞き手に告げ伝える。

(7) a. I hate to say it but the tennis world is not easy.
(*The New York Times*, Sept. 8, 2014)
(言いにくいことですが、テニスの世界は楽ではないのです)

b. As much as I hate to say this, you're gonna have to fire him.
(テレビドラマの台詞：*Dallas*, 1979)
(言いにくいことですが、あなたは彼を解雇せざるをえなくなります)

c. "Although I hate to say it, it appears that our efforts to defend the city ultimately will prove to be unsuccessful," the secretary continued. (L. Jensen, *Bounty Hunter*, 2013)
(「言いたくはないけれども、その町を守る我々の努力は結局失敗に終わるように思われる」と大臣が続けて言った)

I hate to say ... について、*Collins COBUILD Advanced Dictionary of English*[7] は、「話し手が伝えようとしている内容が、相手にとって不愉快であるとか、話し手が事実であるはずがないと思っている場合などで、伝えるのがためらわれる気持ちを話し手が表明したいとき」に用いられるとその用法を的確に記述している。しかし、I hate to say {it / this} ... について、なぜ言いにくい内容をそのまま伝えるのではなく、指示表現 it や this を介して伝える労力が費やされるのかということについては、従来の記述文法書や語法書を含めて問われることはなかったように思われる。

I hate to say {it / this} ... を使用するときの話し手の心の動きは、次のようなステップを踏んでいると考えられる。(i) 話し手は聞き手に言いたいことがある。(ii) その内容は聞き手にとっては耳にしたくないことである。(iii) それでも話し手は聞き手に伝えたいと思う。(iv) そのまま放っておけば、聞き手の身にならないか、聞き手がもっと困る状況になる。今話し手が言うことでそれは避けられるかもしれない。(v) したがって言うことに

する。(vi) いずれにしろ、そのままむき出しで言うことは憚られる内容である。(vii) 前置きとして緩和表現(softener)をクッションとして置くことにする。(viii)「言いにくいことだが、あえて言うことにする」という意味を表す I hate to say {it / this} ... をクッションとして選択することで衝突を極力避けることにする。

　上記の(vii)のステップに関連して、I hate to say {it / this} ... を発話する話し手は伝達内容をそのまま伝えるのではなく、いったん it や this で指示する。これは、聞き手にとって耳にしたくないことをそのまま伝えて唐突な印象、無神経でぶしつけな感じを与えてしまうことを回避し、it や this で伝達内容を指示することによって、話し手の念頭で十分に情報処理済みの内容であることを聞き手に伝える。話し手が I hate to say {it / this} ... と切り出して発話する気持ちに区切りをつけた後は、「言いにくいことですが、包み隠さず言うと」といった具合に発話態度を切り替える標識として、but, as much as, although などの逆接や譲歩を伝える接続表現を活用する。実際の資料を観察すると、but の後ろには frankly ((失礼ながら)率直に言うと)がしばしば発話されることが確認できるが、これは話し手が包み隠さずにありのままに事実を伝えようと発話態度を切り替える意識の表れである。

(8) a. "[...] I hate to say it, but frankly, it looks to me like we may be in the beginning stages of an all out war," the president said.

(D. L. Grant, *End Times: Apocalypse*, 2008)

(「[...] 申し上げにくいのですが、歯に衣着せぬ言い方をすれば、私たちは全面戦争に突入しているように私には思えます」と大統領は言った)

b. I hate to say it, James, but, frankly, I'm a little disappointed.

(映画の台詞: *X-Men Origins: Wolverine*, 2009)

(言いにくいけど、ジェイムズ、率直に言うと、私は少しがっかりしているんだ)

さらに、次の例では but の直後に話し手の立場を表明する as 句が現れて、自分の置かれている立場に視点を戻して発話態度を切り替えていることが伝えられている。(9a)では as a former CEO (前最高経営責任者として)、(9b)

では as a coach（コーチとして）という立場表明の表現が but の直後に現れていることから、話し手の発話態度の切り替えが確認できる。

(9) a. "I hate to say it, but as a former CEO, I have to agree," said Stanton-Landers. (K. Goldstein, *This Is Rage*, 2013)
（「まことに申し上げにくいのですが、前最高経営責任者としては、私は同意せざるをえません」とスタントン・ランダーズは言った）

b. I hate to say it, but as a coach he's had so many great games you almost get so you take him for granted.
(*Chicago Tribune*, May 10, 1996)
（言いにくいことですが、私はコーチとして言うと、彼はとてもすばらしい数多くの試合をしてきたので、あなたがたは彼のプレーを当然だと思っているのです）

このように、I hate to say {it / this}... がしばしば but などの接続表現と相関的に共起するのは、伝達内容に抵抗感があるという発話態度と、話し手の立場や状況を鑑みて包み隠さずに言わざるをえないという発話態度の切り替えを聞き手に伝えるためである。そうした発話態度の切り替え、転換を表明することで、言いにくいながらも自分の立場を踏まえて話し手が真摯にその内容を発話する態度が表出される。

では、I hate to say の直後には指示表現 it と this は現れるが、that は生じえないのであろうか。筆者のインフォーマントは、I hate to say... が具体的な先行文脈のない談話の冒頭で用いられる場合、(10)のように指示表現 that が生起することは容認されないとの判断を示した。また、手元の言語資料にもそのような談話冒頭での使用例は 1 例もない（# マークはそれが談話の冒頭であることを表示する）。

(10) #I hate to say {it / this / *that}, but I have broken your vase.
（言いにくいのですが、あなたの花瓶を壊してしまいました）

ただし、話し手が言いにくい内容が具体的に先行する文脈中ですでに伝えられている場合には、それを指示する that が I hate to say that のように現れることがしばしばある。次の例では、I hate to say that の that は it や this

とは異なり but 以下の情報を指示しているのではなく、先行する文脈の内容を指示している。波線部の but 以下は that が指示する先行内容の真実性を話し手が断定している部分であって、言いにくい内容を具体的に述べている部分ではない。

（11）This year we are not playing as hard as we consistently need to do for 40 minutes. I hate to say that but it's the truth of the matter.
(R. K. Wallace, *Thirteen Women Strong*, 2008)
（今年、私たちは40分間ずっと全力を出し続けなければならないほどのプレーはしていません。言いにくいことですが、これは真実なのです）

上の例が示すように、I hate to say that は、先行文脈中の具体的な内容を that で指示し、その内容が真実であることを断定する but 部につなぐという情報伝達の構図をとる。I hate to say that の話し手は、事実を事実として包み隠さずに相手に伝えた上で、その事実の伝達に抵抗感があるものの、動かしがたい事実である以上いかんともしがたいという意識のもとで発話していることがわかる。

　言いにくい話や伝達するのに抵抗感があることがらが心中にあり、それをことばにしなければならないことがある。そのようなとき、話し手は伝達内容に抵抗感があるものの、話し手の立場や状況を鑑みて率直に言わざるをえないという発話態度を表明する。I hate to say {it / this}... は、そうした発話態度を表明するために指示表現や接続表現を積極的に活用しながら、伝達するのに抵抗感がある内容をつなぐ1つのつなぎ表現であることがわかる。

3.3　へりくだった気持ちを表現してつなぐ(1)：if I can put my two {cents / pennies} in

相手のなわ張り内に立ち入るとき、日本語話者ならば「すみませんが、...」、英語話者ならば Excuse me, but... などと告げて相手に許可を求める。また、相手の考えに対して求められてもいないのに自分の意見を差し

挟むとき、話し手はへりくだって「ひと言、よろしいですか？」などとあらかじめ告げてから本題につなぐことがある。次の例で用いられている下線部の put my two cents in を含む英語表現も、求められてはいない情報を相手に述べる際に用いられ、話し手のへりくだった態度を表明する英語特有の表現である。波線部が示すように、相手も洒落た表現を返して発話をつないでいる。

(12) a. "I beg your pardon." Quinn sat on the edge of the wing chair. "But if I could put my two cents in . . ." "Take your best shot," Cale said. "Montana is far from being a dumb place. As a matter of fact, they call it the Treasure State [. . .]."

(M. Stewart, *If Only in My Dreams*, 2015)

(「失礼ですが」とクインはそで椅子に浅く腰掛けて言った。「ひと言、言わせていただければ . . .」「言ってみてくれ」とケイルが言った。「モンタナ州はひどいところなんかではなく、実は宝の州と言われているんです [. . .]」)

b. Ed Koch: Can I put my two cents in?

Larry King: You may, it's your money.

Ed Koch: I see my show as both educational, and interesting and amusing. [. . .]

(CNN のトーク番組: "CNN Larry King Live," July 27, 2000)

(エド・コッチ: ほんのひと言、話してもいいですか？
ラリー・キング: もちろんどうぞ、あなたの意見なんですから。
エド・コッチ: 私は自分の番組が学びに役立ち、面白く、楽しいと思っています。[. . .])

(12a) や (12b) のような put my two cents in を含む if I could put my two cents in や Can I put my two cents in? は、主にアメリカ英語の口語で用いられる。イギリス英語では、cent の代わりに penny が用いられ、two pennies や(13)のように two pennyworth となる。

(13) Evan's blood was boiling by now. He rarely lost it, if ever, but he had to say something and he did. "May I put my two pennyworth

in Sir?" "Yes, D. I. Jones, speak away," said the Chief. "It's been less than three weeks. We are extremely close; we must be allowed to finish. It's only a matter of . . ."

(M. S. Koll, *The Chessman Enigma*, 2012)

(そのころには、エヴァンのはらわたは煮えくり返っていた。彼は感情を抑えることができなくなることはめったになかった。しかし、どうしても言っておかなければならないことがあった。「<u>ひと言、申し上げてもよろしいでしょうか？</u>」「よろしい。D. I. ジョーンズ、さっさと言いなさい」とチーフが言った。「3 週間も経っていません。目標達成に非常に近づいています。最後に詰めるべきところを詰めておかないとならないのです。問題は単に . . .」)

こうした表現の基本的機能は、話し手が自分の意見を two cents（2 セント）, two pennies（1 ペニー硬貨 2 枚）に喩えて、価値のないもの、つまらないものとして伝えていることからわかるように、相手にへりくだった態度を示して「ひと言、よろしいですか？」などあらかじめ告げてから本題につなぐことである。たしかに、次の例では波線部が示すように、can I put my two cents in? が相手のことを配慮しつつ話し手の意見の伝達につなぐ前置きとして相手に受け止められている。

(14) "While everyone's giving advice to you, Randy, <u>can I put my two cents in?</u>" Brian asked me, as if I had a choice. "Alright," I sighed. "I think that there are so many horrible things going on in the world that you are way too focused on finding a woman. [. . .]"

(R. Kaluzny, & *Guest*, 2003)

(「みんなが君に助言をしてくれているけど、ランディ、<u>僕もほんのひと言、いいかな？</u>」とブライアンが私に聞いてきた。まるで僕に選択の余地があるかのような聞き方だった。「いいよ」と言って、僕はため息をついた。「世の中では恐ろしいことがたくさん起こっているので、君は女性を探すことに目を向けすぎているんじゃないかなって思うんだ。[. . .]」)

ところが、put my two cents in はその文字面とは裏腹に、頼まれてもない意見を相手に伝えることから、しばしば一方的な教示や本音の披瀝として相手に解釈されることもある。次の (15a) の波線部の said harshly（き

つい調子で言った)から明らかなように、同表現が厳しい言い方で発話され、次いで教示的な内容が伝えられていることがわかる。また、(15b)では、Can I put in my two cents on that? (そのことについてちょっと言ってもいいですか?)と本音を打ち明けようとする相手に話し手は対応せず、Everyone puts in their two cents. (全員が言いたいことがあるんだよ)と相手を説得しようとしていることがわかる。

(15) a. He turned and said harshly, "Mack, can I put in my two cents?" "Go ahead." "You say you think of Jill as your wife. But you treated her like a tramp. No wonder she resents it!"

(M. Gardner, *The Strange Women*, 1962)

(彼は振り向いて、きつい調子で言った。「マック、ちょっと言ってもいい?」「どうぞ」「君はジルを妻だと思っていると言ったね。だけど彼女をふしだらな女のように扱ったね。間違いなく彼女はそのことを怒っているよ!」)

b. "Tim, blast in there this time, just for the first coupla bars — *then* cut back. Sets up the final verse." "Can I put in my two cents on that?" Jenna asked diplomatically. "Honey, for this set, consider yourself a full-fledged member of the band," Scott assured her. "Everyone puts in their two cents."

(J. Bornstein, *Beyond Beautiful*, 2006)

(「ティム、今回はそこで大きく吹いて。初めの2小節だけ。その後は、抑えて。最終節を組み立てる」「そのことについてちょっと言ってもいいですか?」とジェナが角の立たない形で尋ねた。「ねえ君、このセットに関しては、自分がこのバンドのれっきとした1人のメンバーなんだということを考えて」とスコットは彼女の疑念を取り払った。「全員が言いたいことがあるんだよ」)

put my two cents in を含む英語表現は、話し手が自分の意見にわずか2セントの価値づけをした上で聞き手にその意見を述べる表現である。基本的には、求められてもいない自分の意見を開陳するにあたり、へりくだって相手との衝突を最小限に抑えながら言うべきことを言うときの効果的表現として用いられる。しかし、裏を返せば、本当は価値がある話し手の意

見を聞き手が卑小なものとして受け取るであろうことをあらかじめ見越している含みもあり、その場合には皮肉を込めた言い回しとして本表現が用いられる。「取るに足らないことかもしれませんが / ちょっと気になったのですが」と前置きをし、前もって布石を打ってから黙っていられないことを話し手が申し述べるのは日本語も同じである。

3.4 へりくだった気持ちを表現してつなぐ (2): in my humble opinion

　話し手が自分の意見を談話に直接つなぐのではなく、「私見によれば、...」、「言わせていただけるなら、...」などと告げてからへりくだって述べることがある。このような私見に対するへりくだった見方を告げる英語のつなぎ表現に、in my humble opinion がある。(16a)では、話し手は in my humble opinion (あくまで私見ですが)と告げてから『スタートレック』(＝アメリカの宇宙ドラマ)の内容に関しての意見を披瀝している。また、(16b)では、話し手は文末に in my humble opinion を置き、マディソン・スクエアが暮らすのに最高なところであると述べてから、それはあくまでも個人の考えであると追記している。

(16) a. *Star Trek*, in my humble opinion, is pointing a positive direction for humanity's future. May Kirk and Picard and all the Enterprise crew prove worthy prophets!

　　　　　　　　　　　　　　　(G. Davis, *Letters to World Citizens*, 2004)
　　　(あくまで私見ですが、『スタートレック』は人類の未来のよい方向を指し示していると思います。メイ・カークやピカードや宇宙船エンタープライズの全乗組員が立派な予言者であることがわかります！)

b. Overall, Madison Square is the best place to live, at least in my humble opinion.　　　(S. Harris, *Somewhere in Between*, 2015)
　　　(概して、マディソン・スクエアは暮らすのに最高なところです。あくまでも私個人の考えですが)

しかし、in my humble opinion が発話される場面を観察すると、必ずし

も話し手が自分の意見を本気で卑下しているとはかぎらないことがわかる。次の例では、アメリカの女性フォーク歌手ジョーン・バエズ (Joan Baez) がコンサートで in my humble opinion と発話したところで、その表現の意味の滑稽さに思わず噴き出してしまったというエピソードが紹介されている。

(17) "I said in concert once, 'In my humble opinion ...' and burst out laughing. I've never had a humble opinion in my life. If you're going to have one, why bother to be humble about it?"

(*The New York Times*, Nov. 29, 1992)

(「私はコンサートで一度、「私のつたない意見だけど...」と話したところで、噴き出しちゃったのよ。私はいまだかつてつたない意見なんて持ったことはないの。それに、もしつたない意見だとしても、どうしてその意見がつたないことを卑下しなきゃいけないの?」)

ジョーン・バエズの in my humble opinion という表現に対する感覚を裏づけるように、in my humble opinion を介して自分の意見をつなぐ話し手は真剣に自分の意見を卑下しているとはかぎらず、しばしば強烈な皮肉を込めたり (=(18a), (18b))、実は自信に満ちた意見を伝えること (=(18c)) もある。

(18) a. You are very much mistaken, my dear sister! I am aware that you fancy yourself to be awake upon every suit, but in *my* humble opinion you are as big a wet-goose as Selina!

(G. Heyer, *Black Sheep*, 2004)

(大間違いをしているぞ、妹よ! おまえがうぬぼれて洋服に目覚めているのがわかるぞ。だけど、僕個人のつまらん意見だと思うなら思ってもいいが、おまえはセリナと同じく太った愚か者なんだ!)

b. "I believed a man of your experience would have passed beyond mere vulgarities," Burke replied. "Completely childish, in my humble opinion. [...]" (D. Pendleton, *Critical Effect*, 2008)

(「君のような経験豊富な人なら、単なる無作法な言動を超越していただろうと私は思っていたよ」とバークが答えた。「少なくとも私には、完全に子供じみていると映るな。[...]」)

c. '[...] I've been sent to try and discover if this particular crime has anything to do with unlawful behaviour in time of war.' 'Exactly,' said Douglas Grace. 'Exactly, sir. And <u>in my humble opinion</u>,' he added, stroking the back of his head, 'it most undoubtedly has. However!'

(N. Marsh, *Inspector Alleyn 3-Book Collection 5*, 2013)

(「[...]私がここに派遣されてきたのは、まさにこの犯罪が戦時下の違法行為となんらかの関係があるかを調べるためだ」「そうです」とダグラス・グレイスが言った。「その通りです。そして<u>あくまでも私の考えですが</u>」と彼は後頭部をなでながら付け加えた。「間違いなく関係があります。いずれにしても!」)

さて、話し手が自分の意見をへりくだって述べることを告げる in my humble opinion に対して、「それほどつたなくもない私の意見ですが...」という意味を表す in my not-so-humble opinion（=(19a)）や、「決してつたなくはない私の意見ですが...」という意味を表す in my less-than-humble opinion（=(19b)）というつなぎ表現もある。

(19) a. Albus Dumbledore: Words are, <u>in my not-so-humble opinion</u>, our most inexhaustible source of magic. Capable of both inflicting injury, and remedying it.

(映画の台詞：*Harry Potter and the Deathly Hallows: Part 2*, 2011)

(アルバス・ダンブルドア：<u>それほどつたなくもない私の考えじゃが</u>、ことばは我々の尽きることのない魔法の源じゃ。傷を負わせることもできれば、傷を癒すこともできるのじゃ)

b. The most important piece of new personal technology introduced last year, <u>in my less-than-humble opinion</u>, was the personal video recorder, or PVR. (*The Baltimore Sun*, June 19, 2000)

(<u>決してつたなくはない私の意見だが</u>、昨年発表された個人向けテクノロジーのもっとも重要な製品はパーソナルビデオレコーダー、すなわち PVR だった)

また、in my humble opinion は IMHO という頭字語(acronym)に略されて、

Facebook, Twitter, Instagram といった SNS (ソーシャル・ネットワーキング・サービス)、ブログ、オンラインチャット、電子メールなどでしばしば用いられるつなぎ表現である。

(20) <u>IMHO</u>, you can't simply evaluate the trade based on whom the Rams pick with those picks.
　　　　(https://live.washingtonpost.com/ask-boswell-131230.html)（最終閲覧日：2016年5月2日）
　　　(私見を述べさせてもらえるなら、ラムズ(＝米国プロアメリカンフットボール・リーグ NFL のチーム)がそれらの指名権を使いだれを指名するかに基づいて、そのトレードを単純に評価することはできない)

　これらの略語はエモーティコン(emoticon)と呼ばれる顔文字とともに、短時間かつ制限字数内で情報を交換・共有することが求められる今日の英語圏の情報社会では、欠かせない表現となっている。
　最後に、本書のテーマである「文をつなぐ」表現に関係する主な英語の略語を示す(参考までに訳例も付す)。

(21) AAMOF（＝As A Matter Of Fact）　実を言うと
　　　AAR8（＝At Any Rate）　とにかく
　　　AFAIAA（＝As Far As I Am Aware）　私が知るかぎりでは
　　　AFAIC（＝As Far As I'm Concerned）　私としては
　　　AFAIK（＝As Far As I Know）　私が知るかぎりでは
　　　B4（＝Before）　前に
　　　BC, B/C（＝Because）　なぜならば
　　　BIF（＝Before I Forget）　忘れないうちに
　　　BTW（＝By The Way）　ところで
　　　CMIIW（＝Correct Me If I'm Wrong）　私が間違っていたら直してください
　　　CUZ（＝'Cause (Because)）　なぜならば
　　　FWIW（＝For What It's Worth）　ご参考までにお伝えしますが
　　　FYI（＝For Your Information）　ご参考までに

IAC（＝In Any Case）　ともかく

IAE（＝In Any Event）　ともかく

IIRC（＝If I Remember Correctly）　私の記憶がたしかなら

IMHO（＝In My Humble Opinion）　言わせていただけるなら

IMO（＝In My Opinion）　私の考えでは

IMPOV（＝In My Point Of View）　私自身の見解では

IOW（＝In Other Words）　言い換えると

JIC（＝Just In Case）　念のため

NOYB（＝None Of Your Business）　あなたには関係ありません

NP（＝No Problem）　問題ありません

OTOH（＝On The Other Hand）　他方

PMFJI（＝Pardon Me For Jumping In）　横から失礼します

TAFN（＝That's All For Now）　とりあえず以上です

TTBOMK（＝To The Best Of My Knowledge）　私が知るかぎりでは

TTTT（＝To Tell The Truth）　実を言うと

WRT（＝With Regard To）　…に関しては

3.5　相手の依頼や確認にひと呼吸おいてから承諾・承認表現につなぐ： why, {yes / sure}

相手の依頼や確認に対して話し手が間投詞 why を発話してひと呼吸おいてから、承諾・承認表現につなぐことがある。"why, yes" や "why, sure" がその例である。注意すべきは、"why, yes" や "why, sure" が、文脈に応じて話し手の異なる発話態度を表明することである。次の(22a)–(22c)では相手の確認に対して「ええ、もちろんそうです」と、話し手がその場で肯定の答えを即答する態度が表れている。

(22) a. "My parents ... my parents were married?" "Why, yes, of course." The minister cast Cam a puzzled look.

(C. Camp, *Impulse*, 2010)

(「僕の両親は ...僕の両親は結婚していたんですか？」「ええ、もちろんだよ。当たり前だよ」　司祭は困惑した顔つきでカムを見た）

b. He approached her and asked, "Mrs. Jones, do you know me?" She responded, "Why, yes, I do know you, Mr. Williams. [...]"

(P. P. Provost, *Ebony Legends in Sports*, 2009)

(彼は彼女に近づいて尋ねた。「ジョーンズさん、私を知っていますか？」彼女は答えた。「もちろんです。よく存じていますよ、ウィリアムズさん。[...]」)

c. "Can you meet me down in front of the courthouse in about fifteen minutes?" "Why, sure," I said.

(J. Thompson, *The Kill-Off*, 1999)

(「15 分後くらいに裁判所庁舎の前で会えるかな？」「ええ、もちろん」と私は答えた)

一方、(23a)–(23c) では相手の依頼や確認に対して「ええと、そうです」と、話し手がためらい、熟考しながら承認する態度が表れている。

(23) a. Mad Hatter: Come, come my dear. Don't you care for tea?
Alice: Why, yes, I'm very fond of tea, but ...

(映画の台詞: *Alice in Wonderland*, 1951)

(マッドハッター：おいで、おいで、お嬢さん。お茶は好きじゃないのかい？
アリス：ええと、いいえ、お茶は大好きだけど ...)

b. "You mean you're the *only* one left?" Mr. Wonka said, pretending to be surprised. "Why yes," whispered Charlie. "Yes."

(R. Dahl, *Charlie and the Chocolate Factory*, 1964)

(「君だけが残ったということかな？」とウォンカ氏は驚いたふりをして言った。「ええと、そうです」とチャーリーは小声で言った。「そうです」)

c. "I'm happy to meet you, sir. Are you a friend of my Mama?" Razzi stuttered, "Why ... why, yes I am. You look just like your mother." He was at a loss for words. There was no doubt.

(G. L. Bridges, *Los Huerfanos*, 2012)

（「あなたにお会いできて嬉しいです。あなたは私の母の友人ですか？」ラッツィは口ごもりながら言った。<u>ええと、...ええと、はいその通り</u>、友人です。あなたはお母さんによく似ていますよ」 彼はことばに窮した。それは間違いなかった）

さて、先に見た(22a)–(22c)のようなその場で肯定の答えを即答する話し手の態度を表す "Why, yes" は、新聞記事の見出しでしばしば用いられる。記事の見出しで用いられる "Why, yes" は、相手の直前の質問に答えをつなぐわけではない。しかし、(24) の "Why, Yes! We're Going To Schaumburg"（もちろん！ シャンバーグに行くよ）という記事見出しは、続く記事本文を読めば Will it be the Magnificent Mile or Schaumburg? という質問にその答えとしてつながっていることがわかる。

(24) <u>Why, Yes! We're Going To Schaumburg</u>
Decisions, decisions. <u>Will it be the Magnificent Mile or Schaumburg?</u> That's the choice the Greater Woodfield Convention & Visitors Bureau hopes to put to tourists through an all-out effort to make the northwest suburbs a vacation destination for short-hop travelers.
(*Chicago Tribune*, Mar. 31, 1992)

(<u>もちろん！ シャンバーグに行くよ</u>
さあ決定だ、決定だ。<u>マグニフィセント・マイル、それともシャンバーグのどちらだろうか？</u> これは、グレイター・ウッドフィールド観光コンベンション・ビューローが総力を挙げて、北西部郊外を短距離旅行者向けの休暇の目的地にすることを願い、観光客に望んでいる選択である)

また、次の新聞記事の見出しの Why Yes（無論賛成）も続く記事内容とつながっており、議論を経ない賛成票は国際情勢に鑑みるとスコットランド独立国民投票では大した意味がないことを伝えている。

(25) <u>Why Yes Means Less</u>
Scottish independence will not only weaken Britain's influence abroad. It will reduce Scotland's international stature. Despite the two long years of the referendum campaign, there has been almost

no public discussion in Scotland or in the rest of the United Kingdom of the impact of a Yes vote on foreign policy.

(*The Times*, Sept. 17, 2014)

(「無論賛成」は大した意味なし
スコットランドの独立は英本国の国外に対する影響を弱めるだけではない。スコットランドの国際的名声を落とすことにもなる。2年の長きに渡る国民投票キャンペーンにもかかわらず、グレイトブリテン及び北アイルランド連合王国のスコットランドや他の国々では、賛成票が外交政策に与える影響については公開討論がほとんど行われてこなかったのである)

相手の依頼や確認に対して話し手が肯定的な返答をする場合、間投詞の why でつなぐことによって即答する態度や、逆にためらいや躊躇を伴って答える態度を表明することができる。

3.6　相手に許可を求めて補足的情報をつなぐ：let me add ...

前に述べたことがらに対して話し手が補足的情報を付け加えてつなぐ表現に let me add ... がある。(26a), (26b) では、それぞれ前に述べたことがらに対して話し手は let me add を用いて条件や実情を付言している。

(26) a. "Eh? Okay, I don't think you would break a promise made that way. But, let me add that if you did tell, it would hurt Alec and Mac both — and Eunice would not like that."

(R. A. Heinlein, *Will Fear No Evil*, 1972)

(「えっ、なんですって？　わかっていますよ。あんなに固く約束をしたのに、あなたが約束を破るだろうとは思っていませんよ。ただし、付け加えさせてもらうと、もし口外すれば、アレックとマックのどちらも傷つけることになるし、ユーニスはそれが好きではないでしょうね」)

b. Paul also has six arms and six eyes, but before you start feeling sorry for him, let me add that Paul is a robot.

(*The Times*, Oct. 11, 2012)

(さらにポールには腕が6本、目が6つあるのです。しかし、あなたがたが彼のことを気の毒なんだと思い始める前に付け加えさせてもらい

ましょう。ポールはロボットだということを)

　話し手が述べたばかりの内容に補足的情報を付言するのは、聞き手の誤解をあらかじめ回避するためである。そのため、話し手が急いで情報をつなぐ意識がしばしば表現されることがある。(27a)の Lest I forget, let me hasten to add that (忘れないうちに急いで言い添えるけど)や(27b)の Before you make too hasty a decision let me add that (早まった判断をあなたがなさる前に付け加えさせてもらいますが)は、話し手のそうした意識の表出を示す例である。

(27) a. "Oh, there is one other thing. Lest I forget, let me hasten to add that R. Edgar Blake was the half brother of Emmet P. Neuberger's grandfather."

(G. C. Chesbro, *Dark Chant in a Crimson Key*, 1992)

(「ああ、もう1つあった。忘れないうちに急いで言い添えるけど、R・エドガー・ブレイクはエメット・P・ニューバーガーの祖父の異母兄弟だったんだ」)

b. I have a penny that I will trade you for your paycheck. Before you make too hasty a decision let me add that I'll double the value of this penny for 30 days. (D. K. Draper, *Cody*, 1990)

(私にはあなたの給料支払小切手と交換する1ペニーがあります。早まった判断をあなたがなさる前に付け加えさせてもらいますが、私は30日でこのペニーの価値を倍にするのです)

　さて、前に述べられたことがについての条件、制限、例外、実情といった補足的情報は、聞き手の心に留めるために話し手によって一方的に表明される情報である。そのため、そうした補足的情報が聞き手に円滑に伝達されるように、話し手は let me add ... の形式を用いて聞き手に許可を求めて付言する。次の(28)では、話し手が怒りを抑えつつ let me add ... の形式を用いて、表向きの一応の配慮をことばにして聞き手に伝えながら補足的情報を追記していることがわかる。

(28) "[...] So Jay has bragged about it, I'm sure, told everyone, includ-

ing you. And let me add . . ." I pause. I swallow. Anger is a lump in my throat. "Let me add that some details aren't your business and will never be your business. [. . .]"

(P. Cornwell, *The Last Precinct*, 2000)

(「[...] だからジェイはそのことを自慢していたと、僕はあなたを含めて皆に話したはずですよ。それに、付け加えさせてもらうと...」 私は言うのをためらい、こらえた。怒りでのどを詰まらせた。「付け加えさせてもらうと、細かなことはあなたとは無関係ですし、これからもあなたには関係ないのです。[...]」)

　動詞 let について分析する Wierzbicka (2006: 189–90) は Let me finish! の let を「寛容の let (*let* of tolerance)」と呼び、話し手は自分が言うことが相手にとってもろ手を挙げて賛成できないことであろうが心を広くして受け入れてもらいたいということを伝える、と説明している (詳しくは Wierzbicka (2006)、安井 (2013) を参照)。Wierzbicka (2006) は let me add . . . の形式については言及していないが、本形式の let は「寛容の let」であると考えてよい。

　let me add . . . は、話し手が前に述べた情報に補足的情報を否応なくつなぐのに用いられる。let me add . . . は、形式的には話し手が聞き手にその許可を求める配慮を示しているように見せかけてはいるが、その実はリップサービスにすぎない。談話の流れの主導権は話し手が握ったままなのである。

3.7　価値意識を反映してつなぐ: but

　互いに対立する内容や反する内容をつなぐ接続表現に but がある。実際の資料を観察すると、but でつながれる前後の表現には話し手の価値観や意識が反映されていることがわかる。例えば、(29a) では The room was large (その部屋は広かった)、(29b) では The room was small (その部屋は狭かった) という正反対の内容に対して、異なる話し手によって but comfortable (それにもかかわらず居心地はよかった) という肯定的な判断が下されて but でつながれている。つまり、(29a) の話し手は部屋が広ければ居心地はよ

くないものであるという価値意識があるのに対して、(29b)の話し手は部屋が狭ければ居心地はよくないものであるという異なる価値意識を持っているが、意外なことに実際にはその部屋の居心地がよかったという判断がbut でつながれている。

(29) a.　The room was large but comfortable, full of restful colours.
　　　　　　　　　　　　　　　　　　　　(D. Hill, *The Leafless Forest*, 1994)
　　　　(その部屋は広かったが居心地はよく、心安らぐ色に満ちていた)

　　　b.　The room was small but comfortable, with a single bed, chair, wardrobe and dresser.　　(J. Dunn, *Hecate's Child*, 2006)
　　　　(その部屋は狭かったが居心地はよく、シングルベッド、椅子、洋服ダンス、ドレッサーがあった)

また、次の例においても but でつながれる前の文の内容が同じであるにもかかわらず、後半の内容が異なっている。つまり、食べごたえがある食べ物は低カロリーなものであると考える話し手と、高カロリーなものであると考える話し手の異なる価値意識が、but に続く後半の正反対の内容に現れている。

(30) a.　If low-income family members are obese, one of the reasons could be that the foods the family can afford usually are those that are filling but high in calories.
　　　　　　　　　　　　　(K. Gay, *The Scoop on What to Eat*, 2009)
　　　　(低所得の家族が肥満である場合、彼らが買うことができる食べ物は通常、食べごたえはあるが高カロリーであるということがその理由の1つとして考えられるであろう)

　　　b.　Vegetables are the ultimate diet miracle food. They are filling but low in calories.　　(H. Wright, *The PCOS Diet Plan*, 2010)
　　　　(野菜は究極のダイエットの奇跡食である。野菜は食べごたえはあるが低カロリーなのである)

but は逆接を表す接続詞であるが、but でつながれる前後の内容が互いに対立する関係や相反する関係にあるかどうかは、もっぱら話し手個人の価

値意識に基づく判断によるものである点に注意する必要がある。

3.8　前の事実から期待される結果に反する事実をつなぐ：and

接続表現を介さずに並列関係でつながれた文と文との間には、継起関係または因果関係、あるいはその両方の意味関係が表される。

(31) He ate too much for dinner. He was ill the next day.
　　　　　　　　　　　　　　　　　　　　　　(Quirk et al. 1985: 1472)
　　(彼は夕食を食べ過ぎた。{そして / だから}翌日気分が悪くなった)

しかし、(31)の2つの文が and でつながれたとき、意味の上でも密接なつながりを表す。そのため、(32)では、and でつながれた最初の2つの文（＝ He ate too much for dinner. と He was ill the next day.）が全体で1つの文としてまとまった内容を表現し、その上で、続く3つ目の文の内容とつながれる。

(32) He ate too much for dinner and he was ill the next day. He decided to be less greedy in future.　　　(Quirk et al. 1985: 1472)
　　(彼は夕食を食べ過ぎて翌日気分が悪くなった。だから彼は、これからは食い意地をあまり張らないようにすることにした)

ただし、and は等位接続詞ではあるが、並列する情報を必ずしも等価につなぐとはかぎらない。次の(33)では、and でつながれた3つ目の内容が話の一番の山場となる(climactic)情報を伝えている。また、(34)では、and でつながれた3つ目の話の山場の部分は「譲歩」の意味を伝えている。

(33) She cleaned the room, (she) made a birthday cake, and (she) finished preparing a lecture.　　　(Quirk et al. 1985: 1473)
　　(彼女は部屋の掃除をし、バースデーケーキを作ったのに、さらになんと講義の準備まで終えたのだ)

(34) She works ten hours a day in the clinic, she spends ages helping him with his thesis, and he calls her lazy!　　　(Quirk et al. 1985: 1474)
　　(彼女は診療所で1日10時間働き、すごく時間をかけて彼の学位論文を手

伝っているというのに、彼ときたら彼女のことを怠け者と言うんだ！）

注意すべきことは、(33)も(34)も、and の前の事実から自然に推論される結末や帰結ではない事実、つまり常識に反していたり、予測や期待から外れるような事実が and の後につながれて、全体で1つのまとまった内容が伝えられている点である。つまり、等位接続詞 and は前後の情報を対等につないで全体で1つのまとまった内容を伝えるが、前の事実からは予想されない事実や期待に反する事実をつなぐとき、「対比」（＝(35a)）や「譲歩」（＝(35b)）の意味が派生する点は興味深い。

(35) a. Spiders have two main body parts, and insects have three. Most insects have feelers called *antennae*, and spiders do not.

(C. Kendall, *Spiders*, 1995)

（クモには体節が2つしかないが、昆虫には3つある。大部分の昆虫には触角という感覚器官があるのに、クモにはない）

b. I tried to think of something to say, and couldn't. She walked around, and didn't look at me.

(J. M. Cain, *The Postman Always Rings Twice* (Reprint Ed.), 1989)

（私は何か話しかけることを考えようとしたのに、だめだった。彼女は部屋の中を歩き回ったのに、私のほうを見てくれなかった）

次の例は、前の事実から自分が期待した結果に反する事実が並存、両立しているのはなぜなのかということに対する疑いや、意外な気持ち、不満な気持ちを伴って発話されている。(36a)では、相手が喫煙の健康への影響を熟知している医者であるにもかかわらず、タバコを吸うという事実に対して話し手の意外な気持ち、あきれる気持ちが込められている。(36b)では、相手が指導的立場にある教授職であるにもかかわらず、公共の場所で飲んでいるという事実に対して期待が外れた気持ちを込めて相手をののしっている。(36c)では、(You are) a singer and you smoke? の括弧部が省略されているが、喉を大切にする歌手であるにもかかわらず、タバコを吸うという事実に対して話し手が不思議に思いながら相手に質問をしている。

(36) a. "You smoke? You're a doctor and you smoke?" I teased, as if to scold him playfully. (M. Clarke, *Something Forever*, 2014)
(「タバコを吸うの？ あなたは医者なのに、本当にタバコを吸うの？」私は彼をふざけてしかるようにからかって言った)

b. "You're professor〔a professorでないのは原文のまま〕and you're drinking in a public place? You should know better," he taunted.
(J. Shantz, *Racial Profiling and Borders*, 2010)
(「教授なのに公共の場所で飲んでいるのか？ もっと分別があるべきだ」と彼はののしった)

c. "A singer and you smoke?" "Less than I used to. It's my one weakness." (E. Oness, *Articles of Faith*, 2000)
(「歌手なのにタバコを吸うんですか？」「以前よりも少ないけど。私の1つの欠点だね」)

また、and の前の事実から自分が期待した結果に反する事実や、予想外の結果に焦点を当てるために、話し手が And から始まる文を独立させて発話することがある。(37a)では、相手がサンフランシスコの名物料理を知らないにもかかわらず生まれも育ちもサンフランシスコと自らを称している事実を、期待外れで信じがたいことと話し手は思っている。また、(37b)では、ジャーナリストらしからぬ返答をするにもかかわらず相手がジャーナリストと称している事実を話し手はあざけっている。いずれも、And は強勢を伴って文頭に置かれ、期待外れの事実や予想外の事実に聞き手の関心を引きつけるために、前の事実を伝える文と切り離した独立文として発話されている。

(37) a. "What about Hang Town Fry? You don't know? And you call yourself a San Franciscan? [...]"
(M.F.K. Fisher, *The Art of Eating*, 1988)
(「ハングタウンフライ(=カキ、ベーコン、タマネギなどが入ったオムレツ)はどうなの？ 知らないの？ それなのにあなたは自分のことを生まれも育ちもサンフランシスコだって言うの？ [...]」)

b. "I'm not sure. A shadow or something, moving around the corner

3.8　前の事実から期待される結果に反する事実をつなぐ　｜　71

of the building." "A shadow?" scoffs one rep. "A shadow? Are we supposed to get all hot and bothered because you saw a shadow? I mean, really. And you call yourself a what? A journalist? Sounds to me like you don't know the difference between fact and fiction. [...]"　　　　　　　　(F. Geiger, *Out of Control*, 2003)
(「気のせいかもしれないけど、ビルの角の辺りで影みたいなものが動いていたように見えたな」「影？」とある通信員があざけった。「影だって？ 僕たちが影を見たから苛立っていると思うのか？ おい、まさかだろ。なのに自分のことを何と言っているんだ？ ジャーナリストだって？ 僕には君は事実と虚構の違いがわかっていないように思えるんだが。[...]」)

文ではなく形容詞を and でつなぐ場合にも同じことが当てはまる。つまり、前の内容からは予想されない内容や期待に反する内容が並存して全体で1つのまとまった内容として伝える意識のもとでは、話し手は and で形容詞をつなぐことができる。なお、*Collins COBUILD English Usage*[3] では対照(contrast)の and が用いられない例として(38)を挙げている。しかし、(39)の諸例から明らかなように、話し手が and の前後の内容を並存するものととらえ、全体で1つのまとまった内容として伝える意識のもとでは容認される点に注意したい。

(38) We were tired {but / *and} happy. (*Collins COBUILD English Usage*[3])
　　　(私たちは疲れていたが幸せな気分だった)

(39) a. But when I had finished my novel and it went to press, I didn't feel like writing anything else then, so I didn't write anything. I was tired and happy, having completed a book, so I stopped work.　　　　　　　　(L. Hughes, *The Big Sea*, 1993)
(しかし、小説を書き終え、その原稿が印刷に回ったときには、私は何も書きたい気分ではなかったので何も書きませんでした。私は本を1冊完成させたので、疲れていたのに気分がよかったのです。だから筆を置いたのです)

b. We played flashlight tag for an hour, crawling through the bushes, climbing the fences, sneaking behind cars. And at the end, we were tired and happy. The kids slept well and so did I.

(P. B. Hoffmeister, *Let Them Be Eaten by Bears*, 2013)

（私たちは懐中電灯を使った鬼ごっこ遊びを 1 時間して、藪の中を腹ばいになって動いたり、塀に上ったり、車に背後からこっそり近づいたりして遊びました。とうとう体力の限界になり、私たちは疲れていたのに満足でした。子供たちはぐっすり眠り、私もぐっすり眠りました）

3.9　釈明をつなぐ：It is just (that) . . .

　相手の誤解や非難に対して、話し手が事情を披瀝して相手に理解を求めることがある。釈明をする場面では、話し手は不意を突かれて釈明に手間取ったり、聞き手の誤解を解くために思慮を巡らせてことばを慎重に選ぶことも多く、よどみなく事情を伝達できるとはかぎらない。このような釈明が求められる英語の場面を観察すると、あるつなぎ表現がしばしば積極的に活用されていることがわかる。

(40) a. "Tell us a puzzle, I says!" "I — I — can't!" sobbed the Mock Turtle. "Why not, you dumb or something?" "It's just — it's just that —" "It's just that what?" asked the Gryphon. "It's just that — it's just that — that they're so sad!" sobbed the Mock Turtle.

(R. M. Smullyan, *Alice in Puzzle-land: A Carrollian Tale for Children Under Eighty*, 1982)

（「パズルを俺たちに教えろと俺は言ったんだ！」「ぼ、ぼく、教えられない！」とニセウミガメがむせび泣きながら言った。「何でだ、おまえはばかか？」「ただその . . . ただその実は . . .」「ただ何なんだ？」とグリフォンが聞いた。「ただその . . . ただその実は、実はパズルの話をすると悲しくなってくるんだよ」とニセウミガメがむせび泣きながら言った）

b. Annie Hall: I — you know, I don't wanna . . .

　　Alvy Singer: What — what — I don't . . . It's not natural! We're sleeping in a bed together. You know, it's been a long time.

　　Annie Hall: I know, well, it's just that — you know, I mean, I — I — I — I gotta sing tomorrow night, so I have to rest my voice.

3.9　釈明をつなぐ

(映画の台詞: *Annie Hall*, 1977)

(アニー・ホール：私、あの、望んでいないの...
アルヴィ・シンガー：どうしたの。どうしたの。そうじゃなくって、自然じゃないよ！　1つのベッドに一緒に寝ているんだよ。ずいぶん時間も経ったよね。
アニー・ホール：わかっているわ。そうね、ただその...ね、つまり、実は、わ、わ、わ、わたし、明日の夜に歌わなきゃいけないのよ。だから、喉を休めなくっちゃ)

(40a)も(40b)も相手の誤解や非難に対する釈明を話し手が切り出す際に、It's just や It's just that の発話直後に口ごもったり、繰り返して発話され、音調上の休止を挟んで釈明内容の披瀝につながっている。このように、It is just (that)... は、「ただその...」、「実はちょっと...」と話し手が思慮を巡らせながら釈明を切り出すことを告げ、具体的な釈明内容の発話までのつなぎ表現としての役割を果たす。実際の言語資料を観察すると、It is just (that)... が直後に休止を伴って独立して釈明内容につながれる理由が見えてくる。次の例の各波線部の内容から明らかなように、つなぎ表現として It is just (that)... を発話する話し手は、相手の了解を得ようと事実を心中で整理しつつ釈明のことばを慎重に選んでいる。

(41) a. "Something else is bothering you," she murmured. "It's just," he started then paused to consider his words carefully. "It's just that," he turned to her, "I've never felt this way about anyone else."　　　　　　　　　　　(K. Ascher, *What It Takes*, 2014)
(「何か他のことが気になっているのね」と彼女は小さな声で言った。「ただその」と彼は話し始めるとすぐにひと息ついて慎重にことばを考えた。「ただその実は」彼は彼女のほうに顔を向けてこう続けた。「他の人をこんなふうに感じたことはなかったんだ」)

b. She lifted one slender shoulder and sighed. "Oh, very well. It was worth a try. Do not think poorly of me, Will Scarlet. It is just that . . ." She paused to find the right word. "I get so vexed with him sometimes. He will not listen to me, and I don't know what else to do."　　　　　　　　　　　(S. R. Lawhead, *Scarlet*, 2007)

(彼女は片方の細い肩をすくめてため息まじりに言った。「まあ、仕方がないわ。やってみる価値があったのに。悪く思わないでね、ウィル・スカーレット。ただその...」 彼女はひと息ついて適当なことばを探した。「私はときどき彼に腹を立てるの。彼は私の話を聞こうとしないし、他にどうしたらいいのかわからないの」)

c. "What? You have a question," Ted pushed. "It is just that," Mica paused to collect his thoughts. "How do I even know you were a spy? There is no way to prove it. And what if everything you told me was just as you say, an elaborate lie?"

(M. Fracture, *Heir Line Fracture*, 2015)

(「はあ？ 質問があるんだろ」とテッドはせきたてた。「ただその」 マイカはひと息ついて自分の考えをまとめた。「あなたがスパイだったと、どうして私は言い切れるんでしょう？ それを証明する方法もないのに。それに、あなたが私に話したことが、まさにあなたが言った通り全部巧妙な嘘だとしたらどうでしょう？」)

このような釈明をつなぐ It is just (that)...のつなぎ表現としての特性を説明する辞書や語法書は多くはないが、*Collins COBUILD English Dictionary* は It is just (that) をイディオム It's just that として just の項に載せ、次のようにその語用論的特性を説明しており評価できる。

(42) You use the expression **It's just that** when you are making a complaint, suggestion, or excuse, so that the person you are talking to will not get annoyed with you. (*Collins COBUILD English Dictionary*)

(**It's just that** という表現は、聞き手に腹を立てさせないような形で、話し手が不満や意見を述べたり、弁解をする場合に用いられる)

さて、釈明をつなぐ It is just (that)...は、聞き手の了解を得るために釈明のことばを慎重に選ぶための言いよどみや口ごもりといった音調上の休止を直後に伴う。そのため具体的な釈明を伝達するまでに時間がかかることから、相手をしばしば苛立たせる。(43a)では It's just that がつなぐ釈明内容を言いよどむダンに苛立ったアリスが、Just that what? (ただその何?)と口を挟んで詰問し、ダンに代わって釈明内容を発話し、ダンに確認する

様子が描かれている。また、(43b)では It's just that と発話したまま釈明につなぐのに時間がかかっている相手に苛立った話し手が、What? What is it just? It's just what? Just what is it? (何だ？ 何がただそのだ？ ただその何だ？ ただ何がそのだ？) という4つの疑問文を立て続けに発して詰問している。

(43) a. 'You work here?' Alice nodded. 'You sound surprised.' Dan shrugged. 'It's just that . . .' He paused, wondering what he meant to say, exactly. 'Just that what?' Alice pressed. [. . .] 'Just that I don't look as if I'm the sort of girl who would work here?' she demanded of Dan, eyes dancing.　(W. Holden, *Gallery Girl*, 2010)
(「君、ここで働いているの？」 アリスはうなずいた。「驚いたみたいね」 ダンは肩をすくめた。「ただの . . .」 彼は言いよどんだ。自分が正確に何を話すつもりなのかを考えたのだ。「ただその何？」 アリスが続きを話すように迫った。[. . .]「ただ、私がここで働くような女の子には見えなかった、でしょ？」 アリスはいたずらっぽく目を輝かせてダンを問い詰めた)

b. "It's just that . . ." "What? What is it just? It's just what? Just what is it?" "Well, sir, it's just that it's past four-thirty and the maids go off duty."　(S. Elkin, *The Franchiser*, 1976)
(「ただその . . .」「何だ？ 何がただそのだ？ ただその何だ？ ただ何がそのだ？」「はい、ただの、今は4時30分を過ぎていまして、メイドは勤務が終わりなんです」)

ところで、釈明をつなぐ It is just (that) . . . に用いられる just にはどのような働きがあるのであろう。just には、話し手が相手と情報交換をする際に対人関係を良好に保つための緩衝機能がある (Lee 1991)。釈明をつなぐ It is just (that) . . . は、相手の誤解や非難に対して了解を得るために、話し手が事の真相や実情を披瀝する表現である。釈明には相手の解釈の誤りを明かしたり、知識の欠如をあげつらうという含みがついてまわる。そうした含意を積極的に回避しようとする話し手の気持ちが、釈明をつなぐ It is just (that) . . . の just の使用に現れていると言える (詳しくは Otake (2002)、Koops (2007)、大竹 (2009; 2015) を参照)。

3.10 情報価値のある内容を婉曲に伝えてつなぐ：
for {what / whatever} it's worth

英語の文をつなぐ表現の中には、英語話者特有の発想に基づいているため日本語話者に容易には理解しがたく、日本語に訳しにくいものがある。会話で頻用される for {what / whatever} it's worth もそうした表現の例である。

(44) a. "For what it's worth, I'm sorry," I said. "I took advantage of you. That was wrong." (T. Hartmann, *Death in the Pines*, 2015)
(「謝ってすむことじゃないけど、私がいけなかったんです。ごめんなさい」と私は言った。「あなたの弱みにつけ込んだんです。間違っていました」)

b. "No problem finding the Forbes travel file," she said. She thrust the computer paper at Sean. "For whatever it's worth, Dr. Deborah Levy does a lot of traveling, but it's mostly back and forth to Key West." (R. Cook, *Terminal*, 1996)
(「フォーブスの旅行ファイルを見つけるのはわけありません」と彼女は言った。彼女はコンピュータで連続印刷された紙をシーンに突きつけた。「少しでもご参考になればと思いお知らせしますが、ドクター・デボラ・レヴィはたくさん旅行はしていますが、ほとんどがキーウェストの往復なのです」)

(44a) では非が自分にあることを認めることばをつなぐのに先立って、(44b) では聞き手には知りがたい情報をつなぐのに先立って、for what it's worth, for whatever it's worth がそれぞれ発話されている。いずれも情報価値のある内容を聞き手に婉曲に伝えるつなぎ表現として用いられている。for {what / whatever} it's worth は文頭のみならず、文中 (= (45a)) や文末 (= (45b))、さらには独立して (= (45c)) 生起できる。

(45) a. "My advice to you, for what it's worth, is that you invest that check and live off the proceeds." (S. Woods, *Naked Greed*, 2015)
(「私が助言できることと言えば、ご参考までに申し上げますが、その

3.10 情報価値のある内容を婉曲に伝えてつなぐ 77

小切手を投資し、それで得た収入で暮らしを立てていかれたほうがよろしいということです」）

b. I've never worked for a dead man before and I hope I won't have to do it again. This report is for him, for whatever it's worth.

(S. Grafton, *C Is for Corpse*, 1986)

（私は故人のために仕事をしたことはこれまでに一度もないし、再びしなければならないことがないことを望む。故人を弔うことになればと思いつつ、この調査報告書を彼に捧げる）

c. He seemed unusually magnanimous. "Don't worry about it. You covered a lot of ground." "For what it's worth." "Let it go for now. Start again tomorrow. [...]"

(S. Grafton, *Q Is for Quarry*, 2003)

（彼はいつになく寛大に思えた。「気にしなくていいよ。いろいろとしてくれたじゃないか」「わずかでもお役に立てたのでしたら」「今日のところはこれでよしとしよう。明日再開しよう。[...]」）

Collins COBUILD Advanced Dictionary of English[7] は for what it's worth の意味を次のように、「特に尊大に見られたくないという理由で、あなたが伝えたり言及している内容があまり価値がなかったり、役に立たないかもしれないことを婉曲に伝える」と的確に記述している。

(46) If you add **for what it's worth** to something that you say, you are suggesting that what you are saying or referring to may not be very valuable or helpful, especially because you do not want to appear arrogant. ⇒ *I've brought my notes, for what it's worth*.

(*Collins COBUILD Advanced Dictionary of English*[7])

(**for what it's worth** を付け加えるのは、特に尊大に見られたくないという理由で、あなたが伝えたり言及している内容があまり価値がなかったり、役に立たないかもしれないことを婉曲に伝える場合である。⇒「ご参考までにお伝えしますが、私のメモを持ってきました」）

実際の用例を観察すると、情報価値のある内容を聞き手に婉曲に伝えるつなぎ表現 for {what / whatever} it's worth が発話される環境には、話し手

の控え目な態度や、謙遜し自重しつつ話し手の個人的な見解を伝達する様子が言語表現となってしばしば顕現することがわかる。

(47) a. <u>I know it's none of my business</u>, but <u>for what it's worth</u>, Miranda, I'll give you some advice.
　　　　　　　　　　　　　　　　　　(S. Montefiore, *The French Gardener*, 2013)
　　　(<u>余計なことなのはわかっているけど</u>、<u>ほんの参考までに言うと</u>、ミランダ、僕が君に助言するよ)

b. "It probably doesn't mean much coming from a stranger," he said quietly, "but <u>for what it's worth</u>, I'm very sorry for what you went through the night you found your parents. Must have been a godawful nightmare."　　(J. A. Krentz, *All Night Long*, 2007)
　　　(「<u>私は所詮は他人ですので大した慰めのことばにはならないでしょう</u>」と彼は静かに言った。「けれども慰めになればと思って伝えますが、あなたがご両親を発見された夜に経験されたことをたいへんお気の毒に思います。非常に恐ろしい悪夢のようであったに違いありません」)

c. "<u>I know this won't help any</u>," I said, "but <u>for what it's worth</u>, I feel terrible about what happened. I think about Brian a lot."
　　　　　　　　　　　　　　　　　　(S. Hamilton, *Night Work*, 2007)
　　　(「<u>こんなことを申し上げても何の役にも立たないであろうことは十分に承知しております</u>」と私は言った。「<u>申し上げても仕方がないことかもしれませんが</u>、起きたことを思うとつらいです。ブライアンのこともたいへん気にかけております」)

d. I shrugged. "Hey, <u>it's just my opinion</u>. But <u>for what it's worth</u>, I think you did a great job. Constantin really came across."
　　　　　　　　　　　　　　　　　　(T. Cockey, *Murder in the Hearse Degree*, 2003)
　　　(私は肩をすくめた。「いいですか、<u>これは僕の単なる意見にすぎませんが</u>、<u>ご参考になればと思って言います</u>。皆さんはすばらしい演技をしましたよ。コンスタンチン(＝ロシア・ソ連の俳優・演出家コンスタンチン・S・スタニスラフスキー)が実によく伝わってきましたよ」)

また、for {what / whatever} it's worth の発話時の口調の描写にも、話し手が控え目な態度で情報をつないでいる様子を見て取ることができる。なお、

(48b) では for what it may be worth のように may が用いられて、より控え目さが表現されている。

(48) a. "Then for what it's worth, I am sorry for what happened today." Marlen said with sincerity in his voice.
(G. McMurtry, *The Earth Directive*, 2012)
(「そのような事情でしたら、謝ってすむことではありませんが、今日起きたことを申し訳なく思っております」 マーレンは誠意を込めた声でそう言った)

b. "Of course, I'm passing on this information to you for what it may be worth," she had said modestly.
(P. Bowles, *Let It Come Down*, 2006)
(「もちろん、ご参考になればと思い、この情報をお伝えいたします」と彼女は控え目に言った)

では、会話において for {what / whatever} it's worth でつながれて婉曲に伝えられる情報を受け取った聞き手は、どのような応答や反応をするのであろう。まず、互いに謝罪する場面においては、聞き手も for what it's worth を繰り返して、話し手と同じように謝罪のことばをへりくだって切り出す場合がある。

(49) "For what it's worth, I'm sorry. I was wrong about you." "For what it's worth, I'm sorry, too." (P. Kerr, *The One from the Other*, 2009)
(「謝ってすむことではありませんが、申し訳ありません。私はあなたを誤解していました」「こちらこそ謝ってすむことではありませんが、申し訳ありません」)

また、次の例では、愛を告白する場面において、話し手が for what it's worth で愛情表現を控え目に切り出したのに対して、聞き手は It's worth a lot, Paul. It's worth the world. (そのことばはすごく価値があるわよ、ポール。最高のことばよ) と返している。

(50) "[...] But I know I love you. For what it's worth, I love you more

than I've ever loved another human being." "It's worth a lot, Paul. It's worth the world. [...]"　　　　　　(D. Wallop, *Ocean Front*, 1963)
(「[...] でも僕が愛しているのは君だとわかったんだ。<u>このことばが君にとって価値があるとはかぎらないけれど</u>、僕は今まで愛したことがある他の人よりも君を愛しているんだよ」「<u>そのことばはすごく価値があるわよ、ポール。最高のことばよ</u>。[...]」)

　本節で考察してきたように、for {what / whatever} it's worth は話し手が持ち合わせている情報価値のあることがらを控え目に談話に切り出して伝達するのに、たいへん便利な慣用表現である。ところが、いつも相手に文字通りに伝達価値があることをつなぐとはかぎらない。この意味特性を逆手にとって活用し、話し手が相手に対して気兼ねをし、配慮しているものと思い込ませる場合がある。次の例では、And for what it's worth, you're not a suspect (それとご参考までにお伝えしますが、あなたは容疑者じゃありませんよ) と刑事が相手にうその情報を告げ、容疑者である相手を泳がすために for what it's worth が用いられている。

(51) He gave her his card. "Please call me if you think of anything else." "I will." "And <u>for what it's worth</u>, you're not a suspect," Kinney said kindly, though it was not entirely true. She would be investigated very thoroughly indeed.　　(S. Woods, *Capital Crimes*, 2003)
(彼は彼女に名刺を渡した。「何か他に思いついたら僕に電話をください」「わかったわ」「<u>それとご参考までにお伝えしますが</u>、あなたは容疑者じゃありませんよ」 キニーはやさしく言った。しかし、それは必ずしも正しくはなかった。それどころか、彼女は徹底的に調べ上げられるであろう)

3.11　真偽のほどは保証しないで伝聞情報をつなぐ：
文修飾副詞 allegedly

　allegedly (伝えられるところでは / 申し立てによると) は reportedly (報道によれば / うわさによると) と同様に、主に新聞報道で用いられる伝聞情報をつなぐ文修飾副詞である。しかし、新聞記事や判決文などの形式ばった書きこ

3.11 真偽のほどは保証しないで伝聞情報をつなぐ

とばのみならず、くだけた話しことばにおいてもしばしば allegedly が用いられることも事実である。次の小説の会話では、相手や自分の発話の内容を新聞や放送などを通して伝聞情報として知っていることを、話し手が "Allegedly"（「そう言われてるけどね」）と単独で手短かに伝えている。

(52) a. "Ma," I said, "Zadie is dying of cancer. You recognize that smoking causes cancer, right?" "<u>Allegedly</u>," she said.

(T. Goldberg, *The Giveaway*, 2010)

（「おかあちゃん」と私が言った。「ゼイディーはガンで亡くなりかけているんだよ。喫煙はガンの原因だってことわかっているの？」「<u>そう言われてるけどね</u>」と彼女が言った）

b. "You ever heard of a Marty Parese?" "Yeah, he and Buono were partners in the chop shop. <u>Allegedly</u>."

(S. Woods, *Standup Guy*, 2014)

（「マーティ・パレセとかいうやつのことを聞いたことがあるかい？」「ああ、やつとブオーノは盗難車を解体して部品を売る店の共同経営者だった。<u>という話だ</u>」）

このように単独でも発話されうる文修飾副詞 allegedly は、話し手があることがらを事実として直接断言するのではなく、新聞や放送などを通して知り得た伝聞情報としてつなぐ点に特徴がある。次の例では、ある情報を伝達しようとする相手が [...] it's off the record. I've no actual proof, it's all circumstantial. ([...] これはオフレコですよ。実際の証拠はなく、状況証拠だけなんですから）と前置きするのを聞いた話し手が、So why don't we start with the word "allegedly"（なら、allegedly（聞いた話ですが）ということばから話し始めたらどう？）と返す様子が描かれており、allegedly の語感をうかがい知ることができる。

(53) 'Okay, let me spell it out for you. But before I do, it's off the record. I've no actual proof, it's all circumstantial.' Nathalie held her relaxed pose. 'So why don't we start with the word "<u>allegedly</u>",' she said with a smile. 'All right, <u>allegedly</u> in recent weeks two huge

corporations have purchased vast amounts of oil-shale-bearing land in Utah. [...]'　　　　　　　(M. Granger, *Oceans on Fire*, 2015)
(「わかりました。その件をはっきり説明しましょう。でもその前に、これはオフレコですよ。実際の証拠はなく、状況証拠だけなんですから」 ナタリーはリラックスしたポーズをとった。「なら、allegedly (聞いた話ですが)ということばから話し始めたらどう？」 彼女は微笑みながらそう言った。「いいでしょう。聞いた話ですが、ここ数週間で大手企業2社がユタ州で広大なオイルシェール鉱床のある土地を購入したのです。[...]」)

　ところが、allegedly がつなぐ情報は話し手が新聞や放送などを通して知り得た伝聞情報だけであるとはかぎらない。オンライン辞書の *The Collins English Dictionary*（British English）（http://www.collinsdictionary.com/dictionary/english/allegedly (最終閲覧日：2016年5月2日)）では、ここ数年 allegedly が皮肉混じりの懐疑 (ironic scepticism) を表す感嘆表現として使われるようになっていることが指摘されている。実際に、次の用例中の allegedly がつなぐ情報は、いずれも話し手が新聞や放送などを通して知り得た伝聞情報でも自分で確かめた事実でもなく、真偽のほどがいい加減な内容である。そのため、各波線部の内容が示すように、allegedly ということばに聞き手は嫌悪感や不快感を受けていることがわかる。

(54) a. 'How am I supposed to trust you better if I don't understand why you're here? You're not working for General Garland any more, allegedly.' 'Allegedly?' He sounded hurt. 'I'm here for the same reason as you, Mira. [...]'　　(A. A. Bell, *Leopard Dreaming*, 2012)
(「おまえがなぜここにいるのかわからないのに、どうやっておまえのことをもっと信頼しろと言うんだ？ おまえはもうジェネラル・ガーランドで働いていないという話じゃないか。聞いたぞ」「聞いたって？」彼はつらそうだった。「あなたと同じ理由でここに来たんですよ、ミラ。[...]」)

b. "The last issue is the fact that your fiancé allegedly stole thirty million dollars of property from Forester," Joel said. "Thanks for the 'allegedly.'" Ed looked up now, a pissed-off expression on his face. "This is no time for sarcasm, Izzy. [...]"

(L. Caldwell, *Red Hot Lies*, 2009)

(「君の婚約者が、フォレスターから 3 千万ドルの財産を盗んだという話が最後に話題となった」とジョエルが言った。「「話」とにごしてくれてありがとう」エドは顔を上げ、むかついた表情を見せた。「今はいやみなことばを言っている場合ではない、イジー。[...]」)

c. "Gang?" "Allegedly." "Allegedly" was one of Tee's favorite words. He used it with the appropriate sense of sarcasm.

(B. Parks, *Faces of the Gone*, 2009)

(「ギャングなのか？」「という話だ」「という話だ」という台詞はティーの口癖だった。彼はそれを皮肉にはうってつけのことばとして使っていたのだ）

これらの例では、話し手が allegedly を用いて、新聞や放送などで報ぜられていないにもかかわらず、あたかも世間に広く流布している内容であるかのごとく情報をつないで聞き手に伝達している。こうしたいやみや皮肉のことばとして allegedly が活用されつつある現象は興味深い。

3.12 論証可能な情報であることを認定してつなぐ：文修飾副詞 arguably

　一般の定説や確定した情報にはなっていないが、ある情報が間違いなく真実であることを話し手が認定した上で伝達することがある。本節で取り上げる文修飾副詞 arguably は、文内の伝達内容が定説や通説にはなってはいないが十分に論証できる内容であることを話し手が保証した上で、その文内の情報とつなぐ表現である。英英辞典の arguably の項を見ると、*Collins COBUILD Advanced Dictionary of English*[7] は You can use **arguably** when you are stating your opinion or belief, as a way of giving more authority on it. (話し手が自分の意見や考えを述べる際に、より説得力を表出する方法として arguably を用いる) と説明して (55) の例文を挙げている。

(55) They are arguably the most important band since The Rolling Stones.

(*Collins COBUILD Advanced Dictionary of English*[7])

(ほぼ間違いなく、彼らはザ・ローリング・ストーンズ以来のもっとも影響力の大きなバンドである)

文修飾副詞 arguably がつなぐ文内には最上級(=(55))や比較級がしばしば現れるという重要な特徴がある。金子 (1991) は arguably が最上級とともに用いられることが非常に多いことを指摘しているし、*Oxford Advanced Learner's Dictionary of Current English*[8] も 'used (often before a comparative or superlative adjective) when you are stating an opinion that you believe you could give reasons to support' ((しばしば形容詞の比較級や最上級の前で)論拠を挙げることができると思う意見を述べる場合に用いる) と記述している。次の例においても、arguably がつなぐ文内に最上級 best(=(56a))、earliest(=(56b)) や比較級 more(=(56c)) が生じている。

(56) a. Mr. O'Hara's profession was journalism. Specifically, he was the *Bulletin*'s top crime reporter. Arguably, he was the best crime reporter in Philadelphia or, for that matter, between Boston and Washington. (W.E.B. Griffin, *The Witness*, 1992)
(オハラ氏の職業はジャーナリズムだった。具体的には、彼は『ブレティン』紙の犯罪報道記者のキャップだった。おそらく、彼はフィラデルフィアで、ひいてはボストンとワシントン間で一番の犯罪報道記者と言ってよい人物だった)

b. Presumably the powerful electric discharge from the fish stimulated not only the aching portion of the head but also the underlying brain. Arguably, therefore, this application is the earliest example of direct brain stimulation.
(M. Graziano, *The Intelligent Movement Machine*, 2009)
(おそらく、この魚からの強力な放電が頭の痛む部分のみならず下部の脳も刺激したのであろう。そうなると結果としては、これが脳に対する直接刺激を適用したもっとも古い例であると言ってほぼ間違いないであろう)

c. Arguably, nothing is more widely known for its cat-attracting capabilities than a chicken liver. Of course, anyone who has fished

with livers knows the reason for their popularity. Meaty, juicy, and stinky, chicken livers quite simply make outstanding catfish bait. (J. Samsel, *Catfishing in the South*, 2003)
(ほぼ間違いなく言えるのは、鶏レバーほどナマズをおびき寄せることができるものとして広く知られているものはない。当然のことながら、レバーで釣ったことがある人ならだれでもその人気の理由を知っている。肉の味が強く、肉汁があり、臭みがあるので、鶏レバーはとても簡単にナマズの抜群の餌になるのである)

　もっとも、文修飾副詞 arguably がつなぐ文内に最上級や比較級が生ずることは多いとしても、常に生ずるわけではない。文修飾副詞 arguably がつなぐ文内の情報は、最上級や比較級で表されるような内容も含め、まだ定説や通説にはなっていないが、人や事物の優劣、異同、区別、分類、順位、序列といった、ある基準に従って他の対象と比較、照合すれば十分に論証可能であるものとして提示される内容である。例えば、(57a) の SF 小説の用例では、2人の生後年数が15年であるという先行文脈中の情報を根拠として、彼らが成人男性ではなく少年に分類されることを話し手が arguably を用いて保証している。また、(57b) では、言語学者が近年、進化の問題に関心を持つようになったきっかけを作ったのはスティーヴン・ピンカーとポール・ブルームが書いた Pinker and Bloom (1990) であるという内容を、話し手が arguably でつなぎ、十分に論証可能な事実として認定している。

(57) a. The two other men were born as a single human being named Rigg Sessamekesh, fifteen years before the present day. Arguably they are not men but boys. (O. S. Card, *Visitors*, 2014)
(他の2人の男はリッグ・セサメケシュという名前の単体の人間として生まれた。それは今から遡ること15年前のことだった。だから、間違いなく、彼らは成人男性ではなく少年だ)

b. After more than a century of more or less avoiding the subject, linguists have become much more interested in questions about evolution in recent years. Arguably, this interest was kick-started by an important paper by Steven Pinker and Paul Bloom (Pinker and Bloom, 1990).

(A. Barber and R. J. Stainton (eds.), *Concise Encyclopedia of Philosophy of Language and Linguistics*, 2010)

(約1世紀以上、話題にすることを避けてきたが、近年、言語学者は言語の進化の問題にもっと関心を持つようになってきた。おそらく、この関心のきっかけはスティーヴン・ピンカーとポール・ブルームの重要な論文 (Pinker and Bloom, 1990) であったと言ってよい)

さて、話し手は文修飾副詞 arguably を用いて、間違いなく論証できる内容であることを認定した上で文をつないで情報を伝達する。裏を返せば、arguably がつなぐ文の内容の真実性は、見方によっては議論の余地は残されているかもしれないがそれでも「間違いなく...と言える」という意味を含みとして持つ。そのため、文修飾副詞 arguably が反意語の文修飾副詞 unarguably や inarguably と同一談話に生じ、真実性に議論の余地がある内容の文と議論の余地がない内容の文とがそれぞれの文修飾副詞によって対照的につながれる場合がある。

(58) a. In fact, anyone who's ever referred to Murray as "arguably the best cowboy ever" may now officially remove the "arguably" portion of that statement. Murray is unarguably the King of the Cowboys, and he humbly appreciates that perch.

(*American Cowboy*, Mar./Apr. 1999)

(それどころか、マレーを「間違いなく、史上最高のカウボーイ」とこれまで呼んできた人は、この表現の「間違いなく」という部分を今や公式に取り除くかもしれない。議論の余地なく、マレーはカウボーイ界の王様であり、彼もその地位を謙虚に受け止めている)

b. Soft plastic lures arc arguably the most versatile fishing lures ever invented and are inarguably the best all-around lures for largemouth bass. (*Lawrence Journal-World*, June 12, 2002)

(間違いなく、ソフトプラスチックの疑似餌はこれまで考案された疑似餌の中でもっとも多目的に使える疑似餌であり、議論の余地なく、オオクチバスには万能の最高の疑似餌である)

3.12 論証可能な情報であることを認定してつなぐ | 87

文修飾副詞 arguably は、定説や通説になっていない情報を事実認定してつなぐ簡便な表現であることから頻用されており、近年の出版物の書名 C. Hitchens, *Arguably: Essays by Christopher Hitchens*（2011）での使用例や次のように会話での使用例が確認できる。

(59) Harry Villiers: So we're at the top university in the world.
Alistair Ryle: Arguably.　　　　　　（映画の台詞：*The Riot Club*, 2014）
（ハリー・ヴィリアーズ：僕たちは世界最高の大学で学んでいるんだよ。
アリステア・ライル：そうね、きっとそうよ）

ただし、報道に携わる者の中には、英語母語話者による文修飾副詞 arguably の使い過ぎ（overuse）と誤用（abuse）に警鐘を鳴らす者もいる。アメリカの地方紙 *The Boston Globe* の Christopher Muther 氏は、最近多用され過ぎている arguably について、余計なことばであり、書き手が自分の考えや好悪を思い切って伝えることができない臆病な印象を与えるという、読者の生の声を紹介している（*The Boston Globe*, July 28, 2011）。また、Philip B. Corbett 氏は *The New York Times* のブログ（June 12, 2012）（http://afterdeadline.blogs.nytimes.com/2012/06/12/（最終閲覧日：2016年5月2日））で arguably について (60) の実例を引き合いに出し、書き手が自分の主張は述べるものの、その論拠を示さぬままにしておきたいというあいまいな感じを読み手に伝えてしまうことを戒めている。報道とは感想を伝えるのではなく、情報の真偽を確認して、すなわち「裏を取って」事実を伝えるものである。そのため、報道に携わる者は arguably を使う際に十分に留意しなければならない。

(60) The fears are not unfounded. The propensity of banks in the United States to turn loans into securities that can be sold to investors arguably helped create the subprime mortgage crisis.

(*The New York Times*, May 19, 2012)

（その危惧は根拠がないわけではない。アメリカの銀行が貸出を投資家に売却されうる有価証券にする性向は、間違いなくサブプライム住宅ローン危機を助長する）

このような arguably の過使用や誤用は、日本語の論文で「...と思われる」が多用されるのと同類の現象であろう。

　文修飾副詞 arguably は、それがつなぐ文内の伝達内容が定説や通説にはなってはいないが、十分に論証できる「間違いのない」内容であることを保証する簡便な表現である。文修飾副詞 arguably を用いて文をつなぐ際には、その文の内容が十分に論証できるものとして読み手に伝わるかどうかを、書き手は常に意識する必要がある。

3.13　冷静かつ論理的に文をつなぐ：アメリカの宇宙ドラマ『スタートレック』のミスター・スポックの台詞に学ぶ

　"It is logical."（「それは論理的です」），"It is illogical."（「それは論理的ではありません」）。これは 1960 年代に人気を博し今なお続編が製作・放映されるアメリカの宇宙ドラマ *Star Trek*（『スタートレック』）で、レナード・ニモイが演ずるミスター・スポックの口癖である。ミスター・スポックは耳の尖った個性的な風貌で、日本人にも多くのファンがいる。宇宙艦隊の副長、科学士官を務めるミスター・スポックは、冷静で論理的な思考をする宇宙人のヴァルカン人と人間の間に生まれたという設定である。本書のテーマである「文をつなぐ」という観点からこのミスター・スポックの台詞を観察すると、感情に左右されずに冷静かつ論理的に文をつなぐ英語の方策の一端が垣間見えてくる。

　第一に、ミスター・スポックは I mean や you know のような「間を埋めることば (fillers)」や er, um のような「ためらいことば (hesitators)」は一切発話しない。これは、言いよどんだり相手の同意を得ながら会話するのではなく、自分の考えを明瞭かつ冷静に言語化するミスター・スポックのキャラクターを表している。第二に、ミスター・スポックは相手の発話内容に対して喜怒哀楽といった感情を表す間投詞 oh を発したり、funny（おかしい）のような感情を伝える表現では話をつながない。その代わりに、ミスター・スポックは相手の発話内容に対して自分の評価判断を fascinating（実に興味深い）ということばでしばしば表現する。次の例では fascinating とい

う口癖を揶揄されたミスター・スポックが、「fascinating（実に興味深い）は予想外のことに対して私が使うことばです。この場合は、interesting（面白い）で十分であろうと考えざるをえません」と冷静沈着に返答している。

(61) Dr. McCoy: You should taste his food. Straw would taste better than his meat, and water a hundred times better than his brandy — nothing has any taste at all.

Mr. Spock: It may be unappetizing, doctor, but it is logical.

Dr. McCoy: Ah, there's that magic word again. Does your logic find this fascinating, Mr. Spock?

Mr. Spock: No, "fascinating" is a word I use for the unexpected. In this case, I should think "interesting" would suffice.

(テレビドラマの台詞: *Star Trek*, 1967)

(ドクター・マッコイ：彼の料理をぜひ食べてみてごらん。彼の料理した肉を食べるくらいなら藁を食べるほうがましだし、彼のブランデーなんかより水のほうが百倍ましだ。どれもこれもまったく味がしないんだ。
ミスター・スポック：それは食欲をそそらないかもしれません、ドクター。しかし、それは論理的です。
ドクター・マッコイ：おっ、例の決め台詞がまた出たな。君の論理だと、このことは fascinating ということになるのかな、ミスター・スポック？
ミスター・スポック：いいえ。fascinating（実に興味深い）は予想外のことに対して私が使うことばです。この場合は、interesting（面白い）で十分であろうと考えざるをえません）

第三に、ミスター・スポックは文語的で形式ばった接続表現を用いてしばしば文をつなぐ点に特徴がある。次の例のミスター・スポックの発話中に現れる on the contrary, therefore, since, さらには should を文頭に置く条件節は、Biber et al. (1999)、Carter and McCarthy (2006) では学術論文などで用いられることが圧倒的に多い形式ばった接続表現であり、口語での使用はまれであると説明されている。

(62) a. Garth: I was betrayed and treated barbarically.

Mr. Spock: On the contrary. You were treated with justice, and with compassion which you failed to show towards any of your intended victims. Logically, therefore, one must assume ...

Garth: Remove this animal! （テレビドラマの台詞: *Star Trek*, 1969）

（ガース：私は裏切られ、野蛮な扱いを受けた。

ミスター・スポック：そうではありません。あなたは公平に、かつ、あなたが想定している犠牲者のだれにも示さなかった慈悲深い心で扱われたのです。それゆえ、論理的には、次のように考えなければいけません。つまり、...

ガース：こいつをつまみ出せ！）

b. Mr. Spock: I will not read this or any other statement.

Sela: If you do not, you will die! All of you will die!

Mr. Spock: Since it is logical to conclude that you will kill us in any event, I choose not to coorperate.

Sela: I hate Vulcans! I hate the logic! I hate the arrogance!

（テレビドラマの台詞: *Star Trek: The Next Generation*, 1991）

（ミスター・スポック：この声明文、もしくはその他のいかなる声明文も私は読みません。

セラ：もし読まないのなら、あなたは死ぬことになるわよ！　あなたたち全員が死ぬことになるのよ！

ミスター・スポック：あなたはいずれにせよ私たちを殺すと結論するのが論理的なので、協力しないことを選びます。

セラ：ヴァルカン人が嫌い！　その論理が嫌い！　その尊大さが嫌いだわ！）

c. Captain Kirk: Don't they ever rest?

Mr. Spock: Not that I have observed, Captain. Of course, should they wish to do so, one could always rest while the other keeps you occupied.　（テレビドラマの台詞: *Star Trek*, 1968）

（カーク船長：いったい彼らは休まないのか？

ミスター・スポック：観察したわけではありません、船長。もちろん、もし彼らが休みたければ、1人があなたを忙しくさせている間にもう1人はいつも休むことができます）

これらの接続表現は論理関係を積極的に表現することから、相手の発話内容を直截的に打ち消したり、相手に物事の道理を説いたりする場合に使用

される。そのため、(62a)，(62b) の対話が示すように、こうした接続表現を会話で頻用するならば、時としてミスター・スポックのように相手につけ入る隙を与えないという印象を与えてしまうことにもつながる。しかしながら、そのように冷徹で、しばしば尊大な印象を与えるミスター・スポックの発話内容ではあるが、対話する相手との関係を維持しつつ自分の発話を相手に円滑につなぐのに貢献しているのが、文末の呼びかけ語の使用である。宇宙艦隊に所属するミスター・スポックは相手の役職名や名前を呼びかけ語として文末に用いることで、自分の発話を相手の発話とつないでいる。これがミスター・スポックの台詞の第四の特徴である。次の (63a) では Captain（船長），(63b) では Doctor（船医），(63c) では Mister Boma（ミスター・ボーマ）といった相手の役職名や名前を呼びかけ語として文末に付与して、直前の相手の発話にミスター・スポックが応答をつないでいることがわかる。

(63) a. Captain Kirk: But then, Tomar shouldn't be enjoying the taste of his food.

   Mr. Spock: Yes, quite correct, Captain. But they have taken human form, and are therefore having human reaction.

   (テレビドラマの台詞：*Star Trek*, 1968)

   (カーク船長：しかしその一方で、トマーが自分の食事を味わっているなんておかしい。

   ミスター・スポック：そのようにお考えになるのはまったく正しいです、船長。しかし、彼らは人間の形をとってきました。それゆえ、彼らは人間の反応をしているのです)

   b. Dr. McCoy: What happened?

   Mr. Spock: Our landing party is intact, Doctor.　　　(*ibid.*)

   (ドクター・マッコイ：何が起こった？

   ミスター・スポック：我々の上陸班は問題ありません、ドクター)

   c. Mr. Boma: Not very efficient? Is that all you have to say?

   Mr. Spock: Am I in error, Mister Boma?

   Mr. Boma: You? Error? Impossible.

   (テレビドラマの台詞：*Star Trek*, 1967)

>   (ミスター・ボーマ：あまり効率がよくないのですか？　おっしゃりた
>   いことはそれだけですか？
>   ミスター・スポック：私が間違っていると言うのか、<u>ミスター・ボー
>   マ</u>？
>   ミスター・ボーマ：あなたが？　間違っている？　ありえません）

　文末に生起する呼びかけ語は、文頭や文中に生起する呼びかけ語とは機能が異なり、相手との社会的関係を維持、強化する働きがある (Biber et al. 1999)。艦隊内の応答において、相手の官職名や名前を呼びかけ語として文末に発話し、相手の発話につなぐ工夫は、相手を尊重し、社会的関係を維持、強化することに重要な役割を果たす。冷静で論理的な思考様式のミスター・スポックの台詞の英語を分析すると、こうした呼びかけ語を文末に配して発話内容を相手の発話につなぐことで、冷淡な印象を回避し、相手との一定の関係性を保とうと努めるミスター・スポックの姿が描かれていることがわかる。

第4章

聞き手の理解に負担をかけずに文をつなぐ

　人間が記憶する情報には限界がある。話し手は文をつなぐとき、聞き手の記憶に残るよう力点を置きたい情報を工夫して配列する。また、話の方向を変えたり、情報を訂正、補完する場合にも聞き手に対する配慮を伝えるつなぎ表現を用いるが、実際はことを荒立てなくするための単なるリップサービスであることも多い。本章では、「聞き手の理解に負担をかけずに文をつなぐ」をテーマとし、文をつなぐさまざまな事象の背後に潜む情報伝達の創意工夫を解き明かす。

4.1　結束性と首尾一貫性を保ってなめらかにつなぐ

　文と文とをつなぐ方策について考える。話し手は文と文とをつないでまとまりのある談話を組み立てるとき、聞き手の理解に負担をかけずに情報が効率よく伝わるようにさまざまな工夫を施す。例えば、次の例は2010年度ピューリッツァー賞を受賞した Paul Harding 著 *Tinkers* (2009) からの抜粋であるが、文と文とをつないで場面中の室内にある事物の存在を導線として配列し、最後に人物を談話に登場させている。それは、読み手がまるでその場面の状況を映像として知覚しているかのごとく描き出されている。

(1) The room was lit only by a small pewter lamp set on one of the end tables near the couch. The couch ran along the length of the hospital

bed. At the far end of the couch, leaning toward the light on the table, sat one of his grandsons, reading a book.　　(P. Harding, *Tinkers*, 2009)
（その部屋は、長椅子のそばの脇テーブルの1つに置かれた小さなピューターランプの明かりだけが点いていた。長椅子は病院ベッドの長手方向に沿って伸びていた。その長椅子が伸びる向こう端で、テーブルのライトのほうに体を向けて座っていたのは彼の孫息子の1人で、彼は本を読んでいた）

(1)では、第1文で小さなピューターランプ(a small pewter lamp)の明かりが照らす順を追って脇テーブル(the end table)、病院ベッド(the hospital bed)、長椅子(the couch)といった室内の調度品が、1つまた1つとカメラで映し出されてゆく光景のように描写されている。次いで、第1文の文末の長椅子(the couch)は第2文の文頭の主語として引き継がれ、その長椅子が病院ベッドの長手方向に伸びている様子が描かれている。第3文では、at the far end of the couch（その長椅子が伸びる向こう端で）という副詞句が文頭に据えられて、その長椅子の向こう端で本を読んでいる彼の孫息子の1人(one of his grandsons)が文末に主語として登場し、読み手の心中に劇的に映し出される。

　さて、文と文とをつないでまとまりのある自然な談話に結束するためにさまざまな方策が用いられる。Halliday and Hasan (1976; 1989[2])は文と文とをつないで統一性を生み出すことを結束性(cohesion)と呼び、指示(reference)、接続表現(conjunctions)、代用(substitution)、語彙的結束性(lexical cohesion)、省略(ellipsis)、継続語(continuatives)、隣接ペア(adjacency pairs)、平行性(parallelism)などを結束性を高める言語的方策として挙げている。Larsen-Freeman (2003)は、これらの方策のいくつかを手がかりに文と文とを並び替えてつないで、結束性のある談話を復元する示唆的な問題を示している。例えば、次の(2)の7つの文を並び替えてつなぎ合わせて、(3)のようなまとまりのある談話に結束する際に活用される手がかりについて見ることにする。

(2) 1. When all her friends were applying for college admission, my sister went job-hunting.
　　（私の姉の友達全員が大学の入学を志願しているとき、彼女は職探しに出かけていました）

2. Thus, her grades weren't the reason.
   （だから、彼女の成績がその理由ではありませんでした）
3. You know, she may never go to college, and I guess that's OK.
   （ご存知のように、彼女は大学に進学することなんかないでしょうが、それはそれでよいのではないかと思っています）
4. My sister has never wanted to go to college.
   （私の姉は大学に進学したいと思ったことは一度もありませんでした）
5. She did so well that she had many offers.
   （彼女は就職活動をうまく行ったのでたくさんの内定をもらいました）
6. When she was in high school, she was always a good student.
   （彼女は高校生のとき、常に優秀な生徒でした）
7. She accepted one of them and has been happy ever since.
   （彼女はそのうち1社の内定を受け入れ、それからずっと幸せです）

(Larsen-Freeman 2003: 68)

(3) My sister has never wanted to go to college. When she was in high school, she was always a good student. Thus, her grades weren't the reason. When all her friends were applying for college admission, my sister went job-hunting. She did so well that she had many offers. She accepted one of them and has been happy ever since. You know, she may never go to college, and I guess that's OK.　　　(*ibid.*)

Larsen-Freeman (2003: 68–70)が指摘するように、(2)の7つの文のつなぎ方の組み合わせは、7×6×5×4×3×2×1＝5,040通りである。その5,040通りの組み合わせの中から(3)のように文と文とをつないで自然な談話を構築するためには、さまざまな言語的な手がかりが活用される。例えば、"My sister has never wanted to go to college. When she ..."では代名詞 she が前方の my sister と指示関係を結び、"... she was always a good student. Thus, ..."では thus という接続表現が2つの文が因果関係でつながることを保証している。また、"... my sister went job-hunting. She did so well ..."では did が job-hunted の代用の表現となり、"... job-hunting. ...

offers." では offers が前方の job-hunting と語彙的結束性に基づいて意味的につながっていると自然に理解される。

　また、文と文とをつなぐ際には、旧情報から新情報へという情報(given-new information)の流れや主題から題述への展開(theme-rheme development)といった首尾一貫性(coherence)を保つことが必要である。Larsen-Freeman (2003: 70–71)は、(4a)–(4c)のようにある命題を表すのに3つの異なる語順の文が考えられうるが、(5)の質問に対する答えとして情報の流れの一貫性がもっとも保たれるのは、The Red Sox を主語に据え(5)と同じトピックを継承している(4c)であると説明している。

(4) a. The Yankees beat the Red Sox despite the fact that Pedro Martinez struck out a record number of Yankee batters.
(ペドロ・マルティネスがヤンキースの史上最多の打者を三振に打ち取ったにもかかわらず、ヤンキースはレッドソックスに勝ったんだ)

b. Despite the fact that Pedro Martinez struck out a record number of Yankee batters, the Yankees beat the Red Sox.
(ペドロ・マルティネスがヤンキースの史上最多の打者を三振に打ち取ったにもかかわらず、ヤンキースはレッドソックスに勝ったんだ)

c. The Red Sox were beaten by the Yankees despite the fact that Pedro Martinez struck out a record number of batters.
(ペドロ・マルティネスがヤンキースの史上最多の打者を三振に打ち取ったにもかかわらず、レッドソックスはヤンキースに破れたんだ)

((4a)–(4c)：Larsen-Freeman 2003: 70)

(5) What happened to the Red Sox yesterday? (*ibid*.)
(レッドソックスに昨日何があったの？)

ただし、Larsen-Freeman (2003)が述べるように、(5)の質問文中に既出の the Red Sox を(4c)の主語名詞句としてそのままの形で繰り返すのではなく、代名詞 they に代えた(6)の文のほうが結束性はさらに高くなる。

(6) They were beaten by the Yankees despite the fact that Pedro Martinez struck out a record number of batters. (Larsen-Freeman 2003: 70)

(ペドロ・マルティネスがヤンキースの史上最多の打者を三振に打ち取ったにもかかわらず、彼らはヤンキースに破れたんだ)

(6)の文頭の代名詞 they は、先行する(5)の質問文中に既出の the Red Sox を旧情報を担う主題として引き継いでいる。その上で、レッドソックスに起きたことを新情報として題述部で伝える(6)は、旧情報から新情報へという情報の自然な流れを反映することになり、文と文とのつながりの首尾一貫性がより増していると Larsen-Freeman (2003) は説明している。

4.2 相手の記憶に残したい情報を文末に置いてつなぐ：
動詞（句）前置 I have determined to go, and go I shall.

　情報を記録し続けることができるコンピュータとは異なり、人間が記憶する情報には限界がある。講演を聞いたり、映画を見た後で、その最初と最後の部分の情報が鮮明に記憶に残るという経験はだれにでもあるであろう。文と文とをつなぐときにも、聞き手の記憶に残るように、話し手は力点を置きたい情報を工夫して配列する。例えば、話し手が先行内容との相違点や対照点といった力点を置きたい要素を文末に移動し、もともとは文末に位置していた動詞句を先行内容の直後につなげて前置させることがある。これは Emonds (1972) では動詞句前置（VP preposing）と呼ばれ、聞き手の記憶の負担を考慮し、先行情報との関連性を保ちながら文をつなぐ情報伝達上の工夫の１つである。(7a), (7b) のコンマに続く文内では、下線部の動詞句が文末の位置から前置され、その結果、波線部が文末に配置されている。

(7) a. She never has bought a car, and <u>buy one</u> she never will.
　　　　（彼女は一度も車を買ったことがない。この先も１台たりとて、買うことは決してないだろう）

　　b. He said I would like her, and <u>like her</u> I do.
　　　　（彼は僕が彼女のことを気に入っているんじゃないのと言ったけど、彼女のことが好きなんだ、実は）　　　　((7a), (7b)：Emonds 1972: 39)

(7a), (7b)のもとの語順はそれぞれ次の通りである。

(8) a. She never has bought a car, and she will never buy one.
   b. He said I would like her, and I like her.

(7a), (7b)の前置された下線部の動詞句 buy one, like her は、直前の文の動詞句を繰り返すことで先行文脈とのつながりを保っている。その上で、文末の will と do に焦点を当てて聞き手に伝えている。実際の用例を観察しよう。次の例では、前置された下線部の動詞は、直前の文の動詞と同一の動詞 go, eat を繰り返すことで先行文脈とのつながりを保ちつつ、文末の shall と surely would にそれぞれ焦点を当てている。

(9) a. 'I have determined to go, and go I shall.'
   　　　　　　　　　　　　　　　　(I. Morson, *Deadly Injustice*, 2012)
   （「私は行くと決めています。行きますよ、絶対」）

   b. Not that Skif cared what it looked like — he'd been invited to eat, and eat he surely would. (M. Lackey, *Takes a Thief*, 2001)
   （スキフはそれがどのように見えるかを気にしていたのではありません。何と言っても、彼はすでに食事に招待されていたのでした。だから、食事には行くでしょう、きっと）

ただし前置される要素は、(7a), (7b)や(9a), (9b)のような直前の文の動詞句と同一の動詞句だけとはかぎらない。先行内容と前置される動詞句とのつながりはさまざまな形で保証される。次の例では動詞句 find it が前置されているが、直前の文内に動詞 find 自体は現れてはいない。しかしながら、直前の文内には参事官がフランス植民地の位置を見つけるのに困惑していることが叙述されており、find（見つける）を想起させる情報とつながりを保っていることがわかる。

(10) The counselor who picked up my second call to the 800 number also seemed perplexed about the location of the French Colonial District. But find it he did. (*Chicago Tribune*, May 18, 1997)
（私が800番に2回目の電話をかけたときに電話に出た参事官も、フラン

ス植民地の位置を見つけるのに困惑しているように思われました。しかし、見つけてくれましたがね、実際には）

また、次の例においても、前置される動詞句は marry him であるが、直前の文内の動詞句は marry her であり動詞句は同一ではない。しかし、目的語は異なっているが動詞 marry は共通していることから、先行文脈と前置される動詞句とは意味的なつながりが保証されている。

(11) He wanted her and wanted to marry her, and marry him she would, as soon as possible. （M. Cole, *The Family*, 2011）
（彼には彼女が必要でしたし、もっと言えば彼は彼女と結婚したいと思っていました。彼との結婚は彼女のほうでもそう思っていました。それもできるだけ早く）

動詞句前置は先行文脈との情報の関連性を保ちながら文をつなぎ、話し手が先行内容との相違点や対照点といった力点を置きたい要素を文末に配置する。そうすることによって、文のつながりがなめらかになるだけでなく、文末に移動された主張に焦点が当たり、文末焦点の原則に従った情報構造を構築することができる。

4.3　情報を訂正してつなぐ：(or,) rather

　私たちが日常の会話で使用している発話表現は、完璧な文であることはむしろまれである。通例は、文法的に間違いがあったり、情報が過多であったり、あるいは逆に不足していることが多い。話し手は自分自身や他者の発話内容が不十分であると気づけば、適宜訂正や修正を施しながら円滑な情報交換に努める。訂正情報の伝達はしばしばつなぎ表現によって談話に導入される。例えば (or,) rather は、前言を訂正して文をつなぐそうした表現の1つである。次に示す(12)では、話し手は自分の発した前言を訂正するために、Or rather を用いて正確な内容を伝える文につないでいる。

(12) Women don't dress for men. Or rather, most women don't dress for men. Certainly not solely for men.　　　　　（*The Times*, Oct. 28, 2013）

(女性は男性のために装うのではない。もう少し正確に言えば、たいていの女性は男性のために装うのではない。間違いなく男性のためだけではない)

(or,) rather の発話の契機となる文は、話し手自身ではなく他者によって発せられていてもよい。(13)では、他者の直前の発話に対して Rather を用いて、正確な内容を伝える文につないでいることがわかる。

(13) "So Marjorie is the head and I'm the old cow's tail!" "By no means. Rather she's at the top of the ladder and you're on the ground holding it steady. You're the lifeline."

(M. Z. Bradley, *Heritage of Hastur*, 1973)

(「要するにマージョリーがリーダーで、私なんか下っ端です!」「とんでもない。正確に言えば、彼女ははしごのてっぺんにいて、あなたは地上でそのはしごをしっかりと支えているのです。つまり、あなたはまさに頼みの綱なのです」)

なお、(14)では Or rather の直後に、相手の前言を否定する didn't が現れており、主語 Daddy は省略されている。このように (or,) rather に続く文の主語要素がしばしば表面に現れないのも本表現の特徴である。これは、訂正対象となる要素を or rather に直に後接させて、そこを際立たせるためである。

(14) "This is beginning to remind me of when Daddy tried to put together my Ikea bookshelf," says Middle Son. "Or rather didn't put together your Ikea bookshelf," points out Eldest Son.

(*The Times Magazine*, Aug. 17, 2013)

(「そのことを聞くと、お父さんが僕に買ってきたイケアの本棚を組み立てようとしたときのことが思い出されるんだ」と真ん中の息子が言った。「そうじゃないよ。お父さんはイケアのおまえの本棚を実際には組み立てはしなかったんだよ」と一番上の息子が指摘した)

次の例においても Or, rather の直後の文には主語 it が現れていない。その代わりに、Or, rather の直後には前言の訂正対象 will の否定形 won't が生起し、そこが際立ちを受けていることがわかる。

(15) It's a tiny, pants-pocketable camera that will be available in late July for the nosebleed price of $650. Or, rather, won't be available. It will be sold out everywhere. 　(*The New York Times*, June 27, 2012)
(それはとても小さく、ズボンのポケットに入るカメラで、7月下旬に650ドルという高い値段で入手可能です。でも実際は、手に入らないでしょう。きっとどこも売り切れになってしまうでしょうから)

4.4　適切な情報に切り替えてつなぐ：(or,) better

前節で取り上げた (or,) rather と同様に、or を冠して情報をつなぐ表現に (or,) better がある。(or,) better は still や yet を伴い、(or,) better {still/yet} の形式で用いられることもある。(or,) rather が直前の情報を訂正するためにその誤った情報を打ち消すのに対して、(or,) better は直前の情報をより適切な情報に切り替える働きをする。Swan (2005[3]) は or rather とは異なり、or better は訂正情報をつなぐことはできないことを指摘している。

(16) She's gone to Hungary — or {rather / *better}, Poland.
　　　　　　　　　　　　　　　　　　　　　　(Swan 2005[3]: 104)
(彼女はハンガリーに行ったよ。いや、正しくは、ポーランドだった)

Swan (2005[3]) は上記の用例を挙げて、or を伴う両つなぎ表現が名詞句をつなぐ際の相違に注意を喚起している。しかし、Swan (2005[3]) を含めて従来の研究では (or,) better が名詞句をつなぐ事例のみを考察対象としており、文をつなぐ事例は注目されてはこなかったように思われる。実際の談話を観察すると、(or,) better が直後に文をつなぎ、直前の情報をより適切な情報に切り替えてつなぐ用法があることが確認できる。

(17) a. If beans make you gassy, you are not digesting them properly. Be sure to follow the cooking instructions and fully cook them or, better yet, learn how to properly sprout them. You may benefit from a digestive enzyme as well.
　　　　　　　　　　　　　　　(J. McCarthy, *Joyous Health*, 2014)

（豆を食べて腹にガスがたまるのならば、豆をしっかりと消化していないのです。必ず調理指示に従って十分に加熱調理してください。<u>というか、いっそのこと</u>、豆をきちんと発芽させる仕組みを知るとよいですよ。消化酵素からメリットを受けることもできますよ）

b. Meanwhile, Debbie's sister and mother told relatives and friends not to send anything pink or blue. "They said yellow or green," Hartman recalls. "<u>Or better yet</u>, just send a card."

(*Time*, Mar. 1, 2004)

（一方で、デビーの姉と母親は親戚や友人に、ピンクや青色のものは何も送らないように伝えた。ハートマンは思い出した。「彼女たちは黄色や緑色が無難だと言っていたわ。<u>でも、いっそのこと</u>、ただ出産祝いのカードを送ってくれるだけでも十分だわ」）

(17a), (17b) の or, better yet はそれぞれ命令文を後ろにつなぎ、直前に相手に伝えた指示内容をより適切な指示内容に切り替えていることがわかる。

4.5　話の方向を本題から突然そらしてつなぐ：by the way

　発話の途中で、話し手がふと話の方向を変えたくなることがある。例えば、話の本題に関連する情報を付け加えたい場合もあれば、自分にとって都合のよくない話を脇にそらしたい場合もある。話の方向を変える際に、話し手は聞き手に配慮しながら唐突な印象を回避し、聞き手に心の構えを与えるためにさまざまな工夫を施して発話をつなぐ。英語の by the way は、話の本筋から話題の方向を変えて、新たな話題を担う文につなぐ表現の1つとなる。

　by the way は談話で頻用されるイディオムとして、その意味や用例が辞書や語法文法書に記載されている。例えば、*Oxford IDIOMS Dictionary for Learners of English*[2]（以下、OID[2]）は by the way について例を挙げながら次のように説明している。

(18) used for introducing sth you have just thought of, which may or may not be connected to what has just been said: ◇ *I had a meeting with*

Graham at work today . . . by the way, I've invited him and his wife to lunch on Sunday.　　　　　　　　　　　　　　　　(OID²)

(話し手がたった今思いついたばかりのことを伝えるために用いられる表現。直前で述べたことと関連していることもあれば、いないこともある：◇「今日、職場でグラハムと会議があったんだ . . . そう言えば、日曜日に彼と彼の奥さんを昼食に招待したよ」)

　従来の辞書や語法文法書では、by the way の意味や用法は提示されているものの、発話の契機となる条件については十分には明らかにされてこなかったように思われる。

　by the way は、「かたわらに」を表す by と「話の本筋」を表す the way から構成され、「話の本筋のかたわらに」がその語義である。この語義から、by the way は直前までの話の向きを変えて、本筋、本題とは一定の距離のある情報をつなぐことを表す。そのため、by the way は、(i) 直前の話の本題に情報をつないで補足、追記するために発話される場合と、(ii) 直前の話の向きを本題からそらしたり、問題をはぐらかしたり、焦点をずらすなど意図的な方策として発話される場合とがある。(18)の OID² の定義との関連で言えば、(i)は直前で述べたことと関連している場合に相当し、(ii)は直前で述べたことと関連していない場合に相当することになる。実際の用例に基づいてそれぞれの例を検討してゆく。

　まず、by the way が (i) 直前の話の本題に情報をつないで補足、追記する意識のもとで発話される場合がある。(19a)の会話の用例では、by the way が he added offhandedly (彼はとっさに言い添えた) と直前の話に追述する意識のもとで発話されている。(19b)の学術論文の用例では、by the way が本文に対する補足的情報を脚注で追記するのに用いられている。また、(19c)では by the way が括弧書きで「ちなみに」のように用いられ、ことのついでに本題と関連のある情報が聞き手に伝えられている。

(19) a. "I shall leave you, madam, but will return. Oh, by the way," he added offhandedly, "the staff is rather short in number; I gave most of them their liberty for the day." He bowed, kissed her hand, and left the room.　　　(J. Caldwell, *The Three Colonels*, 2012)

(「私はお別れしますが、戻ってきます。あっそうそう、そうでした。と ころで」と彼はとっさに言い添えた。「スタッフの数が足りません。私 は彼らの多くに1日限りの自由な時間をあげました」 彼はお辞儀をし、 彼女の手にキスをして部屋を出た)

b. Looking at the textual function, the theme of the whole next paragraph is "globalization process".[3]

  3. Halliday, by the way, took the distinction between theme and rheme from the Prague School. [...].

（P. Muntigl, G. Weiss and R. Wodak, *European Union Discourses on Un/employment*, 2000）

(テキスト機能を考えると、次の段落全体の主題は「グローバル化の過 程」である。[3]
  注3. なお、ハリデーの主題と題述の区別はプラーグ学派とは異なっ ている。[...])

c. In this room, above the fireplace (by the way, there are five fireplaces in the building), is a picture of Peter White.

（Michigan Municipal League, *Michigan Municipal Review*, Vol. 74, 2001）

(この部屋には、暖炉の上にピーター・ホワイトの写真が飾られている (ちなみにこの建物には暖炉が5つある))

一方、by the way が (ii) 直前の話の向きを本題からそらしたり、問題を はぐらかしたり、焦点をずらす意識のもとで発話される場合がある。(20a) では、話し手が自分の発話内容に思いがけず感情表出が避けられなくなり、 それを相手に悟られる前に話題をそらすために by the way が発話されてい る。(20b)では、直前の話の本題にこれ以上言及されるのを嫌う話し手が、 話の筋を意図的にそらすために by the way が発話されている。

(20) a. "Ike was a gentleman. He played his fiddle with the band, and I listened to him. I enjoyed myself." I needed to change the subject before Mack caught me grinning or blushing the way Maggie had. "By the way, Ike told me that the reason he turned down your offer to go to Nashville was because your mother was a Larkin. Did you know that?" （L. Austin, *Wonderland Creek*, 2011）

(「アイクは紳士でした。彼はバンドとフィドル(=ヴァイオリンの別称)を演奏し、私は彼の演奏を聴きました。楽しかったです」 <u>私がにやにやしたり、マギーのように赤らむところをマックに悟られる前に、話をそらさなければなりませんでした。</u>「<u>ところで、</u>アイクが教えてくれたのですが、ナッシュヴィルに行こうというあなたの申し出を彼が断った理由は、あなたのお母さんがラーキン家の人だからなのです。ご存知でしたか？」)

b. "You're not the most cooperative person though." "She's being all snappish, not me. This is a nice place, <u>by the way.</u>" <u>I changed the topic as soon as I could, to prevent Isabel from demonstrating further why I should be nice to Chesca.</u>

(M. V. Esguerra, *Love Your Frenemies*, 2011)

(「でも、あなたがもっとも協調性のある人というわけではないわ」「私じゃなくって、彼女がわざとぶっきらぼうに振る舞っているんです。<u>ところで、こちらは素敵なところだわ</u>」 <u>これ以上、私がチェスカに優しくしなければならない理由をイザベルに話させないように、私はできるだけ早く話題を変えた</u>)

このように、by the way が直前の話の向きを本題からそらす意図のもとで発話される場合は多い。しかしながら、話し手の意図通りに聞き手が新たな話題に情報をつないでゆくとはかぎらない。例えば、次の例が示すように、話し手が by the way を用いて話をそらそうと試みてみても、聞き手がその意図を認識して話題の転換を許さない場合もある。

(21) a. Suddenly she wanted the inquisition to end. "I do whatever Daisy asks me. <u>By the way</u>, how's your job going?" "I retired. <u>And don't change the subject.</u>" "Change the subject?"

(L. A. Lavid, *Paloma*, 2005)

(突然、彼女は問いただすのをやめたくなった。「私はデイジーに頼まれたことは何でもするわ。<u>ところで、</u>仕事の調子はどうなの？」「退職した。<u>話をそらすなよ</u>」「話をそらすですって？」)

b. "Let's talk about you instead," Daniele suggested. "You've put yourself in a pretty pickle." "Never mind," said Agostino. "I thought you had more self-control." "<u>By the way,</u>" <u>said Agostino,</u>

to change the subject, "don't you think our lawyer's a bit cracked?" "Yes, he's one of us. But don't change the subject. What do you propose to do?"

(I. Silone, *The Fox and the Camellias*, 1962)

(「それよりも君のことについて話そう」とダニエルは言った。「君はかなり困っているんだろう」「なんでもないよ」とアゴスティーノは言った。「君にはもっと自制心があると思っていたよ」「ところで」と言ってアゴスティーノは話をそらそうとした。「僕たちの弁護士はちょっと変だと思わないか?」「ああ、彼は僕たちと同類だから。おい、話をそらすなよ。どうするつもりなんだ?」)

これらの例が示すように、話し手が談話の流れの舵を取り、まったく違った方向に話を変えることから、by the way は話し手の気持ちの切り替えや態度の変容を感じさせるような口調変化を伴うことがある。

(22) a. His tone then abruptly changed from his usual flamboyant to quiet and serious. "By the way, man, I want to thank you for getting her here. It was real nice of you . . . and I'm grateful."

(J. W. Cassell, *Soldier of Aquarius: 1969–1970*, 2007)

(すると、彼の口調はいつもの弾んだ感じから、穏やかで真剣な感じに急に変わった。「あっ、忘れるところだった。彼女をここに連れてきてくれたお礼を言いたい。本当にありがとう . . . うれしいよ」)

b. "By the way, who is this?" the woman's tone changed abruptly.

(G. Petievich, *To Die in Beverly Hills*, 2011)

(「ところで、この人はだれですか?」 その女性の口調が突然変わった)

また、by the way はしばしば談話標識 oh に導かれて発話される点で特徴的である。談話標識 oh は、あることがらが話し手の意識に突発的に生じたことを表す。次に *Longman Dictionary of Contemporary English*[6] (以下、LDOCE[6]) の例を引く。

(23) I met your friend in town, oh, what's her name?   (LDOCE[6])

(街であなたの友達と出会ったよ。あっそうそう、彼女の名前は何というの?)

なお、突発的な思いつきを伝える談話標識 oh に導かれて by the way が発話されるという事実は、by the way が表す話題の方向転換がその場での突発的、瞬時的なものであることを裏づけている。それまでの話題とは関係ないが、突然頭に浮かんだことがあり、それを話したいと思ったときにつなぎ表現として使用されるのが by the way である。

(24) a. "OK. See you Saturday, Grushenka." "Saturday. Oh, by the way, what's your name?" "I'll tell you when I see you." She laughed softly and hung up.　　　　(M. F. Stout, *One Weekend*, 2009)
(「わかったわ。土曜日に会いましょう、グルシェンカ」「土曜日に。あっそうそう、ところで、あなたのお名前は？」「会ったときに教えるわ」彼女は軽く笑い、電話を切った)

b. Cheshire Cat: Oh, by the way, if you'd really like to know, he went that way.　　　　(映画の台詞: *Alice in Wonderland*, 1951)
(チェシャ猫：あっそうそう、ところで、もし本当に知りたいのなら、彼はあっちのほうに行ったよ)

裏を返せば、文と文とをあらかじめ周到につなぎ合わせた手紙文のような文章では、その場で突発的に話題を転換することを伝える by the way は用いられない。筆者のインフォーマントは、(25)の第2文は by the way を用いずに、改行して第1文とつなぐだけで十分であるとの判断を示した。

(25) I hope this letter finds you safe and well. *By the way, I will be in the U.S. for two weeks at the end of May and beginning of June. [...]
(皆様、お変わりなくお過ごしのことと思います。ところで、5月末から6月初めにかけて2週間アメリカを訪れることとなりました。[...])

上の例のような手紙文では、突発的に思いついたことがらを書き連ねているわけではなく、相手の安否を気遣う文から、書き手の予定を伝える文へと書き手は周到に話題を転換して文をつなぐことが求められている。このような2つの文をつなぐとき、日本語の「ところで」を用いることは問題がないが、その場での突発的な話題転換を伝える by the way を用いること

は論理的矛盾を含むことになるので不適格となる。

4.6 話の方向を本題からそらさないことを装ってつなぐ：{I don't mean to / not to} change the subject

　話し手が本当は話の向きを本題からそらしたり、問題をはぐらかしたりするときに、ことを荒立てなくするために相手へのリップサービスとしてつなぎ表現を発することがある。I don't mean to change the subject（＝(26)）、not to change the subject（＝(27)）がその例である。これらは「話をそらすわけではないが」と話を本題からそらす意図がないことを装って、その実、話し手が話の方向を変えるために周到に準備して発せられる表現である。つまり、文字通りの意味と語用論的意味とがずれている表現である。いずれも、後続する文をつなぐ際に but を介在させる点で特徴的である。

(26) "That would be a big plus for them. Look, I don't mean to change the subject, Dina, but how are you doing? Do you want to go out tonight? A movie? Or dinner?"　　　(S. Khashoggi, *Mosaic*, 2003)
（「そのことは彼らにとって大きなプラスでしょう。いいかい、ディナ、話をそらすわけじゃないんだけどね、これから予定はあるの？ 今晩、どこか行きたい？ 映画？ それとも夕食？」）

(27) Officer James Edwards: Not to change the subject, but when was your last cat-scan?　　　(映画の台詞: *Men in Black*, 1997)
（ジェイムズ・エドワーズ刑事：話を変えるわけじゃないが、最後にCATスキャンをしたのはいつだ？）

{I don't mean to / not to} change the subject は、相手の注意を引きつける談話標識や呼びかけ語を発話の契機としてしばしば発話されることがある。look（＝(26)）、listen（＝(28a)）、hey（＝(28b)）といった間投詞や、相手の名前 Reg（＝(28b)）、Nancy（＝(28c)）がその例である。

(28) a. "It's a religious building and it's illegal to mix church and state.

4.6　話の方向を本題からそらさないことを装ってつなぐ

Listen, I don't mean to change the subject but I brought you here to warn you."　　　　　　　　　　(T. J. Grice, *Goldstein*, 2009)
（「それは宗教施設なので、政教を一緒にすることは違法なんです。いいですか、話の腰を折るわけではありませんが、あなたをここに連れてきたのはあなたに忠告するためなんです」）

b. Here Toby paused then continuing, "Hey, Reg, not to change the subject but speaking of Monika, isn't she supposed to be coming home today?" (R. C. Beach and L. W. Pitts, *Retribution at Dawn*, 2014)
（そのときトビーはひと息ついてまた話を続けた。「ねえ、レグ、話をそらすわけじゃないけど、モニカといえば、彼女は家に今日来ることになっているの？」）

c. "Nancy, not to change the subject, but may I ask you something?"
"I think I know what's coming, but go ahead."
　　　　　　　　　　　　　　　　　　(M. Wolff, *Sudden Rain*, 2006)
（「ナンシー、話をそらすわけじゃないけど、ちょっと聞いてもいい？」「どんなことを聞かれるかたぶんわかっているけど、聞いてちょうだい」）

相手の注意を自分の話に引きつけるこうした表現が {I don't mean to / not to} change the subject の直前でしばしば発話されるのは、話の向きを本題から巧みにそらすために直前の話題を転換して話の筋を完全に断ち切るのではなく、内容的につながりを持つ話題を発話することを予告し、相手にその内容的なつながりを受け入れる心構えをさせたいという話し手の気持ちの表れである。また、突発的な思いつきを伝える談話標識 oh に導かれて発話される I don't mean to change the subject の用例は手元の言語資料には 1 例もなく、not to change the subject についても次の例を含めて 3 例しかない。

(29) "Oh, not to change the subject," Bunny said as she turned toward me, "but what are you wearing for trick-or-treating tonight?"
　　　　　　　　　　　　(J. Gantos, *From Norvelt to Nowhere*, 2013)
（「あっそうそう、話を変えるわけじゃないけど」とバニーが私のほうを向いて言った。「今晩の「トリック・オア・トリート」に何を着ていくの？」）

4.5 節では、話の本筋から話題の方向を変えて、新たな話題を担う文につなぐ表現 by the way が、突発的な思いつきを伝える談話標識 oh にしばしば導かれて発話されることを確認した。これに対して、{I don't mean to / not to} change the subject は話し手があらかじめ周到に話の向きを本題からそらして話の流れの主導権をとろうとする語用論的意味を持つ表現であるため、突発的な思いつきを伝える談話標識 oh とは共起しがたい。

また、{I don't mean to / not to} change the subject が by the way の直後に発話されて、話し手が直前の話題とのつながりを積極的に保証してから文をつなぐ場合がしばしばある。4.5 節で考察したように、by the way には直前の話の向きを本題からそらしたり、焦点をずらす意識のもとで発話される用法がある。そのため、by the way の直後に {I don't mean to / not to} change the subject を急いで付言することで、話し手は直前の話の本筋につながるような情報を補足、追記してつなぐことを巧みに装って聞き手に伝達している。

(30) a. The doctor agreed. "I know she's a strong woman, but I'm surprised she came back to work so soon. By the way, I don't mean to change the subject, but you sure do look good today. [...]"
(A. Collins, *Darkness before Dawn*, 2013)
(その医師は同意した。「彼女が強い女性なのは知っていたが、これほど早く仕事に復帰したとは驚きだ。それにしても、話をそらすわけじゃないが、今日は元気そうだね。[...]」)

b. "No, I'm not wealthy," he laughed. "By the way — not to change the subject — but your English is very good. Did you study the language in school?" "Yes," she lied.
(A.V. Mercure, *The Thousand Yard Stare and Other Stories*, 2007)
(「いいや、私は裕福じゃないんだ」 彼は笑って言った。「ところで、話を変えるわけじゃないが、君の英語はとてもすばらしい。英語を学校で勉強したの？」「ええ」 彼女はうそをついた)

さて、{I don't mean to / not to} change the subject の節末に注目すると、or anything が付記される用例も多い。

(31) a. "That's all right. He was just leaving anyway. He's a very busy and important man, he —" "Look, Haze, I don't mean to change the subject or anything, but I'm in kind of a hurry. I've got someone waiting for me in the car."

(M. Millar, *Wives and Lovers*, 1954)

(「いいわよ。彼はどうせ出発するところだったんだから。忙しくって重要な人なのよ。彼は...」「あの、ヘイズ、話をそらしたりなんかするわけじゃないけど、ちょっと急いでいるんだ。車の中で待っている人がいるんだよ」)

b. "You tell everybody that Steve Radke is on the ball. Hey, not to change the subject or anything, but how about that hockey team of yours? You think I should make a little bet?"

(J. Fluke, *Vengeance Is Mine*, 2015)

(「スティーヴ・ラドキが調子がいいとみんなに言っているね。ねえ、話をそらしたりなんかするわけじゃないけど、君のあのホッケーチームはどうなの？ 少し賭けたほうがいいと思う？」)

(31a), (31b)の節末の or anything は否定辞 not と相まって、「話をそらしたりなんかするわけじゃないけど」と話をそらすという行為を積極的に打ち消す。話し手はそうして後で本題に戻ることを相手に信じさせておきながら、まったく別の発話内容につなぐことを試みている。

話し手が {I don't mean to / not to} change the subject を発話するのは、話の流れの主導権をとろうとする話し手の意図を隠すためである。次の例では、波線部の Taking advantage of the conversation, I changed the subject (私は会話の流れの舵をとって、話をそらした)という意識のもとで I don't mean to change the subject が発話されていることが描写されており、話し手の内心に談話の流れの舵をとろうという意図があることが端的に示されている。

(32) "I feel you. We definitely have to get to the bottom of this mess." Taking advantage of the conversation, I changed the subject. "I don't mean to change the subject brother, but how many members of the

order have a key to this chamber?" I asked.

(E. J. Gentry, *The 55th Degree*, 2013)

(「君の気持ちはわかるよ。私たちは間違いなくこの混乱の原因を突き止めなければならないんだ」　私は会話の流れの舵をとって、話をそらした。「ブラザー、話をそらすわけじゃないけど、修道会の何人のメンバーがこの部屋の鍵を持っているのかな？」と私が尋ねた)

　また、話し手がせっかく周到に装っても、相手にその装いが見破られてほころびてしまうこともある。次の例では、話の向きを本題から巧みにそらそうとする話し手の意図を見抜いた聞き手が、話し手のそうしたこずるい行為を揶揄して And yes, you're good at changing the subject (それにしても話をそらすのがうまいわね)と皮肉を言う様子が描かれている。

(33)　"But, I wouldn't say I've fallen head over heels in love or anything. It's a nice, warm feeling, though. Hey, not to change the subject, but when do you see Dr. Thompson again?" "Next week. And yes, you're good at changing the subject," Cindi said with a smile.

(K. Grace, *Prince Not So Charming*, 2013)

(「でも、愛なんかにどっぷりとはまっちゃったとは言わないわ。でも、快くあったかな気分だわ。ちょっと、話をそらすわけじゃないけれども、ドクター・トムソンにいつまた会うの？」「来週よ。それにしても話をそらすのがうまいわね」　シンディは微笑を浮かべてそう言った)

　なお、話の流れを完全に断ち切って、新たな話題につなぐことを話し手が誠実に表明する場合には、just to change the subject for a {moment / second} (ちょっと話がそれますが)や I'm sorry to change the subject (話の腰を折ってすみませんが)のような表現が用いられる。

(34)　a.　"Just to change the subject, for a moment," Joseph said. "Do you two know what day this is?"

(V. Buck and C. A. Edwards, *The Consul's Wife*, 2002)

(「ちょっと話がそれますが」とジョセフは言った。「お二人はこの日が何の日か知っていますか？」)

　　　b.　'Just to change the subject for a second, Keelan,' I said a little

nervously, 'in your email yesterday you said I would agree that the holly berries were highly significant, for obvious reasons. What reasons, exactly?'　　　(P. Dunne, *A Carol for the Dead*, 2001)
（「ちょっと話が変わるけどね、キーラン」と私は少し神経質そうに言った。「昨日の君からのメールに、クリスマスの柊の実が大きな意味を持つことを僕が認めることになるのは明らかだと書いていたね。具体的には、どんな理由なの？」）

c. I interrupted, "I'm sorry to change the subject, but who is Bruno and what else does he do around here?"
(R. A. Hinderer, *The Brilliant Adventures of Nate Connor*, 2015)
（私は話の腰を折った。「話の腰を折ってすみませんが、ブルーノとはどなたで、この辺りで他に何をされているんですか？」）

　会話の途中で話の流れを完全に断ち切って新たな話題につなぐことは、聞き手とともに構築してきた会話を中途で話し手が一方的にさえぎることとなる。話し手が新しい話題を誠実に持ち出すことを予告するこれらの表現に現れる、対人関係を良好に保つための緩衝表現 just, for a {moment / second}, I'm sorry などは、円滑に情報交換をする上での話し手の配慮意識の表れと見ることができる。

4.7　他の理屈や事実に理解を示しつつ反論につなぐ：It is true (that) α but β

　話し手は自分の主張を聞き手に納得させるためにさまざまな工夫をしながら、文をつないで発話している。自分の主張の反例や矛盾する事実の存在を認めながらも、反証することで自分の主張をより強固にすることができる。本節で取り上げる It is true (that) α but β（なるほど α だが β だ）といった、文と文とを効果的につなぐ譲歩表現もその例である。

　Swan (2005[3]) は "concession and counter-argument"（「譲歩と反論」）という項のもとで次のような表現を例示している。

(35)　・concession（譲歩）: *it is true*; *certainly*; *of course*; *granted*; *if*; *may*;

stressed auxiliaries（強勢を受ける助動詞）
- counter-argument（反論）：*however*; *even so*; *but*; *nevertheless*; *nonetheless*; *all the same*; *still*　　　　　　　　　　(Swan 2005[3]: 140)

Swan (2005[3]) は、これらの譲歩と反論を伝える表現が文と文とをつなぎ合わせ、3部構成の談話を構築することを具体的に説明している。Swan (2005[3]) が挙げる(36)を例に3部構成を確認してみることにする。便宜的に、以下の例では、「事実提示」部分には下線を、「譲歩提示」部分には波線を、「反論提示」部分には二重下線をそれぞれ施す。また、「譲歩」を伝える表現には囲み線を、「反論」を伝える表現には二重囲み線を施す。

(36) Very few people understood Einstein's theory. Of course, everybody had heard of him, and a fair number of people knew the word 'relativity'. But hardly anybody could tell you what he had actually said.　　　　　　　　　　(Swan 2005[3]: 140)
（アインシュタインの理論を理解していた人はほとんどいなかった。もちろん、だれもが彼のことを聞いたことはあったし、かなりの数の人たちが「相対性理論」ということばは知っていた。しかし、彼が実際に話した内容を説明できる人はほとんどだれもいなかったのだ）

(36)では、まず第1文で、アインシュタインの理論を理解していた人はほとんどいなかったという事実に聞き手の関心を向ける。次いで、第2文で of course（もちろん）を用いて、アインシュタインという人物の存在や彼の提唱した「相対性理論」は世間に広く知られていたという事実は容認するという譲歩の姿勢を示す。そして、反論を伝える but で第3文をつなぎ、アインシュタインの理論の内容を説明できる人がほとんどいなかったという事実を伝えて第1文の主張に立ち戻るという3部構成となっている。

では手元の用例を観察しながら、話し手（書き手）が他の理屈や事実に理解を示しつつ、反論につなぐ談話の流れを確認しよう。

(37) a. If an exercise wheel sits in a forest, will mice run on it? Every once in a while, science asks a simple question and gets a straightforward answer. In this case, yes, they will. And not only

mice, but also rats, shrews, frogs and slugs. True, the frogs did not exactly run, and the slugs probably ended up on the wheel by accident, but the mice clearly enjoyed it. That, scientists said, means that wheel-running is not a neurotic behavior found only in caged mice. (*The New York Times*, May 21, 2014)
(もし運動用の回転車が森にあったら、ハツカネズミはその回転車で走るのだろうか？ ときどき科学者たちは素朴な質問をし、明快な答えを得る。この場合、その通りです、と科学者たちは答えるだろう。しかも、ハツカネズミだけでなく、ネズミ、トガリネズミ、カエル、ナメクジもです、と。なるほど、正確に言えばカエルは走りはしなかったし、ナメクジはたまたま回転車に這って行ったのだろう。しかし、明らかにハツカネズミは回転車を楽しんでいた。そのことは、回転車走りがケージで飼われているハツカネズミにだけに見られる神経過敏な行動ではないということを意味する、と科学者たちは述べた)

b. Reign coach Laura Harvey is growing weary of her team's need for heroics. True, the Reign sit atop the National Women's Soccer League, but the play isn't as dominant as the undefeated record looks. (*The Seattle Times*, July 6, 2014)
(レインのコーチ、ローラ・ハーヴェイはチームが勇者にふさわしい活躍をしなければならないことにうんざりしてきている。たしかに、レインは国内女子サッカー・リーグの頂点にいる。しかし、そのプレーは不敗記録の見かけほど群を抜いているわけではないのだ)

c. "I really gave myself a tremendous amount of trouble out there. Granted she played great, but I made so many errors ... 40-something errors. It's not the way to play professional tennis. Maybe amateur." (*The Washington Post*, Mar. 22, 2014)
(「私はその試合で本当にひどく苦しみました。たしかに、対戦相手の彼女はすばらしいプレーをしました。しかし、私がとてもたくさんのミスを...40あまりのミスをしてしまったのです。プロテニスのプレーではありません。アマチュアでしょうね」)

d. "A young man strikes us all as looking very ill — and I'm sure I'm sorry for it; but illness very often leads to death. [...]"
(E. Gaskell, *Wives and Daughters*, 1999)

(「ある若者がひどく病んでいるように見えます。たしかに、それは気の毒に思います。しかし、病気が死に至ることは多いのです。[...]」)

　話し手(書き手)は自分の考えを聞き手(読み手)に納得して理解してもらうために、譲歩と反論を担う文をつなぎながら論理的な談話を構築するよう努める。読み手の側からすれば It is true (that)... などの譲歩節に出会ったときには but を予測して読むことになる。上記の英語の例とその対訳の日本語からも明らかなように、こうした文と文とを論理的につなぐ方策は日本語においても英語においても普遍的に観察されるものである。

4.8　付言をつなぐ： for that matter

　話している最中や書いている途中で、前言と関連する情報がふと心に浮かび、追述したり、あるいは前言を取り消して新たに付言したりすることがある。さらに、聞き手の記憶にメッセージを強く残すために、重要な情報を会話や文章の最後に話し手があえて付け加えることもあるであろう。英語においては、直前に言及したことがらに関連する情報をつなぐ表現は多い。例えば、for that matter がその例である。

(38) "This bird is hungry, and for that matter, so am I. We would like dried fish and bread."　　　　　(N. Farmer, *The Sea of Trolls*, 2006)
　　(「この鳥はお腹が空いているみたいです。お腹と言えば、私もお腹が空いています。私たちは干物とパンが食べたいです」)

(38)では、話し手が This bird is hungry (この鳥はお腹が空いているみたいです)と述べた後に、for that matter が「お腹と言えば」とつなぎ、同じように自分もお腹が空いていることを so am I と付け加えて伝えている。*Collins COBUILD Advanced Dictionary of English*[7] は for that matter を次のように定義し、付言する内容が前言の内容と同じように当てはまることを強調すると記述している。

(39) You can use **for that matter** to emphasize that the remark you are

making is true in the same way as your previous, similar remark. ［EMPHASIS］⇒ *The irony was that Shawn had not seen her. Nor for that matter had anyone else.*

(*Collins COBUILD Advanced Dictionary of English*[7])

(**for that matter** を用いることができるのは、話し手が述べている見解が、自分の直前の類似した見解と同じように当てはまることを強調するためである。［強調］⇒皮肉なことにショーンは彼女に会ったことがなかった。会うと言えば、彼以外の人も彼女に会ったことがなかった)

このように、for that matter には前言に対する類似情報を付言としてつなぐ機能がある (=(38), (39))。次に示す (40a)–(40d) においても、話題継続を表す and, also や、前言との類似性を伝える {neither / nor}＋{助動詞 / be 動詞}＋主語の構文と共起していることから明らかなように、for that matter は類似情報を前言の内容に付言としてつないでいる。

(40) a. But was her hysteria genuine? And for that matter, was it genuine during the original phone call?

(*The New York Times*, June 5, 2014)

(ところで彼女のヒステリーは本物だったのか？ それに、そう言えば、最初の電話中に起こした彼女のヒステリーも本物だったのか？)

b. Mark Sanderson liked women. For that matter he also liked Aberdeen Angus fillet steaks, medium rare with tossed heart-of-lettuce salad, and he consumed both with equal if passing enjoyment. (F. Forsyth, *No Comebacks*, 2012)

(マーク・サンダーソンは女性が好きだった。好き嫌いで言えば、ミディアムレアのアバディーン・アンガス牛ヒレステーキ、レタスのドレッシング和えサラダ添えも好きで、たまたま気分がのっているときだとどちらもペロリと平らげてました)

c. The international appeal, of course, may have something to do with the fact that no language is needed to solve sudoku puzzles; neither, for that matter, is any mathematics.

(*The New York Times*, May 1, 2006)

(もちろん、その国際的な魅力は数独パズルを解くのにことばはまった

く必要がないということとも無関係ではないでしょう。それに、必要がないと言えば、数学もまったく必要がないのです）

 d. Nobody regards New Zealand as threatening. Nor, for that matter, is it pilloried when it fails to speak out on China's internal oppression and bullying overseas. (*The Economist*, Sept. 27, 2014)
（だれもニュージーランドを脅威とは考えていない。さらに言えば、ニュージーランドが中国の内圧や外国からの圧力に対してはっきり意見が言えないとしても、非難を浴びせられることはないのだ）

一方、for that matter には前言を取り消して訂正情報を付言する場合もある。(41a), (41b)では訂正表現を導く or（いや）が for that matter に冠されており、前言が取り消された上で訂正情報が付言されている。

(41) a. DON'T EAT ALONE AT HOME. Or for that matter, don't eat in bars or at hot dog stands either. Everybody has to eat. Why waste a great networking opportunity by noshing at home or alone? (*Chicago Tribune*, Apr. 4, 2012)
（家で1人では食事をしないでください。いや、個食ということで言えば、バーやホットドッグ売り場でも1人では食べないでください。みんなで食べてください。家や1人で食事をすることで、すばらしいネットワーク作りの機会を逃すのは損ではないですか?）

 b. All young children must be watched carefully, to see that they do not chill at night; or, for that matter, they must not chill at any time, day or night. If a child is to thrive, it must be kept warm.
(J. H. Tilden, *Children*, 2010)
（すべての幼い子供たちは、夜に体が冷えないように注意深く見守られなければいけません。いや、幼い子供たちの体の冷えということで言えば、昼夜を問わずいつでも冷えないように見守られなければならないのです。もし子供が丈夫に育ってほしいと願うのなら、体を温かくしておかなければいけません）

これらの用例を観察すると、for that matter は前言と付言とをつなぐと同時に、「さらに...もである」といった前言に対する類似情報の追述や、「いや...である」といった前言を取り消した上での訂正が、付言中の波線部

の表現や構文によって表現されていることがわかる。

　for that matter がつなぐ付言中には、前言への類似情報や、前言を取り消した上で訂正情報を付け加える表現や構文がしばしば用いられるという特徴が見られる。本節の例で見た話題継続を表す and（それに）や訂正表現を導く or といった表現、also などの語彙、{so / neither / nor} ＋ {助動詞 / be 動詞} ＋主語といった前言との類似性を伝える表現がその例である。つまり、for that matter は前言と付言とをつなぐ機能を発揮すると同時に、付言を伝える部分の語彙や構文もまた類似や訂正といった意味関係を積極的に表現する機能を果たしている。このように、for that matter が付言をつなぐとき、話し手のその場での単純な思いつきではなく、話し手が周到に用意した語彙や構文を活用して情報を付け足していることになる。話し手が前言を matter で語彙化し、その内容を「心中にあること」、「注目していることがら」、「考慮していること」としてすでに認識していることを積極的に表出する表現なのである。

4.9　常識や予想を打ち消してつなぐ：on the contrary

　語法上、注意を要すべきつなぎ表現に on the contrary がある。記述文法書においては on the contrary は対照を表す on the other hand と比較されながら、その意味特性が説明されてきた。

(42) a. He did not make things easy for his parents. <u>On the contrary</u>, he did everything he could to annoy and worry them.
　　　（彼は両親を安心させるような息子ではなかった。それどころか、あらんかぎりのことをして両親を悩ませ心配させていた）

　　b. He did not make things easy for his parents. <u>On the other hand</u>, he could often be wonderfully sweet and loving.
　　　（彼は両親を安心させるような息子ではなかった。その反面、彼はしばしばすばらしく心優しく愛情あふれる振る舞いをした）

((42a), (42b)：Swan 2005[3]: 122)

Swan (2005[3]) は、on the contrary は直前で述べられたことや示唆されたことが正しくないときっぱり否定する (contradict) のに用いられるが、on the other hand はある問題のもう一方の側面について述べるのに用いられると説明する。また、金子 (1991) は on the contrary を日本人英語学習者による誤用が目立つ表現として取り上げ、「それどころか」という日本語に対応すると指摘する。on the contrary は、contrary が「正反対」という語義を持つことから常識や聞き手の予想とは裏腹なことがらや、聞き手の想定をはるかに超える実情を伝える情報を談話に導入する。そのため、on the contrary は常識や聞き手の予想をあらかじめ打ち消してからしばしば発話される点に特徴がある。次の例では、聞き手の心中にあると思われるこれまでのドラコのイメージが直前の no longer を伴う文で打ち消され、ドラコの予想外の現状が on the contrary に続く文で提示されている。次いで on the other hand に続く文では、その直前のドラコの不機嫌な様子とジニー・ウィーズリーの上機嫌な様子とが「対比」されて提示されている。

(43) Draco was no longer strutting around the school as though he owned the place. On the contrary, he looked resentful and sulky. On the other hand, Ginny Weasley was perfectly happy again.
　　　　　　　　　　　(J. K. Rowling, *Harry Potter and the Chamber of Secrets*, 1998)
(ドラコはもはや、肩で風を切って校内をわがもの顔で歩いてはいなかった。それどころか、彼はぷりぷりして仏頂面だったのだ。一方、ジニー・ウィーズリーはすっかりもとどおり機嫌がよくなっていた)

また、次の例においても聞き手の予想が打ち消された直後に、事の真相が on the contrary に導かれて提示されている。

(44) You might think that with all this information, the app would be slow to respond, but on the contrary, it is one of the fastest apps on my phone.　　　　　　　(*The New York Times*, Oct. 9, 2013)
(これらの情報から、このアプリケーションは反応が遅いのではないかとひょっとしたら思うかもしれない。しかし、そうではなく、これは私のスマホの中でももっとも速いアプリケーションの1つなのである)

実際の談話を観察すると、on the contrary は興味深い諸特性を示すことが確認できる。on the contrary は (45a) のように単独で生起できるし、(45b), (45c) のように quite や very much といった程度を表す副詞を伴うことができる。これは、on the other hand には見られない特性である。

(45) a. "Was he a poor worker?" "On the contrary. He was very good at his job. [...]" 　　　　　(P. Robinson, *Blood at the Root*, 1997)
　　　（「彼は仕事のできない人だったのか？」「とんでもない。有能な人だったよ。[...]」）

　b. No one caught me, and it was quite disturbing. I didn't want to feel that I got away with something. This didn't make me happy; quite on the contrary, it scared me.
　　　　　　　　　　　(*The New York Times*, Nov. 27, 1988)
　　　（だれも私を捕まえず、このことが実に困ったことだった。私は何か罰をのがれるという気分が嫌だった。それが心に引っかかっていて気分が晴れなかった。いや、そんな生易しいことではなかった。私はむしろ怯えていたのだ）

　c. [...] In spite of that, the space wasn't cluttered: very much on the contrary. 　　　(H. Turtledove, *Tilting the Balance*, 2012)
　　　（[...] それにもかかわらず、宇宙は雑然としていたわけではなかった。いや、まったく正反対であった）

　なお、on the contrary と類似したイディオム表現に「まったくの反対/正反対」を意味する quite the contrary がある。次に示すように、*Collins COBUILD Advanced Dictionary of English*[7] は、quite the contrary は先行する否定的陳述を強調したり、積極的に否定の応答をしようとする場合に用いられると記述している。

(46) You can use **quite the contrary** to emphasize a previous negative statement, or when you are making a strong negative reply.
　　　[EMPHASIS] ⇒ *I'm not a feminist, quite the contrary.*
　　　　　　　(*Collins COBUILD Advanced Dictionary of English*[7])
　　　（**quite the contrary** を用いることができるのは、先行する否定的陳述を強調

したり、積極的に否定の応答をしようとする場合である。[強調]⇒私は男女同権論者ではありません。<u>まったくその反対なのです</u>)

手元の資料では、quite the contrary は on the contrary よりも独立して生起する用例が多く、次の例にようにコロンやピリオドを介して後続する文としばしばつながれる。

(47) "We certainly are not taking anybody's side because they give us money," he said. "<u>Quite the contrary</u>: People come to us because they want an independent assessment of the issues."

(*The New York Times*, May 7, 2014)

(「たしかに私たちがだれかを高く評価することはありますが、それはその人たちからお金をもらっているからではありません」と彼は言った。「実は<u>まったくその反対なのです</u>。つまり、人々はその問題の独立した評価を得たいから私たちのところへやって来るのです」)

4.10　相手の発話を補完してつなぐ

文を完結させるのは話し手だけであるとはかぎらない。話し手が言いよどんだときに、聞き手の手助けによって未完結の部分に情報をつないで補完してもらい発話を完結することがある。

(48) a.　Speaker A: I played, I played against erm
　　　　Speaker B: Southend.　(BrE)
　　　　(話し手 A：私は試合をしました、試合をしたのは、ええと
　　　　話し手 B：サウスエンドと。(イギリス英語))

　　b.　Speaker A: It's just a
　　　　Speaker B: a hunch　(AmE)
　　　　(話し手 A：それはただの
　　　　話し手 B：勘です(アメリカ英語))

((48a), (48b)：Biber et al. 1999: 1063, 1064)

Biber et al. (1999) が挙げる (48a), (48b) の会話例が示すように、話し手 B は話し手 A の発話の未完結な部分に情報を補完してつないで文を完結して

4.10 相手の発話を補完してつなぐ

いる。

映画においても相手の発話を補完するシーンが見られる。(49a)は映画 *Titanic*(『タイタニック』、1997)の台詞である。電話中にローズ・カルヴァートという相手の名前を失念したブロック・ロヴェットがそばにいたボビー・ビューエルのほうを振り返り、小声で Calvert. Rose Calvert. と教えてもらい、How can I help you, Mrs. Calvert? という発話を完結させている。(49b)では、ハリー・ポッターが質問を向けた相手であるアバーフォース・ダンブルドアに、未完結の部分に情報を補完してつないでもらっている。

(49) a. Brock Lovett: This is Brock Lovett. How can I help you, Mrs. . . . ?

   Bobby Buell: Calvert. Rose Calvert.

   Brock Lovett: Mrs. Calvert?　　　　　(映画の台詞：*Titanic*, 1997)

   (ブロック・ロヴェット：はい、ブロック・ロヴェットです。いかがなさいましたか？ ミセス...
   ボビー・ビューエル：カルヴァート。ローズ・カルヴァートだよ。
   ブロック・ロヴェット：ミセス・カルヴァート？)

   b. Harry Potter: Why should he . . .

   Aberforth Dumbledore: Keep secrets, you tell me?

   　　　(映画の台詞：*Harry Potter and the Deathly Hallows: Part 2*, 2011)

   (ハリー・ポッター：なぜ彼はしなければいけないの...
   アバーフォース・ダンブルドア：秘密を守る、と言いたいのじゃろ？)

しかし、相手の発話に補完して情報をつなぐことが常に成功するというわけではない。次の例では、自分の発話を誤った情報で相手に補完された話し手が No, that's not what I was going to say. (いや、それは僕が言おうとしていたことじゃない)と打ち消し、その後で未完結の部分に自ら情報をつないで補修し、文を完結している。

(50) "So, I realize you haven't had it easy, that there are probably reasons why you — " "Why I killed Audrey Perkins!" "No, that's not what

I was going to say. I was going to say that there are probably reasons why you've got such a big chip on your shoulder."

(B. Barton, *Dangerous Deception*, 2008)

(「僕は知っているよ。君がぜいたくに暮らしてこなかったことや、おそらく理由があること...なぜ君が...」「なぜ私がオードリー・パーキンスを殺したのか!」「いや、それは僕が言おうとしていたことじゃない。言おうとしていたことは、君がすぐにそんなにかっとなったのにはおそらく理由があるということだよ」)

4.11　命令文を連続してつなぐ：Run, Forrest! Run!

　談話を観察すると、しばしば命令文が連続して発話されることがあることがわかる。例えば、商品の宣伝文句の英語において 3 つの命令文がつながることがある。Radden and Dirven (2007: 53) は Eye it, try it, buy it. (その目で実際に確かめて、乗ってみて、ご購入ください) という宣伝文句に並ぶ 3 つの命令文の配列順序が、出来事の自然な継起順序を類像的に反映していることを指摘しているが、詳しい説明はしていない。この用例は次に示す 1930 年代の自動車の宣伝文句である。命令文がつながれて読み手に行為が連続的に提示されることで、どのような宣伝効果が得られるのであろう。

(51) Eye It — Try It — Buy It! That's the way to convince yourself that this bigger, more beautiful Chevrolet for 1940 is the value leader of the low-price field! [...]

(米国ゼネラルモーターズが販売する自動車のブランド、シヴォレーの宣伝文句: *LIFE*, Nov. 6, 1939)

(その目で実際に確かめて、乗ってみて、ご購入ください! それこそが大きく、美しくなったこの 1940 年モデルのシヴォレーが、低価格帯のバリューリーダーであることをご納得される唯一の方法です! [...])

(51)において 3 つの命令文で、「実車を目で見る⇒試乗する⇒購入する」というように自然な時系列で並べられている理由は、購入に至るまでのステップを 3 つに絞って伝えることで内容のまとまりを表出しているからである。また、音声面に着目すれば、3 つの命令文がリズミカルに韻を踏んでつな

がっているため、小気味よい印象を読み手に与え、自然に購入へと誘う効果がある。さらに、「丁寧さの原則」を提唱する Leech (1983) が説明するように、英語では相手の利益になることは命令文などの直接的な形式を用いて相手の断る余地を少なくするほど丁寧さが表出される。このように英語の広告文において、命令文を小気味よい調子で累積的につなぎ、購入に至るまでのイメージをまとめて読み手の心に訴えることは、商品の宣伝効果を上げる。次は(51)の広告文を模していると思われ、出来事の自然な継起順序で命令文を3つ(＝(52a))、あるいは3つ＋α (return it) (＝(52b))つないでいる例である。ただし、(51)とは異なり、すべてが韻を踏んでつながっているわけではない。

(52) a. Rent It. Try It. Buy It.
    (エヴォルヴ・セグウェイ社の電動立ち乗り二輪車レンタルの宣伝文句)
    (レンタルしてください。乗ってみてください。ご購入ください)

   b. Test it, try it, buy it and if it doesn't work, return it.
    (米国ゴルフ用品店ゴールドスミス社の宣伝文句)
    (手にして、使ってみて、ご購入ください。もし商品にご満足いただけない場合にはご返品ください)

陸上競技の三段跳び(triple jump)はホップ、ステップ、ジャンプの3つの跳躍を合わせた飛距離を競う。また、「小鼓・大鼓・笛(または太鼓)など、三種の楽器で拍子をとること。また、その拍子」(『精選版 日本国語大辞典』)に由来する「三拍子そろう」ということばも、3つの必要な条件がすべてそろう、何もかもが完全に備わるという意味で用いられる。3つのことがリズミカルにつながって、まとまりのある1つのことがらを表すという発想が、洋の東西を問わず、文をつなぐ話し手の心に反映されたとしても不思議ではない。

　宣伝文句とは別に、同じ形の命令文がつながれて発話されることがある。次は映画 *Forrest Gump* (『フォレスト・ガンプ／一期一会』、1994)の台詞である。脚に矯正器具をつけたフォレストがいじめを受けているところに居合わせた友達のジェニーが、フォレストに走って逃げてと言う場面である。2

つの命令文が連続し、映画では最初の Run よりも 2 つ目の Run のほうが長めに発話されている。

(53) Jenny Curran: <u>Run</u>, Forrest! <u>Run</u>!　（映画の台詞：*Forrest Gump*, 1994）
　　　（ジェニー・カラン：<u>走って</u>、フォレスト！　<u>走るのよ</u>！）

(53)の2つの命令文の話し手ジェニーは、単に「走れ！ 走れ！」と走り始める様子がないフォレストをまくし立てているのではない。まず、フォレストに駆け出すように Run, Forrest! と「動作の起動」を促したジェニーであったが、走り始めたにもかかわらず脚の矯正器具のせいで思うように走れないフォレストを見て、いま一度 Run! と言うことで、フォレストに「しっかりと走り続けるしかないのよ」という認識を持つことを促して励ましている。次の例でも、(54a)では最初の命令文 Don't move. は「動かないで」という動作の禁止を指示しているが、2番目の Don't move は直前の OK? (わかった?)という念押し表現から明らかなように「動いてはいけないのよ」という認識を持つことを相手に促している。また、(54b)では最初の Be careful. と 2番目の Be careful. の間に You understand? (わかった?)という相手の認識を確認する表現を介在させていることからわかるように、2番目の命令文 Be Careful. は相手に「気をつけるんだよ」と注意を払う認識をしっかりと持つように促している。

(54) a. "I'm fine." "You're fine? <u>Don't move</u>, OK? <u>Don't move</u>."
　　　　　　　　　　　　　　　　　（J. B. Frost, *World Leader Pretend*, 2007）
　　　（「大丈夫だ」「大丈夫？ <u>動かないで</u>、わかった？ <u>動かないのよ</u>」）
　　b. "[...] But let me give you a little advice. <u>Be careful</u>. You understand? <u>Be careful</u>."　(V. Joyce, *Both Hunter and Hunted*, 2001)
　　　（「[...]だけどちょっとアドバイスをさせほしい。<u>気をつけて</u>。わかった？ <u>気をつけるんだよ</u>」）

第5章

場面や文脈情報と関連づけて文をつなぐ

　単語と同様に、文も場面や文脈のさまざまな情報とつながることで初めてその意味が定まる。ある場面で突発的に知覚した新たな状況を談話に切り出す the next thing や、文と文をつなぐ静寂の「間(ま)」をことばにしてつなぐ表現、軽蔑的態度や無関心といった含みをしばしば伴って話題を談話につなぐ as for などを本章では取り上げ、「場面や文脈情報と関連づけて文をつなぐ」さまざまなつなぎ表現の特性を解き明かす。

5.1　場面や文脈情報と結びつけてつなぐ：I'm fine.

　多くの単語は多義的である。例えば handsome は、①〈男性が〉「端正な顔立ちの」、②〈女性が〉「体格や態度が魅力的な / 知的にきりりとした」、③〈建物などが〉「見事な」、④〈金額などが〉「相当な / 気前のよい」などのたくさんの意味を持ち、具体的な場面や文脈とつながることで意味が特定される。文もまた、場面や文脈の様々な情報と結びつけてつながることによって、まぎれなく特定の意味を伝えることができる。ここでは、会話の基本的な表現である I'm fine. を例に考えよう。次の(1a), (1b)の場面ではいずれも I'm fine. が発話されているが、(1a)の How are you?(元気かい?)と相手に尋ねられる場面では、「元気だよ」という意味を表す。一方、相手にお茶を勧められる(1b)の場面では、I'm fine. は「結構です(最近の若者ことばでは「(断る意味での)大丈夫です」)」という意味を表す。

128 第 5 章 場面や文脈情報と関連づけて文をつなぐ

(1) a. "Ben, it's Rick Barron. How are you?" "I'm fine, Rick, and I hear you're even finer. How's life in Hollywood?"
(S. Woods, *The Prince of Beverly Hills*, 2004)
(「もしもし、ベン、こちらはリック・バロンだ。元気かい？」「元気だよ、リック。君もますます元気にやっているようじゃないか。ハリウッドでの生活はどうだい？」)

b. 'Are you sure you won't have a cup?' she says. 'I've got Earl Grey.' 'I'm fine.' (L. Lewis, *Forget Me Not*, 2015)
(「本当に、お茶を1杯飲まないの？」と彼女が言った。「アールグレイを入れたのよ」「結構だよ」)

また、次の(2a), (2b)のような相手に気分や体調を尋ねられる場面では、I'm fine. は「大丈夫です」という意味を表す。

(2) a. "You sound angry. And you won't look at me." "I'm fine."
(P. Cornwell, *The Body Farm*, 2004)
(「怒っているみたいですね。それに、目を合わせてくれませんね」「大丈夫です」)

b. "Rick, is that you? Are you okay? Are you hurt?" "I'm fine. Air bag stopped me from hitting the roof."
(M. Grant, *Feed*, 2011)
(「リック、そこにいるのか？ 大丈夫か？ 怪我しているか？」「大丈夫だ。エアバッグのおかげで天井にぶつからなかった」)

(2)の I'm fine. の話し手は、実際には機嫌がよくないのにやせ我慢をして「大丈夫です」と強がっていたり、本当は負傷しているにもかかわらず相手を気遣って「大丈夫だ」と儀礼的に返答をしている。次の例では、I'm fine. を話し手が何度も繰り返して自分の健康状態に問題がないことを相手に伝え、相手を心配させないためにやせ我慢や強がりを言っているわけではないことを強調している。

(3) "You shouldn't move. I'm going to call an ambulance." "No, no, no," Xerxes says quickly. "I'm fine, seriously. I'm fine." Sara looks him

over, at the blood dripping off his chin and down his arm. "You don't look fine." "Trust me, I'm fine. Just get me into the Jeep."

(J. B. Frost, *World Leader Pretend*, 2007)

(「動かないで。救急車を呼ぶから」「いいです。呼ばなくていいんです」 エセルクセスがすぐに答える。「大丈夫です、本当に。大丈夫なんです」 サラは彼の身体を調べると、血があごからぽたぽたと腕に落ちているのを見つける。「大丈夫じゃないわよ」「信じてください。大丈夫なんです。ただジープに乗せてくれますか」)

1つの形の文が1つの意味だけを表すわけではない。同じ形式の文であっても、発話される場面や文脈の情報と結びつけられることによって特定の意味が聞き手に伝達されるのである。

5.2 静寂の「間」をことばにしてつなぐ： "A silence. . . . Another silence."

"Music is the silence between the notes."(「音楽とは音と音の間の静寂である」)フランスの作曲家ドビュッシー(1862–1918)のことばである。発せられる個々の音よりも、音と音をつなぐ絶妙な静寂の「間」こそが音楽の真髄であり、聴く者の心に響くものだということを伝えている。文と文の間にも「間」があり、その静寂の「間」がことばにして書き表されることがある。

(4) a. I awoke to Patience's voice arguing. Whoever she was arguing with wasn't answering much, and wasn't giving in. "It's ridiculous. What are you afraid I'll do?" A silence. "I've known him since he was a child." Another silence.

(R. Hobb, *Royal Assassin*, 1996)

(私はペイシェンスが文句を言う声で目がさめた。彼女が食ってかかっている相手がだれであれ、その人はあまり言い返すこともなかったが、かといって言われっぱなしでもなかった。「ばかげてるわ。私が何をするのが心配なの？」 沈黙。「彼とは子供のころから知り合いなの」 また沈黙)

b. "Is someone there?" Her call was louder. <u>Silence was her answer.</u> <u>No whispers.</u> <u>No creaks.</u> Then the shutters started to bang again.

(C. Eden, *Fear for Me*, 2013)

(「だれかいますか？」 彼女の呼び声はさっきより大きくなった。<u>物音ひとつせず、彼女への返答はなかった。ささやき声もなかった。床がきしむ音もなかった</u>。すると鎧戸がまた風でバタン、バタンと音をたて始めた)

　(4a), (4b)では、話し手が自分の発話に対して聞き手の応答を期待、予測しているような場面が描写されている。(4a)では、ペイシェンスの問いかけや情報提示に対して相手が言い返さない静寂の「間」が {A/Another} silence. (沈黙 / また沈黙) と表されている。(4b)では、Is someone there? (だれかいますか?) という呼びかけに Silence was her answer. No whispers. No creaks. (物音ひとつせず、彼女への返答はなかった。ささやき声もなかった。床がきしむ音もなかった) とつなぎ、静寂が言語化されることで状況が生き生きと描写されている。なお、(4b)の "No whispers. No creaks." の否定辞 no は、ささやき声や床がきしむ音が当然聞こえるであろうと耳を澄ませた話し手の期待が裏切られて、実際には何も聞こえないという意識の表れである。

　もちろん、文と文の間の「間」が常に上記のように単語や句によって言語化されるわけではない。「間」は他にどのような手段で表出されるのであろう。例えば、文と文を区切りをつけてつなぐ句読法(punctuation)の違いによって、異なる意味解釈が派生する場合がある。Patt (2013: 5) によれば、(5a)はセミコロンによって、(5b)はコンマによって文と文とがつながっているが、それぞれは異なる解釈を受けると言う。

(5) a. Order your furniture on Monday; take it home on Tuesday.
(月曜日に家具を注文しなさい。そして火曜日にそれを家に持って帰りなさい)

b. Order your furniture on Monday, take it home on Tuesday.
(もし月曜日に家具を注文すれば、火曜日にそれを家に持って帰れますよ)

((5a), (5b)：Patt 2013: 5)

Patt (2013) は、セミコロンは「自己完結性(self-containedness)」を合図するために互いの文の独立性は高いが、コンマは分離する効力が低いため互いの文の独立性は高くはないと分析する。その結果、(5a)のようにセミコロンでつながれる Order your furniture on Monday と take it home on Tuesday は２つの連続する命令文として解釈される。それに対して、(5b)のようにコンマでつながれる場合には If you order your furniture on Monday, then you can take it home on Tuesday. (もし月曜日に家具を注文すれば、火曜日にそれを家に持って帰れますよ)のような「条件－帰結」の解釈が得られると Patt (2013)は説明する。形式ばった書きことばで頻用されるセミコロンは日本語には存在しない句読法である。また、英語のコンマは日本語の読点と形式的に類似した記号ではあるが、その意味や機能は互いに異なる。なお、英語における句読点は４つあり、意味的切れ方の強弱は次の(6)のようになっている((6)は安井(2013)が Quirk et al. (1985: 1611–12)をもとに図示したものである)。

(6)　　　,　　＜　　:　　＜　　;　　＜　　.
　　　(comma)　　(colon)　　(semicolon)　　(period)
　　　←――――――――――――――――――――→
　　　意味的切れ方が　　　　　　　　　意味的切れ方が
　　　　　弱い　　　　　　　　　　　　　　強い

(安井 2013: 204)

こうした「間」を伝える英語特有の表現の特性を理解しながら文と文とをつなぎ、自然な英語を発信できるように心がけたい。

5.3　突発的に知覚した状況を継起関係に基づいてつなぐ：
"(the) next thing(,)", "(the) next thing S＋V(,)"

人間の意識の流れは一様ではなく、実にさまざまである。ぼんやりしていることもあれば、意識がなくなっているようなときもある。そのようなとき、我に返ると、私たちは突発的に外部の状況を知覚することになる。

そうした状況を言語化するとなると、どのような表現形式をとることになるのであろう。突発的であるがゆえに、因果関係を述べることはできない。何かつなぐことばを探すとなると、せいぜい時間的隣接性を表す継起関係を伝える表現によって述べることになる。例えば、次の例では、時間的隣接性を表す形容詞 next を伴う (the) next thing(,) によって、先行文脈の場面と知覚された状況とがつながれている。

(7) a. "I just remember going into hospital in the morning, and the next thing I woke up in intensive care three weeks later. [...]"

(*The Guardian*, Sept. 12, 2003)

(「私は午前中に入院したことだけは覚えています。気がついたら、3週間後に集中治療室で目がさめたのです。[...]」)

b. "We heard a chain rattle. And next thing, there were two dogs in our faces," the 43-year-old father said [...].

(*Chicago Tribune*, May 10, 2003)

(「私たちはチェーンがジャラジャラいう音が聞こえました。するといつのまにか、2匹の犬が目の前にいたのです」と43歳の父親が言った [...])

実際の談話を観察すると、(the) next thing(,) は状況認識を表す動詞 know を伴い、(the) next thing S＋V(,) の形式でしばしば現れることが確認できる。

(8) a. "Everything went pitch-black and the next thing I knew, I was being hurled headfirst out of the room!"

(J. K. Rowling, *Harry Potter and the Half-Blood Prince*, 2005)

(「目の前が真っ暗になり、気がついたら、真っ逆さまになりその部屋から放り出されていたのです！」)

b. The hall beyond was dark, but knowing there was no furniture, Kim ran blindly. The next thing she knew she had collided with an unanticipated table that dug into her stomach, knocking her off balance. (R. Cook, *Acceptable Risk*, 1996)

(ホールの奥は暗かった。家具が置かれているはずはなかったので、キムはただやみくもに駆け出した。気がつくと、思いがけずテーブルにお腹をいやというほどぶつけ、倒れそうになった)

c. Four hours later, Anna walked out of a shoe store and caught the first bulletin coming over her car radio: Police had been called to Columbine High School. Anna's first thought was that it was a student prank. "<u>Next thing I knew</u>, they were saying that shots had been fired in the library, and my heart hit the floor." Lauren was always in the library at that hour.　　　(*Reader's Digest*, Apr. 2005)

(4時間後、アンナは靴店から歩いて出ると、警察がコロンバイン高等学校に出動を要請されたという第一報を自分のカーラジオで聞いた。最初は、それは生徒のいたずらだと思ったのだが「<u>次の瞬間</u>、図書館で発砲があったと伝えているのが聞こえてきたのです。私は鼓動が床に伝わるのではないかと思うくらい驚きました」 ローレンはいつもならその時間は図書館にいたところだ)

d. "We were steady going about our business. <u>The next thing I knew</u>, I heard a guy hollering 'I've been hit,'" she said.

(*Chicago Tribune*, Oct. 8, 1992)

(「私たちは仕事を着実にこなしていました。<u>すると突然</u>、「撃たれた」と人が叫んでいるのを聞いたんです」と彼女は言った)

e. You see one, you go the other way. If it hasn't seen you, just keep walking — even at a leisurely pace — and you'll be just fine. Shoot it and <u>the next thing you know</u> you're surrounded, and then you'll be dead.　　　(J. J. Adams (ed.), *The Living Dead 2*, 2010)

(ゾンビを見たら、反対方向に進むんだ。もしやつに見つかっていなければ、歩き続けろ。ゆっくりした速度でだってかまわない。それで大丈夫だ。しかし、やつを撃つなどしてみろ。<u>気がついてみれば</u>、おまえは囲まれていて、おだぶつだ)

(8a)–(8e)の下線部 (the) next thing S＋V (,) は、その直前までは意識が払われていなかったにもかかわらず、突発的に知覚された新たな状況を談話に導入している。本表現に関する詳細な説明は従来の記述文法書には見当たらない (cf. Quirk et al. 1985; Biber et al. 1999; Huddleston and Pullum 2002; Swan

2005[3]）。また、辞書では本表現はイディオムとして取り上げられてはいるものの、その本質が理解できるような説明は示されていない。LDOCE[6] は "the next thing I/she etc knew" というイディオムとして本表現を説明している。

(9) *informal* used when something surprisingly happens very suddenly *The next thing I knew, I was lying face down on the pavement.*

(LDOCE[6])

（［くだけた表現］　驚いたことに突発的に何かが生ずる際に用いられる。「気がつくと、私はうつ伏せになって歩道にいたのです」）

また、OID[2] は "the next thing (I knew)..." という項を挙げ、次のように記述している。

(10) (informal) used when sb tells a story and wants to say that sth happened suddenly or unexpectedly: *I was just walking down the road and the next thing I knew someone was pointing a gun at my face.* (OID[2])

（［くだけた表現］　話をしていて、何かが突然あるいは予期せずに起きたことを伝えたい場合に用いられる：「私はただ道を歩いていただけだったのに、気づくと、だれかが私の顔に銃口を向けていたのだ」）

LDOCE[6] と OID[2] は、(the) next thing S＋V(,) がくだけた表現であり、予期せぬ事態の発生を伝える表現であると説明している。特に OID[2] が、本表現の発話条件とも言える先行文脈の存在を用例で示している点は評価できる。しかしながら、いずれも先の(7b), (8c)で見たように句頭の定冠詞 the がしばしば表面に現れない事実や、know 以外の状況認識を表す動詞（句）の生起可能性には言及していない。次の例では、(the) next thing S＋V(,) に状況認識を表す動詞（句）be aware of, be conscious of, sense が用いられている。いずれも know と同様に、主語の指示対象が状況を認識することを表す動詞（句）である。

(11) a. Suddenly there was an ear-shattering clap and the next thing I

was aware of, I was lying on the wet floor of the milkroom.

(B. B. Brown, *Just One More Thing, Doc*, 2007)

(突然、耳を聾するような音がした。我に返ると、私は牛乳処理場の濡れた床に倒れていたのだ)

b. She intercepted his path and bowled him over backward, wrapping her arms around him and dragging him away from the flames. There was a muddle of air and grass and fire and flesh. The next thing she was conscious of, she knelt over his body stretched full length on the ground. (K. Schafer, *Wakeworld*, 2014)

(彼女は彼の行く手をさえぎり、彼を後ろに投げ飛ばした。そして、両腕で彼を抱き、炎から引きずり出した。空気、草、火、肉がごちゃごちゃに混ざり合っていた。気づくと、彼女は地面にひざまずいて彼の亡骸にばったりと覆いかぶさっていたのだ)

c. Then I fainted. The next thing I sensed, I was being hit hard.

(M. T. Webb, *The Will and the Wilful*, 1969)

(そして私は気を失ってしまった。気がついたときには、私は激しく殴られ続けていた)

(the) next thing S＋V(,) の部分は、主語の指示対象が意識を失っているような脈絡で、再び意識を取り戻して状況を認識した後に知覚した内容を述べる。人は意識を取り戻した後に状況を知覚することはあっても、状況を知覚した後に意識を取り戻すことはない。そのため、(the) next thing S＋V(,) の動詞に知覚動詞が生ずることはない。

(12) The next thing I {*saw / *heard / *felt}, I was lying on the floor.

({*見えると / *聞こえると / *感じると}、私は床に倒れていた)

もちろん、次の例が示すように、意識を取り戻した後に知覚したことがらを伝える主文には知覚動詞が現れることはできる。

(13) a. '[...] He was standing by the cooker waiting for the kettle to boil when, next thing, he heard an unmerciful thud. She'd collapsed on the bedroom floor.' (D. Sewell, *The Fall Girl*, 2008)

(「[. . .] 彼はやかんのお湯が沸くのを待って、こんろのそばに立っていたんです。すると突然、ものすごく大きなドスンという音が聞こえたんです。彼女が寝室の床に倒れたんです」)

b. I was dizzy too, breathing fast and hard. Like I'd run all the way from one end of Villa Park to the other. But next thing I felt Mrs Mogwera's minksoft hand on my arm. "Dirk? What is it? Are you feeling sick? You're shaking. Is it the flu? Come, you must sit before you fall over."　　　(J. Robson, *Back to Villa Park*, 2013)

(急に立ち眩みがして、私の呼吸は早く、激しくなった。ヴィラパークの端から端まで走りきった直後のようだった。意識を取り戻すと、ミセス・モグウェラの柔らかい手が私の腕を支えてくれているのを感じた。「ダーク？　どうしたの？　気分がよくないの？　ふらふらしているけど、流感にかかっているの？　さあ、倒れる前に腰を下ろさなくっちゃ」)

次の図が示すように、(the) next thing(,) の the は意識があった直前の状況を指示するが、本表現の next thing (次の状況)がその直前の状況につながることは発話場面から明らかである。そのため、the はしばしば余剰となり省略されると考えられる。

(14)

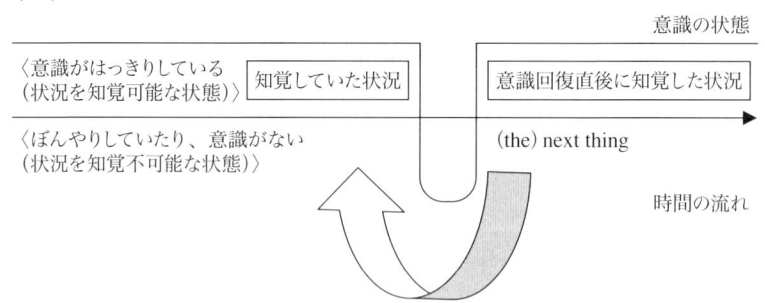

(the) next thing(,), (the) next thing S＋V(,)において next が果たす役割は、先行する状況との時間的区切りをつけることである。(the) next thing(,), (the) next thing S＋V(,)の話し手は、当該の状況をひとまとまりのものとして認識しているのではなく、別個の状況が時間を隔てて接している

ものとして認識している。そのため、本表現がつなぐ2つの状況は突発的、偶発的に結びついているものであり、その間には因果関係はない。意識がはっきりしていたときに知覚していた状況と、意識回復直後に知覚した状況とをつなぐには、時間的継起関係を述べるより他に手はない。そこで要請されて出てきた表現が、時間的隣接性を表す the next であると考えられる。(the) next thing (,)、(the) next thing S＋V (,) は、副詞相当語句として会話を中心にしばしば用いられるつなぎ表現である。本表現の意味を理解するにとどまらず、日常場面で積極的に活用できるようにも心がけたい。

5.4　話題を提示してつなぐ：as for

聞き手の関心を話題に引きつける表現に、as for, as to, speaking of, as regards, with reference to などがある。なかでも as for が談話に導く話題は、話し手の軽蔑的態度や無関心といった語用論的含意をしばしば伴うことがこれまでの研究で指摘されており、興味深い。例えば、Quirk et al. (1985) は as for が談話冒頭で用いられる場合には軽蔑的態度を含意することがよくあると記述しているし、Swan (2005[3]) は as for はしばしば無関心や嫌悪を暗にほのめかすと説明している。

(15) As for his book, I suppose you've read the reviews!
　　　　　　　　　　　　　　　　　　　　　(Quirk et al. 1985: 707)
（彼の本なら、あなたがたはその書評をもう読まれたと思いますが！）

(16) I've invited Andy and Bob. As for Stephen, I never want to see him again.　　　　　　　　　　　　　　　　(Swan 2005[3]: 139)
（私はアンディとボブは招待しました。でも、ステファンには、これから二度と会いたくないです）

たしかに、Quirk et al. (1985) や Swan (2005[3]) が指摘するように、as for が話題を導くとき、話し手の軽蔑的態度や無関心といった含意をしばしば伴う用例が観察される。次の(17a), (17b)では、as for の後に the other(s) といった話し手がそれほど関心を示さない対象を表す名詞句が用いられて

いるとともに、話し手の無関心な態度が発話に表れている。

(17) a. "You got that restless leg syndrome thing?" Pepper said. "They got something for it. The company advertises on my TV show. I could probably get you a free sample if you'd like." "There is nothing wrong with my legs, thank you. As for the other, I'm sure I don't know what you're talking about."

(C. Buckley, *Supreme Courtship*, 2009)

(「例の下肢静止不能症候群にかかったんですか?」とペッパーが言った。「彼らはそれに効くものを持っているのよ。その会社は私のテレビショーで宣伝しているわ。もしよければ無料サンプルをもらってくることができると思うけど」「脚はどこも悪くないよ。どうもありがとう。その他のことについては何のことかさっぱりわからないんだが」)

b. 'If I recall one went to the O'Mearas, two went to someone in Westchester, and as for the others I'm not sure.'

(B. Block, *Salt City Blues*, 2005)

(「たしか1人はオメーラ家に行き、2人はウエストチェスターのだれかのところに行きました。ただ、その他の人たちはわかりません」)

また、as for によって話題が提示された後に陳述が続かない場合がある。このこともまた話し手がその話題に無関心であったり、ことばに詰まるほど情報がないことを示している。

(18) The temperature we can deal with without difficulty, but as for the rest . . .　(A. V. Saporito and D. L. Saporito, *Ancient Furies*, 2014)

(発熱は難なく対処することができるが、その他は . . .)

しかし、as for が提示する話題は、必ずしも話し手の軽蔑的態度や無関心といった含意を伴うわけではない。次の(19)の例では、as for で話題を提示する話し手には軽蔑的態度や無関心は感じられない。(19a)では、先行文脈中の話題である過去のことがらと対照的な未来のことがらを新たな話題として導入して as for がつないでいる。(19b)では、先行文脈中の髪型の話題と関連する髪の色のことを as for が話題としてつないでいる。

(19b)の as for の直前には She hesitated, then added (彼女はひと呼吸置いてから思い切って付け加えた)と発話環境が書かれており、as for が話題を追述していることがわかる。(19a), (19b)の例はいずれも、先行文脈中のことがらに関連することがらを as for が話題としてつなぎ、追述的、補足的に情報を伝達している。

(19) a. John Dorian: It's never good to live in the past too long. <u>As for the future</u>, thanks to Dan, it didn't seem so scary anymore.

(テレビドラマの台詞: *Scrubs*, 2009)

(ジョン・ドリアン: 昔のことばかりずっと考えて生きるのは決してよくはないよ。<u>未来は</u>、ダンのおかげで、それほど怖いものだとはもう思わなくなったよ)

b. 'I loved that style, so I thought I'd try it.' She hesitated, then added: '<u>As for changing the color</u>, I still can't believe I did it. It's the first time in my whole life that I've changed the color of my hair.' (S. King, *Rose Madder*, 1995)

(「私はその髪型が大好きでした。だからその髪型にしてみようと思ったんです」 彼女はひと呼吸置いてから思い切って付け加えた。「<u>髪の色を変えたことは</u>、自分がしたなんてまだ信じられないんです。髪の色を変えたのは人生で初めてなんです」)

as for は先行文脈中のことがらに関連することがらを話題としてつなぐ。先行文脈中のことがらに追述的、補足的に話題をつなぐことから、文脈によっては as for は、話し手が積極的に提示することを控えるような軽蔑的態度や無関心といった含意を伴うことがあるが、先行文脈中のことがらと対照的なことがらを話題として導入し談話の流れに自然につなぐこともあることがわかる。

5.5 主文が表す事態にそれが至り及ぶ状況をつなぐ: {till / until} 節

時間を表す接続詞に till, until がある。till と until の差異は使用域と使

用頻度にあり、Swan (2005[3])は till のほうが until よりもくだけた形式であると指摘し、Quirk et al. (1985)はイギリス英語では主に口語で前置詞として用いられる till に比べて、until は口語、文語のいずれにおいても 2 倍の使用頻度があると説明している。till と until が接続詞として用いられて{till / until} 節が主文とつながれるとき、さまざまな意味が表される。まず{till / until} 節が「〜するまで(ずっと)…する」という継続の終了時を表す場合(＝(20))、主文の否定語と結びついて「〜するまでは(…しない)」という意味を表す場合(＝(21))がある。

(20) He was forced to wait until the vertigo passed. (R. Cook, *Cell*, 2014)
(彼はめまいが治まるまで待たざるをえなかった)

(21) "Give me your key, and do not come in until I tell you to."
(K. Rose, *Closer than You Think*, 2015)
(「君の鍵を私に渡しなさい。そして私がいいと言うまで入ってはいけないよ」)

こうした意味に加えて、{till / until} 節が「(〜して)とうとう、ついに…する」というある状況の実現を表し、主文が表す事態に、それが至り及ぶ状況をつなぐ場合がある。この場合、主文では動作の継続や反復、状態の持続が描写され、{till / until} 節では主文の事態を経て、至り及ぶ状況が伝えられる。例えば、(22)の主文ではアリスが泣き続けるという動作の継続とともに涙の量が次第に増えてくるという漸次的事態が描写され、そうした事態を経た結果、涙の池ができるという状況に至り及んだことが until 節で表現されている。

(22) But she went on all the same, shedding gallons of tears, until there was a large pool all round her, about four inches deep and reaching half down the hall. (L. Carroll, *Alice's Adventures in Wonderland*, 1865)
(それでもアリスは泣き続けました。涙はとめどなくあふれ出て、とうとう周りは深さ 10 センチほどの池になっていました。広間の半分はもう水浸しです)
(安井(訳) 近刊)

また、次の例でも主文では動作の反復(=(23a))や継続(=(23b))が描写され、{till / until} 節ではそうした事態を経て、至り及ぶ状況が伝えられている。

(23) a. They followed Serena, and ran and ran, <u>until at last they saw looming up before them the great pine-tree where they had eaten their dinner.</u> (E. Goudge, *The Little White Horse*, 2001)
(彼らはセレナの後に続き、走りに走り続けました。<u>そしてとうとう自分たちが夕食を食べた大きな松の木が目の前にそそり立っているのが見えました</u>)

b. The manic display of grief continued for more than a minute, <u>until finally Kharon collapsed, completely spent.</u>
(D. Brown and J. DeFelice, *Collateral Damage*, 2012)
(カロンはややしばらくの間、躁病のように過度に浮かれた悲しみをあらわにしていたかと思うと、<u>とうとう疲れ果ててへたり込んでしまった</u>)

(22), (23a), (23b) の訳文が示すように、主文が表す事態に、それが至り及ぶ状況をつなぐ {till / until} 節は、訳出の際に主文を先に訳す点に特徴がある。また、この用法の {till / until} 節は主文とコンマ、さらには (24a), (24b) のようにピリオドで切り離されてしばしば生起する。これは、{till / until} 節と主文それぞれが描写する場面や状況間には大きな時間的な隔たりがあるものと、話し手に意識されていることの表れと考えられる。

(24) a. There was no light and no sound. He put his arms around my back; he swayed me gently from side to side like a child. <u>Until, at last, I heard my breath slow right down, and the sobs become laps, not waves.</u> And then, finally, they stopped.
(A. Smyth, *Black Rock*, 2010)
(明かりも音もなかった。彼は私の背中に腕を回した。そして彼は私を子供のように優しく揺すってくれた。<u>そして、ようやく、私は自分の呼吸がゆっくりと落ち着き、むせび泣きが打ち寄せる波の音ではなくさざなみの音になるのが聞こえた。</u>そして、とうとう、むせび泣きはやんだ)

b. Pat remembers how no name seemed to fit. Until finally, she says, "We kept saying that 'someday' we were going to do this, and 'someday' we were going to do that. And my husband said: 'That's it. I think we ought to call it Someday Farm.'" And so they did.　　　　　　　　　　　　(*Chicago Tribune*, May 2, 2004)
(パットはこの農場に付けるぴったりの名前がなかなかなかったことを覚えている。しかし、ついに彼女はこう言った。「「いつか(someday)」こうしたり、「いつか(someday)」ああしたりと私たちは言い続けてきたわよね。すると私の夫がこう言ったの。「それだよ。この農場の名前はあすなろ牧場(Someday Farm)にしたらいいと思うよ」」 こうして彼らはこの農場に名前を付けたのだ)

主文が表す事態にこのような結末や終局といった状況をつなぐ {till / until} 節には、そこに至り及ぶまでの過程に対する話し手の見方や態度を反映する表現がしばしば現れる。すでに見た(23a), (24a)では until at last ...のように、(23b), (24b)では until finally ...のように、話し手が長い間待ち望んでいた状況にようやく至ったことを含意する at last や、さまざまな過程を経て最終的な状況に行き着いたことを含意する finally が until 節で用いられている。また、次に示す例では波線部の表現が {till / until} 節に現れており、なかなか至り及ばなかったことがらが突然、期せずして実現に至ったものとして話し手がとらえていること(=(25a), (25b))や、あらかじめ想定していたことがらが実現するに至ったものとして話し手が見ていること(=(25c))がわかる。

(25) a. During that war we repeatedly asked ourselves the question: How are we going to win? And no one was able ever to answer it with much precision, until at the end, quite suddenly, quite unexpectedly, our terrible foe collapsed before us, and we were so glutted with victory that in our folly we threw it away.
　　　　　(英首相ウィンストン・チャーチルの下院演説 (1940年6月18日))
(その戦争中、我々は繰り返して自問していた。「我々が勝つにはどうしたらよいのか?」 しかしこの問いに正確に答えることができる者は

5.5 主文が表す事態にそれが至り及ぶ状況をつなぐ | 143

だれ一人としていなかったが、最後には、突然、予想だにせず、我々の強敵が我々の前に倒れた。我々は勝利感に満たされすぎたため、愚かしくも戦勝を逃してしまったのである）

b. Haragg took Saban and Cagan westwards. Ostensibly they went to buy some axes made from black stone that were much prized in the south country, but Saban suspected there was another purpose in the journey. It took half a day until, quite unexpectedly, they reached a high hill that ended abruptly at a sea cliff.

(B. Cornwell, *Stonehenge*, 1999)

（ハラーグはサバンとカガンを連れて西に向かった。表向きは、彼らは南の国で珍重される炭質けつ岩製の斧を数本買うために行ったということになっているが、サバンはその旅には別の目的があると疑っていた。半日かけて移動すると、期せずして海蝕崖で立ち切れている高い丘に着いた）

c. I just bided my time, till, as expected, she finally finished being schizophrenic and we started to make out.

(F. Portman, *King Dork*, 2007)

（私は機の熟するのをただ待っていた。すると、予想通り、とうとう彼女は意見をころころと変えるのをやめ、私たちは折り合いをつけ始めるようになった）

さらに、次の例では until 節内に話し手の評価を表す副詞 luckily, unfortunately が用いられており、主文が表す事態が until 節内の状況に至り及んだことが話し手にとって歓迎すべきこととしてとらえられているのか、それとも都合の悪いこととしてとらえられているのかが端的に表現されている。

(26) a. This time the boat remained stranded for two days, until, luckily, the river rose and freed it.

(J. O. Anfinson, *The River We Have Wrought*, 2005)

（今回はその船は2日間座礁したままであったが、幸いにも川の水かさが増したため航行できるようになったのである）

b. I enjoyed my stay at Bellara. In the four years I worked there, I received many memorable challenges until unfortunately I

became ill again.　　　　　　　　　(D. Kartinyeri, *Kick the Tin*, 2000)
(私はベラーラでの滞在を楽しんでいた。4年間そこで働き、忘れがたいやりがいのある仕事をたくさん引き受けていたが、不運にもまた病気になってしまった)

　ここまで考察してきたように、{till / until} 節には主文が表す事態に、それが至り及ぶ状況をつなぐ用法がある。この用法の {till / until} 節は主文が表す事態の結末や終局といった、聞き手には容易には知りがたい情報を明かす。そのため、しばしば話し手は結末をすぐには明かさずに伏せておき、聞き手の関心を集めた上で披瀝するといった劇的効果(dramatic effect)を高める用例が観察される。次の例では、主文と "till, in the end" だけがつながれており、主文の表す事態がどのような状況に至り及んだのかは聞き手の想像にゆだねられている。

(27) I mean that it had gone deeper and deeper into larger and ever larger underground factories, spending a still-increasing amount of its time therein, till, in the end — ! Even now, does not an East-end worker live in such artificial conditions as practically to be cut off from the natural surface of the earth?
　　　　　　　　　　　　　　　(H. G. Wells, *The Time Machine*, 1895)
(つまり、それはさらに深く、さらに大きな地下工場へと移行し、その中でさらに多くの時間を過ごすようになり、そしてついに—! 今でさえ、イーストエンドの労働者は地球の自然な表面から事実上、切り離された人工的な環境に住んでいるのではないだろうか?)

5.6　ステップの完了と開始をつなぐ: once 節

　「1回、1度」の語義を持つ once には、接続詞として文をつなぐ用法がある。Swan (2005[3]) は once が接続詞として用いられるとき、after (...した後)、as soon as (...するとすぐに)の意味を伝え、あることがらが終了したり、完了することを表すことが多く、完了形としばしば共起すると説明する。

(28) a. Once you've passed your test I'll let you drive my car.
（君が運転免許試験に合格したら、僕の車を君に運転させてあげるよ）

b. Once he had found somewhere to live he started looking for work.
（彼は住むところが見つかると、仕事を探し始めた）

c. Once you know how to ride a bike you never forget it.
（一度自転車の乗り方をおぼえれば、二度と忘れないものだ）

((1a)–(1c)：Swan 2005[3]: 369)

たしかに、Swan (2005[3])が指摘するようにonce節にはしばしば完了形が現れて、あることがらの終了や完了が表現される。しかし、時間的に後続することを表現するafterや、時間的な隔たりがないことを表すas soon asとは異なり、onceはある出来事や行為の1つのステップが完了したことを表す。実際の用例を観察すると、once節は主文が表す次のステップの開始とつなぐことを前提として、1つのステップの完了を積極的に伝えるところに特徴があることがわかる。次の例では主文にnext stepが用いられていることから明らかなように、onceはonce節が表す1つのステップの完了と主文が表す次のステップの開始をつないでいる。

(29) a. Once his two specimens had been secured, Pilleri's next step was to transport them to his laboratory in Switzerland.
(A. Ghosh, *The Hungry Tide*, 2014)
（標本が2つ確保されてしまえば、ピレリの次のステップはスイスにある彼の研究所にそれらを輸送することだった）

b. Once I'd sculpted the nose to my satisfaction, I was ready to move to the next step, which was creating a mould of the new nose. (J. Craig and B. Light, *Special Effects Make-Up Artist*, 2014)
（私は満足ゆく鼻の彫刻が終わると、次のステップ、すなわち新しい鼻の鋳型を作る準備に取りかかった）

また、次の(30)では [once節＋主文] が2つ連続して用いられており、話し手はステップを追いながら遺伝子操作に関わる一連の作業手順を描写し

ている。

(30) "The trick, of course, is finding and isolating the transponase. That's the difficult step. But once I've found the transponase, it's relatively easy to locate its gene. And once I've located and isolated the gene, I can use standard recombinant DNA technology to produce it."　　　　　　　　　　　　(R. Cook, *Chromosome Six*, 1998)
（「もちろん、そのコツはトランスポナーゼを見つけることと分離することです。それこそが難しいステップなのです。ですが、ひとたびトランスポナーゼを見つけてしまえば、その遺伝子の位置を特定することは比較的容易です。そして、ひとたびその遺伝子の位置を特定し、分離してしまえば、標準的な組換え DNA 技術を活用してそれを作り出すことができるのです」）

さらに、(31) では 2 つの once 節が並列して 1 つの主文につながっている。これは、2 つの once 節が表す順次性に焦点を当てて、I had broken the barrier（私がそのバリアを壊してしまう）というステップと I had touched him（私が彼に触れてしまう）というステップを順次それぞれ完了すると、I couldn't move fast enough（私はあまり早く動くことができなくなった）という状況になったことを伝えている。

(31) But once I had broken the barrier, once I had touched him, I couldn't move fast enough.　　　　　　　(L. Heitman, *The Pandora Key*, 2006)
（しかし、ひとたびそのバリアを壊してしまい、ひとたび彼に触れてしまうと、私はあまり早く動くことができなくなってしまうのだった）

これらの例が示すように、once は once 節の 1 つのステップの完了と主文の次のステップの開始をつなぐ。裏を返せば、1 つのステップが完了してしまうと、もとの状況には容易には戻れず、順を追ってことが進むような事態を once 節はつなぐことになる。次の例では once 節のステップが完了してしまうと、もとの状況には戻るのが難しいことが主文で伝えられている。

(32) a. Balthazar: This is the Merlin Circle. It focuses your energy, helps

5.6 ステップの完了と開始をつなぐ | 147

you master new spells. It is where you will learn the Art. Step inside, you leave everything else behind. <u>Once you enter</u>, there is no going back.　　　　（映画の台詞: *The Sorcerer's Apprentice*, 2010）

（バルサザール：これがマーリン・サークルだ。これはおまえの気力を集め、新しい魔法を自由に操れるよう助けてくれるのだ。おまえはこの中で術を習得するであろう。中に入れ。何も気にせずすべてを置いていけ。<u>ひとたび中に入ると</u>、戻ることはできないのだ）

b. "And <u>once we start</u>, there's no turning back," Sean said.
　　　　（R. Cook, *Terminal*, 1996）

（「それに<u>一度始めると</u>、もう戻ることはできないよ」とショーンが言った）

接続詞 once は once 節の 1 つのステップの完了と主文の次のステップの開始をつなぐが、接続詞 after とは異なり、語彙自体が時間的継起の順序を表してはいない。そのため、話し手が once 節の 1 つのステップの完了と主文の次のステップの開始を積極的につないで表現したい場合には、順次性を保証する then や next などのつなぎ表現を主文に補うこともある。

(33) a. "<u>Once you got them talking about something they were passionate about</u>, <u>then</u> you could go on to talk about other things."
　　　　（*The New York Times*, Apr. 6, 2015）

（「彼らが<u>夢中になっていることについて話をさせてしまえば</u>、<u>次は</u>あなたが他のことについて話を始めることができたのだった」）

b. <u>Once you define your topic</u>, <u>then</u> you must <u>next</u> decide on the actual aims of the research study you will undertake.
　　　　（A. Nolan et al., *Research in Early Childhood*, 2013）

（<u>自分のトピックを定めたら</u>、<u>次は</u>これから取りかかる調査研究の具体的な目的を決めなければいけません）

なお、once 節内に否定形が現れて、Once I {haven't / have never} passed the test, I'll ... のような形で主文とつながれることはない。これは、完了の意味を伝える once 節という枠組みに、未完了なことがらを表現する否定形が生ずることによって矛盾が引き起こされるからである。見方を変え

れば、未完了のままでは once 節が主文が表す次のステップの開始の契機を表出する表現にはなりえないことになり、前後の文をつなぐ機能を果たすことができなくなってしまっているのである。

5.7　重要な情報の伝達を告げてつなぐ：文修飾副詞 importantly

　文全体を修飾し、その文の内容に対する話し手の評価を表す副詞は文修飾副詞と呼ばれる。文修飾副詞の1つに次のような例で用いられる importantly がある。

(34) Importantly, many of those who voted to repeal the death penalty did so for conservative reasons.　(*Omaha World-Herald*, June 8, 2015)
（なかでも見逃してならないのは、死刑廃止に投票した議員の多くは保守的な理由から投票したのであった）

(34)の文頭の importantly は、コンマを介してつながれる直後の文を修飾し、その内容に対して「重要なことである」という話し手の評価を伝えている。たしかに、(34)の単文を見るかぎり、importantly は直後の文に対してのみつながりを持ち、その文の内容が伝達価値の高い情報を担っていることを示しているように見える。しかしながら、その発話環境を観察すると、importantly はそれが修飾する文とつながりを持つだけではなく、文脈と密接なつながりを保ちながら、前後の文脈に配列される他の情報と同等、あるいはそれ以上の伝達価値を担う情報を聞き手に気づかせることがわかる。ここで、(34)が発話された直前の文脈を付した(35)を観察しながら、importantly と密接につながって同一文脈中に配置されている他の情報、つまり importantly の発話の契機とも呼ぶべき情報の存在を確認しておこう（以下、importantly と密接につながって同一文脈中に配置されている他の情報に二重下線を付す）。

(35) The thirty senators who voted for repeal on the final vote did so for a variety of reasons. For some it was a matter of religious faith. Some

5.7　重要な情報の伝達を告げてつなぐ　149

hewed to traditional liberal views. Importantly, many of those who voted to repeal the death penalty did so for conservative reasons.

(*Omaha World-Herald*, June 8, 2015)

(決選投票で廃止に票を投じた 30 人の上院議員にはさまざまな理由があったのである。宗教上の理由の者もいた。また、伝統的進歩派の考えを踏襲した者もいた。なかでも見逃してならないのは、死刑廃止に投票した議員の多くは保守的な理由から投票したのであった)

(35)の二重下線部が示すように、(34)の importantly を伴う文の先行文脈中には、上院議員が死刑廃止に投票した理由がすでに 2 つ列挙されている。つまり、死刑廃止に票が投じられた理由として、まず宗教上の理由が挙げられ、次いで伝統的進歩派の考えを踏襲する理由が挙げられ、そして最後に importantly の修飾を受けて、保守的な理由が挙げられている。話し手は理由を順次列挙する情報の流れの中で、最後に挙げる理由が聞き手に軽んじられる可能性をあらかじめ想定し、importantly を用いてそこが重要な情報を担っていることを積極的に聞き手に伝えている。importantly が同一文脈中に配置されている他の情報と密接なつながりを保って発話されていることを示す例をもう 1 つ挙げる。

(36)　Twins are a frequent subject of research, because they share many unobservable environmental conditions. And the effect of birth weight on twins was similar to its effect on single babies. Importantly, the effect was also very similar for same-sex twins (who can be identical twins, with the same genes) and different-sex twins (who cannot be identical).　(*The New York Times*, Oct. 12, 2014)

(双子はよく研究されるテーマである。なぜなら、双子は観察不可能な多くの環境条件を共有しているからである。研究の結果、出生体重が双子に及ぼす影響は単胎児に及ぼす影響と同様であることがわかった。なかでも重要なのは、その影響が、同性の双子(同じ遺伝子の一卵性双生児でありうる)と異性の双子(一卵性ではありえない)にも同様に顕在することである)

(36)では二重下線部が示すように、importantly が修飾する文が伝える研究結果に先立って、もう 1 つの研究成果がすでに述べられている。話し手は

2つの研究成果をつないで列挙する文脈において、2つ目の研究成果のほうが重要であることを文修飾副詞 importantly で伝えていることがわかる。このように、importantly が用いられて、修飾する文の内容が高い伝達価値の情報であることを伝えるとき、同一文脈中に配置されている他の情報の情報価値と比較されていることは明らかである。そのため、実際の談話を観察すると、importantly が発話される環境が特徴的であることがわかる。まず、first（第一に），second（第二に），third（第三に）のように情報を順次列挙するような文脈において、最後や最初に挙げる情報が軽んじられる可能性をあらかじめ想定し、重要な情報が文脈に埋没してしまわないように聞き手に注意を促す標識として importantly がしばしば用いられる。(37a) では First, ... Second, ... という先行する2つの情報との密接なつながりを保って、Third, and importantly, ...（第三に、そして重要なことに、...）が最後に発話されている。一方、(37b) では列挙される2つの情報のうち、Firstly, and importantly, ...（第一に、そしてこれは重要なことに、...）のように最初の情報が重要であることが伝えられている。いずれの例においても同一文脈中に順次列挙される他の情報の情報価値と比べて、importantly が修飾する文がより高い情報価値を担っていることを話し手は伝達している。

(37) a. The Sprecher and Felmlee (1992) study differed from ours in several ways. First, there was more time between measurement occasions in their study than in ours. Thus, it is difficult to draw direct comparisons. Second, they examined slightly different relationship variables than we examined, although all of these variables tend to exhibit high positive correlations. Third, and importantly, their study involved relationships that had been intact longer than the relationships of participants in our study; our participants were in recently initiated relationships.

(D. J. Mashek and A. Aron (eds.), *Handbook of Closeness and Intimacy*, 2004)

（シュプレッヒャーとフェルムリーの研究(1992)は我々の研究といくつかの点で異なる。第一に、測定時間が我々の研究よりも彼らの研究の

5.7 重要な情報の伝達を告げてつなぐ | 151

ほうが長い。したがって、直接比較することは難しい。第二に、彼らが調べた関係性を表す変数はすべて正の高い相関を示す傾向があるけれども、我々が調べた変数とは少し異なる。第三に、そしてこれは重要なことなのであるが、我々の研究の協力者たちの関係よりも長い間保たれている関係が彼らの研究には含まれている。一方、我々の協力者たちは新しく関係を築き始めたばかりなのである）

b. Unfortunately, many teachers who insist on a flat turn-out at the feet believe that they are following the Russian method of teaching. This is a double misunderstanding of the situation. Firstly, and importantly, the body types that are reaching this stage of training are different. Secondly, the ground work leading up to this method of teaching is quite different and far more thorough.

(J. Howse and S. Hancock, *Dance Technique and Injury Prevention*, 2000)
(あいにく、足先だけのフラット・ターンアウトを強調する多くの教師は、自分たちがロシア流の教授法にならっていると思っている。しかし、これは状況を二重に誤解している。第一に、そして重要なことなのであるが、トレーニングのこの段階にもうすぐ到達する人たちの体型が異なるということである。第二に、この教授方法につながる基礎準備はまったく異質のものであり、もっとずっと徹底的なものである）

また、importantly は同一文脈内に配置されている他の情報の情報価値と比較して、その情報価値が高いことを伝えることから、比較級を伴う more importantly や最上級を伴う most importantly の形式で頻用される。(38a) では、二重下線部の内容よりも more importantly の直後の文の内容が重要であることが伝えられているし、(38b) では二重下線部の相手の発話内容よりも話し手の発話内容のほうの情報価値が高いことが、more importantly によって伝えられている。さらに、(39) では二重下線部の2つの内容よりも most importantly が修飾する3つ目の内容のほうの情報価値が高いことが、importantly に最上級の most が付加されることで伝えられている。

(38) a. "Dr. Brennan, you are an accomplished professional. In our very brief encounters I have sensed that you care deeply about your

work. More importantly, I believe you are a moral and honorable person. [...]"　　　　　　　　(K. Reichs, *Bones of the Lost*, 2014)

（「ドクター・ブレナン、あなたは偉業をなし遂げた専門家です。ほんの短い時間しかお会いしておりませんが、あなたが自分の仕事に真摯な姿勢でのぞんでいることはよくわかりました。それにもまして重要なことですが、あなたは品格があり尊敬すべき人物であると思っています。[...]」）

b. "But you want him to go and make this speech." "More importantly, he wants to go."　　　　(M. Palmer, *The First Patient*, 2008)

（「でも、あなたは彼に行ってもらい、この演説をしてほしいと思っているんですね」「それにもまして重要なのは、行きたいと思っているのは彼のほうなんですよ」）

(39) "Here is a fine example of a female worker clone," Sufa said. "You'll notice she is wearing a hoop earring. They all wear them for some reason I've never understood, although I believe it has something to do with pride or lineage. You'll also notice that she is rather comely, as are the male versions. But most importantly, you'll find her amenable to your wishes. Whatever you want, just tell her and she will try to do it, short of injuring herself."

　　　　　　　　　　　　　　　　(R. Cook, *Abduction*, 2000)

（「ここに女性労働者のクローンの精巧な見本があるわ」とスファが言った。「彼女がフープ・イヤリング（＝輪のイヤリング）を着けているのがわかるでしょう。彼女たちは何らかの理由でみんなそれを着けているけれども、私にはわからないわ。ただ、それは地位や血統と関係があるように思うわ。それに、男性のクローンと同じように、彼女の顔立ちがかなりいいこともわかるでしょう。でも、一番重要なのは、彼女があなたの望み通りになることに気づくことよ。してほしいことは何でもただ彼女に言うだけで、彼女はしてくれようとするわ。もっとも、自分を傷つけることは除いてだけれど」）

次に示すように、同一文脈内に配置されている他の情報の価値と同じくらい高い情報価値を担う内容の伝達を告知するために、just as importantly（＝(40a)）、no less importantly（＝(40b)）、equally importantly（＝(40c)）が用いられることもある。

(40) a. "We know that a basic principal of the free market is that if you can buy low and sell high, you are in a pretty good spot," Obama said. "That can be good business sense for them, but just as importantly or more importantly for those middle-class families where they saw these property values drop, having that kind of stabilization can really make a difference."

(*The Los Angeles Times*, Aug. 7, 2013)

(「自由市場の基本原則が、安く買って高く売れればしめたものであることはわかっている」とオバマは言った。「それは彼らにとって上手にビジネスを行うことにつながることもある。しかし、これらの資産価値が下落したことを知ったそれらの中流家庭にとって同じくらい重要なこと、あるいはもっと重要なことであるが、そのように市場を安定させることは非常に魅力的でありうるのである」)

b. In February 1768, when the *Account of Corsica* was published, Boswell did receive Johnson's approbation (predictably, though, for the journal of his tour, and not the historical account). No less importantly, he also won public acclaim.

(R. Zaretsky, *Boswell's Enlightenment*, 2015)

(1768年2月、『コルシカ島紀行』が刊行されると、ボズウェルはジョンソンの讃評を実際に得たのである(もっとも、予想通り、歴史的考察ではなく彼の旅行記に対してであるが)。同じく重要なことであるが、彼は世間からの賞賛も受けたのである)

c. "The agreement reached today is one that will help enforce our borders, but equally importantly, it will treat people with respect. [...]"

(*Chicago Tribune*, May 18, 2007)

(「本日結ばれた合意は我々の国境取締りの助けになるものであろう。しかし、同じく見落としてならないことは、本合意は人々を尊重するものでもあろう。[...]」)

なお、文修飾副詞 importantly と同じく、形容詞 important が文の内容を修飾する場合(=(41a))がある。これは、firstly, secondly, thirdly が first, second, third のように用いられるのと同様であり、例えば、more important は(41b)のような挿入句 what is more important の what is の省略形である

と考えられる。ただし、(34)–(37)のように importantly が比較級 more や最上級 most を伴わずに単独で生起できるのとは異なり、通例 important は more important, most important, equally important のように、同一文脈中に配置される他の情報の情報価値との比較を表す副詞を伴って生起する。

(41) a. "But why do you think I'm Lisa Chelgrin?" "Lots of reasons. For one thing, you're the same age she'd be if she were still alive. More important, you're a dead ringer for her, just twelve years older." (D. Koontz, *The Key to Midnight*, 2010)
(「ところで、なぜ私がリサ・チェルグリンだと思うんですか?」「理由はたくさんあります。1つには、彼女がまだ生きていればあなたと同じ年です。それにもまして重要なのは、あなたはちょうど12歳年上の彼女の生き写しなんです」)

b. While it's clear that Katz deeply loves dogs, he loves people even more. Orson brought him to a life centered on dogs, but what is more important, it brought him to a life filled with strong relationships with people. (*The Los Angeles Times*, Dec. 22, 2006)
(カッツが犬を深く愛していることは明らかだが、彼は人のほうがずっと大好きなのである。オーソンのおかげで彼は犬中心の生活になったが、それにもまして重要なことは、この生活のおかげで彼の生活は人との強い関わり合いに満ち溢れたものになったのである)

本節で取り上げた importantly と同様に直後の文を修飾し、その内容に対して「重要なことである」という話し手の評価を伝える文修飾副詞に critically, crucially, essentially, significantly などがある。こうした重要な情報の伝達を告知する文修飾副詞もまた importantly と類似して、同一文脈中に配置されている他の情報と密接なつながりを保って発話される。

5.8 文頭に独立する名詞句を伴う文をつなぐ：**An avid reader, Hancox was largely self-educated.**

文の先頭、つまり文頭の要素は聞き手の注意を引きつける重要な情報を

担う。次の例では、その文頭の位置に、名詞句が直後にコンマを伴って現れ、情報構造上、主文から独立している。

(42) a. <u>An avid reader</u>, Hancox was largely self-educated.

(P. Brock (ed.), *These Strange Criminal*, 2004)

(<u>読書欲の旺盛な人だったので</u>、ハンコックスはその知識のほとんどを独学で得ていました)

b. <u>A New Yorker at heart as well as by birth and upbringing</u>, I now made my life with a Londoner.

(P. Weideger, *Venetian Dreaming*, 2003)

(<u>私は生粋のニューヨーカーですが</u>、これからはロンドンの人と生活をすることにしました)

これまでの研究において、(42a), (42b)のような文頭に独立する名詞句を伴う文と発話文脈とのつながりについては、明らかにされてこなかった(詳しくは大竹(1994)参照)。例えば、Quirk et al. (1985: 1314)では、このような文頭の名詞句は無動詞副詞節(verbless adverbial clause)と呼ばれ、譲歩や原因・理由を表す副詞節ととらえられており、(43)の書き換えが示されている。

(43) <u>The heir to a fortune</u> (=*Since she was the heir to a fortune*), her friend did not care about passing examinations.

(Quirk et al. 1985: 1314)

(<u>財産相続人なので</u>、彼女の友人は試験に合格してもしなくてもよいと思っていた)

しかしながら、このような名詞句と主文は譲歩や原因・理由といった明確な論理関係でつながっているわけではない。また、since節が文頭でも文末でも生起できるのとは異なり、問題の名詞句は文末に現れることはできない。

(44) Her friend did not care about passing examinations, {<u>since she was the heir to a fortune</u> / *the heir to a fortune}.

つまり、文頭の名詞句は主文と明確な論理関係を持ってつながっているわけではなく、直後の主語の指示対象に対して付帯的に説明を与えている。こうした文頭に独立する名詞句は、being が省略された分詞節、あるいは as が省略された前置詞句のように見えるかもしれない。しかし、being や as を伴わずに名詞句だけが現れて多様な意味解釈を推論させるところにこの表現の存在理由がある。例えば、Stump (1985: 87–88) は次の例を挙げて、(45a) の Being a blonde は「金髪なので」のような「理由」の解釈が得られるが、(45b) の As a blonde は「金髪ならば」のような「仮定」の解釈が得られることを指摘している。また、Kortmann (1991) によれば、分詞節において being が省略されない場合には「理由」としての解釈を受けやすいと言う。

(45) a. (Being) a blonde, Mary might look something like Jane.
　　　　（金髪なので、メアリーはジェインに多少似ているかもしれない）

　　 b. As a blonde, Mary might look something like Jane.
　　　　（金髪ならば、メアリーはジェインに多少似ているかもしれない）

((45a), (45b)：Stump 1985: 87–88)

また、Biber et al. (1999) では、この文頭の名詞句が「分離された叙述部 (detached predicatives)」と呼ばれ、描写文で用いられるという特性が指摘されるにとどまり、先行文脈や発話場面とのつながりについては説明されていない。さらに、Sopher (1971)、Burton-Roberts (1975) は次の事実を示し、同格構文の名詞句は指示的で定であるが、問題の名詞句は非指示的で不定であるという定性の特徴を説明している。なお Sopher (1971) は、(46a) の A butcher は「仮定」を表すと説明している。

(46) a. {A / *The} butcher, Mr. Sanders has a sharp tongue.
(Sopher 1971: 27)
　　　　（肉屋なら、サンダース氏は毒舌だ）

　　 b. {A / *A certain} millionaire, Mr. Pontefract showered money everywhere.　　(Burton-Roberts 1975: 413)

(大金持ちなので、ポンテフラクト氏はお金をどこでも惜しみなく与える)

c. {The / A certain} upholsterer, Mr. Pontefract, called today.

(*ibid.*)

(椅子張り職人のポンテフラクト氏が今日電話をかけてきた)

問題の名詞句が非指示的で不定であるというこのような指摘は注目される。しかし、これらの研究もまた文レベルの分析にとどまっており、文頭に独立する名詞句を伴う文の主語の指示対象が先行文脈や発話場面から聞き手の念頭にすでにあり、その主語の指示対象の知られざる面や新たな属性を名詞句が叙述しているという重要な特性が見過ごされている。次の例では、文頭に独立する名詞句を伴う文が先行文脈と密接につながって発話されており、その先行文脈で言及されている主語の指示対象の知られざる面や特徴を、独立する名詞句が伝えていることがわかる。例えば、(47a) の文頭に独立する名詞句を伴う文の代名詞主語 she は、先行文脈中の話題中の人物パティ・ディレイニー・クラフェンを指しており、そのすでに登場済みの人物の「よく働く経営コンサルタントで5歳の男の子の母親」という一面を独立する名詞句が叙述している。また、(47b) の代名詞主語 he は、先行文脈で「私は人見知りなんです。それに、ほとんどの不動産業者の人物紹介ではやり手ということになっていますが、私は営業マンなんです」と話している人物を指しており、その人物の「厳格な菜食主義者」という聞き手には知りがたい側面を独立する名詞句が伝えている。

(47) a. Patty Delaney Klafehn's medical odyssey began when she was 39. First came unrelieved itching, followed by fatigue and pain in her arms and legs. A hard-working management consultant and the mother of a five-year-old boy, she went to specialist after specialist, but their examinations revealed nothing.

(*Reader's Digest*, Jan. 1993)

(パティ・ディレイニー・クラフェンの医療の長い放浪が始まったのは、彼女が39歳のときだった。まず、両腕と両脚に和らぐことのないかゆみがあり、その後に疲労や痛みが続いた。よく働く経営コンサルタン

トで5歳の男の子の母親である彼女は専門医を次々と変えて診てもらったが、彼らの診察では何も明らかにならなかったのだ)

b. "I'm a shy person and the profile of most real estate agents is a hustler, a salesman." <u>A strict vegetarian</u>, he eats a salad and keeps his voice low. (*San Francisco Chronicle*, Mar. 28, 2000)
(「私は人見知りなんです。それに、ほとんどの不動産業者の人物紹介ではやり手ということになっていますが、私は営業マンなんです」 <u>厳格な菜食主義者の</u>彼はサラダを食べ、声を小さくしたままである)

ただし、文頭に独立する名詞句を伴う文が、先行文脈のない談話冒頭で発話される場合もある。次の(48a)は談話冒頭の一文であるが、文頭の名詞句は話し手自身を直示的に指示する I (私)の「スクールバスの運転手」という側面に光を当てて述べ始めているので、先行文脈が存在しなくても自然な談話を構成している。しかし、談話冒頭において、(48b)のように三人称の固有名詞が主語として現れており指示対象を先行文脈や場面から聞き手が同定できない場合には、問題の名詞句が文頭に現れることはできない。なお、先に見た(47a), (47b)のように先行文脈や場面から聞き手が容易に同定できる she / he のような代名詞であれば、三人称であっても文頭に独立する名詞句を伴う文の主語として現れることができる。

(48) a. <u>A school-bus driver</u>, I told the children on my route that I would soon be quitting to drive a produce truck.
(*Reader's Digest*, July 1992)
(スクールバスの運転手の私は、ルートの途中でプロデューストラックの運転をもうすぐ辞めると子供たちに伝えた)

b. *<u>A school-bus driver</u>, John Smith told the children on my route that I would soon be quitting to drive a produce truck.

文頭に独立する名詞句を伴う文の主語の指示対象は、先行文脈や発話場面にすでに登場している。その主語の指示対象に関する、知りがたい側面や新たな属性に関する情報を文頭の名詞句がつなぎ、その情報を主文のことがらの背景情報として伝える構図となっている。

(49)

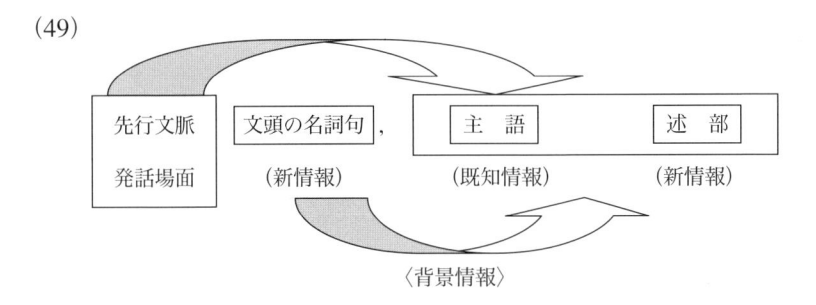

```
先行文脈      文頭の名詞句,       主　語              述　部
発話場面       （新情報）         （既知情報）         （新情報）
```

〈背景情報〉

5.9　直前の発話内容を理由としてつなぐ：just because 節

　文をつなぐ表現の中には話しことば特有の表現がある。例えば、次のような Just because . . . (it) doesn't mean 〜 がその例である。

(50) a. <u>Just because</u> you're older than me <u>(it) doesn't mean</u> you can do what you like.
    （あなたは私より年上<u>だからといって</u>、好きなことをしていい<u>というわけじゃない</u>）

　b. <u>Just because</u> I'm your brother <u>(it) doesn't mean</u> you can keep asking for money.
    （私がおまえの兄<u>だからといって</u>、おまえは金を無心し続けていい<u>というわけじゃない</u>）
    ((50a), (50b)：Swan 2005[3]: 82)

　Just because . . . (it) doesn't mean 〜 は「. . .だからといって、〜というわけではない」といった意味を表し、あることがらを事実として認めても、特定の解釈や結論に至る理由としてはつながらないことを聞き手に伝達するのに用いられる。Just because . . . (it) doesn't mean 〜 は書きことばではなく話しことばで用いられるが、Swan (2005[3]) も含めて従来の研究では先行文脈とのつながり、つまり、発話の契機となる先行情報との関連については十分に考察されてはいない。Just because . . . (it) doesn't mean 〜 は just because 節が文頭に現れ、先行文脈中の情報をその節内に「つなぐ」点に特徴がある。次の例では、相手の直前の発話内容が just because 節につながれている。

(51) a. Dave Toschi: But I am a cop. I can't prove this.
　　　　Robert Graysmith: Just because you can't prove it, doesn't mean it's not true. 　　　　(映画の台詞: *Zodiac*, 2007)
　　　　(デイヴ・トスキ: だが、私は警官だ。これは証明できない。
　　　　ロバート・グレイスミス: あなたがそれを証明できないからといって、それが真実ではないということにはならない)

　　b. Lainey rolled her eyes. "I'm older than you, dork!" I automatically shouted a comeback. "Just because you're older doesn't mean you're smarter." 　　(S. Navarro, *Singlehanded*, 2012)
　　　　(レイニーはあきれて目をぎょろつかせた。「私はあんたより年上なんだよ、まぬけ!」 私は思わず大声で言い返した。「あんたが年上だからといって、私より頭がいいってわけじゃないんだよ」)

(51a), (51b)は相手の直前の発話内容が文頭の just because 節内につながれている例である。次は相手ではなく話し手自身の直前の発話内容が just because 節内につながれている例である。

(52) Ben Stone: We can get back on track, and everything's gonna be great.
　　　Alison Scott: You're just being nice, and I'm being nice, and just because we're two nice people doesn't mean we should stay together. 　　　　(映画の台詞: *Knocked Up*, 2007)
　　　(ベン・ストーン: 僕たちはもとに戻れるし、すべてうまくいくよ。
　　　アリソン・スコット: あなたは本当に優しくしてくれているし、私もそうよ。だけど、私たち2人が優しいからといって、一緒に住むべきということにはならないわ)

(51), (52)の例が示すように、Just because ... (it) doesn't mean 〜 は先行する発話内容を契機として発話され、just because 節が先行文脈中の情報をその節内につなぐことがわかる。ただし、先行文脈中の発話がそのまま just because 節内に引き継がれるとはかぎらない。先行文脈中の発話内容が角度や見方を変えて just because 節内につながれることもある。(53a)では、直前の And finally Mom and Dad have agreed (そしてついに(ペット

を飼うことに)お母さんとお父さんが賛成してくれたとしよう)という発話内容を聞き手の立場からとらえ直した内容 you can get a pet (君たちがペットを手に入れることができる)が、just because 節内につながれている。また、(53b)では先行文の want と just because 節の wanna が平行性を保っており、比喩的表現に言い換えられてはいるが、先行情報をつないで Just because ... (it) doesn't mean 〜 が発話されていると見てよい。

(53) a. Having a pet is a dream for many kids. And finally Mom and Dad have agreed. But just because you can get a pet doesn't mean you should.　　　　　(*Chicago Tribune*, June 13, 2006)
(ペットを飼うことは多くの子供たちの夢だ。そしてついにお母さんとお父さんが賛成してくれたとしよう。しかし、君たちがペットを手に入れることができるからといって、ぜひ手に入れたまえということにはならない)

b. Jordan 2 Delta: But why doesn't Merrick want our owners to know that we're alive?
Steve Buscemi: Just because people wanna eat the burger doesn't mean they wanna meet the cow.　(映画の台詞: *The Island*, 2005)
(ジョーダン・2・デルタ: では、なぜメリックは我々が生きていることをオーナーに知らせたくないのだろうか?
スティーヴ・ブシェーミ: 人々がバーガーを食べたいからといって、牛に会いたいということにはならないからさ)

なお、Just because 節から始まる本構文の述語動詞は必ずしも mean とはかぎらないことを指摘しておく。次の例では、述語動詞に mean ではなく make(=(54a))、prove(=(54b))、negate(=(54c))、imply(=(54d))、さらには is (not enough) (=(54e))などのさまざまな変異形が用いられており、Just because 節から始まる本構文が Just because ... (it) doesn't mean 〜 というイディオムとして固定化されているわけではないことがわかる。

(54) a. Susan Pevensie: Look, just because some man in a red coat hands you a sword, it doesn't make you a hero!
　　　　　(映画の台詞: *The Chronicles of Narnia*, 2005)

(スーザン・ペヴェンシー：ほら、赤いコートを着たどこかの男が剣をあなたに手渡すからといって、そのことがあなたを英雄にするわけではないわ！)

b. Captain Dylan Hunt: Trance, just because someone feels betrayed doesn't prove me guilty [...].

(テレビドラマの台詞：*Andromeda*, 2004)

(ディラン・ハント船長：トランス、だれかが裏切られた気がするからといって、私の有罪を立証することにはならないんだ[...])

c. Just because you didn't mean to cause injury doesn't negate the need to apologise for it. (M. Warrell, *Brave*, 2015)

(あなたが怪我を負わせるつもりじゃなかったからといって、謝罪の必要性が取り消されるわけではない)

d. "Just because it's a community clinic doesn't imply that the quality of care is any less than what you'd get at a private physician's office." (*San Francisco Chronicle*, June 21, 2002)

(「ここが地域診療所だからといって、治療の質は個人開業医のところで受けるのより劣っていることを意味するわけではまったくない」)

e. Just because you visited the doctor and he sent you a bill is not enough to get you a tax deduction.

(D. M. Levine et al., *Math for the Non-Math Lovers*, 2013)

(医者に診察をしてもらい、その医者があなたに請求書を送付したからといって、あなたが減税を受けるのにはまだ十分ではない)

5.10 内実や例外を追述してバランスよくつなぐ： {having said that / that said}

　物事すべてには二面性がある。表と裏、光と影、外と内といった物事の両面をつまびらかにすることで、その物事の全体像をとらえることができる。本節で考察する having said that や that said は、話し手があることがらをひと通り述べた直後に、その内実や例外を追述してつなぐ表現である。(55a)ではオバマ大統領が政治的判断を述べた直後に Having said that（そ

5.10　内実や例外を追述してバランスよくつなぐ

うは言っても）と発話して、私見を追述しているし、(55b)では話し手が一般論としての慣習を述べた直後に That said（そうは言うものの）とつなぎ、場の空気を読んだ臨機応変の行動も肝要であることを伝えている。いずれも、話し手が公的判断や慣習を一応述べた直後に、私見やコメントを追加してつなぐことで物事の両面にバランスよく言及していることがわかる。

(55) a. "I think passing a law about people wearing sagging pants is a waste of time," Obama told MTV. "Having said that, brothers should pull up their pants."　　（*Chicago Tribune*, Aug. 23, 2011）
（「腰パンを履く人たちに関する法律を可決するのは時間の無駄だと思う」とオバマ大統領は MTV に話した。「そうは言っても、青年はズボンを上げなくっちゃならないね」）

b. When a guest brings a bottle of wine to dinner, it is understood as a gift, not a contribution to the meal. That said, pay attention to social cues.　　（*San Francisco Chronicle*, Nov. 19, 2015）
（客人が夕食にワイン 1 本を持ってきてくれたら、それは贈り物としてであり、その食事に対して提供するためのものではないと理解されます。そうは言うものの、場の空気には注意を払いましょう）

さらに実例を観察しながら、having said that と that said がつなぐことがらの関係を考えよう。(56a)では話し手が進歩的な出来事を見たことを述べた直後に having said that と発話して、実際には社会は旧態依然としているという私見を追述してつないでいる。(56b)では話し手が菜食主義者の血筋であることを述べた直後に having said that と発話し、菜食主義者ではないという内実が追記されている。(56c)では話し手が特定の場所で喫煙しないと述べ終えた直後に that said と発話して、実は禁煙も試みている内情を披瀝している。(56d)では話し手が課外実験から科学の知識を得たという事実を告げた直後に that said と発話し、内心では科学界の方法論もすばらしいと思っていることを追記している。いずれの例においても、話し手は述べたばかりのことがらに、内実や内情を追述してつなぐことで、偏った印象を持たれるのを避けて伝達内容のバランスをとっている。

(56) a. I see men carrying babies in frontal packs. <u>Having said that</u>, it's hard to get away from old rules.

(*San Francisco Chronicle*, Feb. 10, 2010)

（私は男性が赤ちゃんをフロントパックに入れて運んでいるのを見かける。そうは言っても、昔からある習慣から抜け出すことは難しい）

b. I'm a California girl at heart, raised in a vegetarian family, so this belief runs in my blood. <u>Having said that</u>, I'm technically neither vegan nor vegetarian. (*The Sunday Times*, Mar. 24, 2013)

（私は根っからのカリフォルニア・ガールで、菜食主義の家庭で育ったの。だから、私は菜食主義の血を引いているの。そうは言っても、厳密に言うと、私は完全菜食主義者でも菜食主義者でもないのよ）

c. I don't smoke indoors or around people, or anywhere where it's not allowed. <u>That said</u>, I'm also trying to quit by substituting e-cigarettes. (*San Francisco Chronicle*, Feb. 2, 2015)

（私は、屋内や周りに人がいるところや許可されていない場所ではタバコは吸わない。そうは言っても、私は電子タバコを代用することで禁煙しようともしているのだ）

d. Most of my knowledge of high school chemistry and biology came from extracurricular experimentation with my lab partners. <u>That said</u>, I've always admired the methodology of the scientific community. (*San Francisco Chronicle*, Sept. 3, 2015)

（高等学校の化学や生物の私の知識のほとんどは、実験仲間たちとの課外活動の実験から得たものです。そうは言っても、科学界の方法論をいつも私はすばらしいと思っています）

これまで見てきた having said that と that said は「そうは言っても / そうは言うものの」と訳出され、その前後につなぐ内容が対立の関係にあるものとして解釈される。ただし、having said that と that said という表現自体が逆接の意味関係を積極的に表現しているわけではない。次の例において、語彙自体が逆接の意味を表す but (= (57a)) や対比を表す however (= (57b)) と共起することから明らかなように、having said that と that said が表す「そうは言っても / そうは言うものの」という解釈は推論を通して得

られる語用論的意味の 1 つである。

(57) a. "[...] In some ways, the work is impenetrable. But having said that, it's fascinating"　　(*San Francisco Chronicle*, Sept. 22, 2002)
（「[...] いくつかの点で、この作品は奥が深くなかなか見通しがきかないです。しかし、そうは言うものの、魅惑的な作品です」）

b. In a recent interview, Metzger proudly noted that various translations have made the Bible accessible to "85 percent of the people in the world." Having said that, however, he offered a severe appraisal of its popularity: "The Bible is the least-read best seller in the world."　　(*Chicago Tribune*, Oct. 22, 1993)
（最近のインタビューで、メッツガーは自慢げに、さまざまな言語に翻訳されているおかげで「世界の人口の 85 パーセント」が聖書を読むことができると述べた。しかしながら、そうは言うものの、彼は「聖書はだれもが持っていると言えるほど多くの人の手に行き渡っているものの、それでいてもっとも読まれていない本である」とその売れ行きを辛口で評した）

また、having said that の意味が完全に一義的に固定されてはいないことを裏づけるように、次の例では、having said that は「そうは言っても / そうは言うものの」という逆接の意味ではなく、「そう言うと」（継起関係）という意味に解釈される。

(58) a. "Better to stay away from Eucalyptus Forest." Having said that she stood up and announced, "Time for my morning bath."
　　(J. C. Thomas, *Joyce Carol Thomas: Collected Novels for Teens*, 2008)
（「ユーカリの森には近づかないほうがいいわよ」 彼女はそう言うと、立ち上がり、大声で「私の朝湯の時間よ」と知らせた）

b. "[...] And nice people, real nice." Having said that, she rushed out the door.　　(P. Browning, *Rancher's Double Dilemma*, 2002)
（「[...] それにすばらしい人たちよ。気を遣ってくれるの」 彼女はそう言うと、玄関から走り出た）

なお、having said that および that said と同義的な意味を伝える関連表現

に、(all) that being said, (all) that having been said, with that said などがある。いずれも、話し手が先行する内容を指示表現 it ではなく that で指示する点に特徴がある。1.3 節で見たように指示表現 that は、話し手が初めて得た情報であることを積極的に伝えるのに活用される。特に having said that の場合は、完了形の意味特性とも相まって、話し手が述べ終えたばかりのことがらを話題として、それに新たな情報を追述してつなぐという意識がその表現形式に表出されている。

第**6**章

情報の橋渡しをして文をつなぐ

　once upon a time, so do I, as a matter of fact などは、いずれも中学校や高等学校で学習する基本的な英語表現である。しかし、実際の発話場面や前後の文脈を丹念に観察すると、これまで明かされてはこなかった本質的な特徴が見えてくる。また、過去の習慣を表す used to と would が同一談話で連続して発話される事象を分析すると、コミュニケーションが文レベルの文法に加えて、文と文とをつなぐ仕組みをつかさどる談話レベルの文法によっても支えられていることが浮き彫りになる。本章は、「情報の橋渡しをして文をつなぐ」多様な表現の特性を解き明かす。

6.1　過去と対比して現在の状況をつなぐ： once upon a time

　"Once upon a time there lived a poor widow who had an only son named Jack."（「むかしむかし貧しい未亡人が一人息子のジャックと一緒に住んでいました」） once upon a time から始まるこの一文は、おとぎ話 *Jack and the Beanstalk*（『ジャックと豆の木』）の冒頭文である。

　once upon a time はむかし話やおとぎ話の書き出しで定型表現のように用いられ、子供たちにも馴染み深い定型的な副詞表現となっている。しかしながら、once upon a time は子供向けのむかし話やおとぎ話での典型的な場面設定表現としての使用に限られるわけではない。新聞記事やニュースなどでも once upon a time は広く観察され、過去の状況を現在の状況と対比しながらつなぐ重要な機能を発揮している表現である。

(1) Once upon a time we had a name. Now we have a logo. Once upon a time we had a librarian. Now we have a learning resources manager. Once upon a time there was teaching. Now there is guided learning. (*The Guardian*, Feb. 8, 2000)
(かつては、私たちには校名があった。ところが今日、ロゴがある。かつては、私たちには図書館司書という職員がいた。ところが今日、学習資料主事がいる。かつては、授業が行われていたが、今や指導に基づく学習という名前である)

思い出話を導入する場合の指標・枕ことばとしての once upon a time の意味や機能に関しては、Quirk et al. (1985) をはじめとする従来の記述文法書や語法書では十分な説明が与えられてはいない。また、(2) の *Longman Dictionary of English Language and Culture*[3] のように、「子供向けの物語の出だしで用いられる」という情報が提示されるにとどまり、「むかしむかし」というむかし話の導入の解釈を受けない once upon a time の意味と用法を記載しない英英辞典も多い。

(2) *once upon a time* (used to begin a story for small children) at some time in the past: *Once upon a time there was a little girl, and her name was Alice.*   (*Longman Dictionary of English Language and Culture*[3])
(*once upon a time* (子供向けの物語の出だしで用いられる) 過去のある時点で：「むかしむかし小さな1人の女の子がいました。名前をアリスと言いました」)

しかし、once upon a time がむかし話やおとぎ話の導入表現以外の用法も持ち合わせていることを明確に定義している辞典もある。*Cambridge International Dictionary of English* は (3) に示すように once upon a time の1番目の意味として「むかしむかし」を提示し、2番目の意味として「過去に起こったことに言及する場合、特に今ではもう起こらないことを残念に思う気持ちを表現する場合にやや文語的に用いられる」と定義している。

(3) 1. used at the beginning of children's stories to mean 'a long time ago'   *Once upon a time there was a beautiful young princess with*

long golden hair.

2. used in a slightly literary way when referring to something that happened in the past, particularly when expressing regret that it no longer happens　*Once upon a time people knew the difference between right and wrong, but nowadays nobody seems to care.*

(*Cambridge International Dictionary of English*)

(1. 子供向けの物語の出だしで「はるかむかし」を表すのに用いられる。「むかしむかし長い金髪の美しい 1 人の女王がいました」
2. 過去に起こったことに言及する場合、特に今ではもう起こらないことを残念に思う気持ちを表現する場合にやや文語的に用いられる。「むかしは人々は善悪の区別がわかっていたが、今ではだれも気にしていないように思われる」)

続いて、英語学習者向けの英和辞典での once upon a time の定義を見ておこう。近年発刊された辞書の中には once upon a time の「むかしむかし」以外の意味を記しているものがある。

(4) a. (1) 昔々、あるとき（昔話の始めの決まり文句）
　　　(2) 《話》（今よりも）昔は（過去を惜しむ気持ちを暗示）

(『ウィズダム英和辞典』第 3 版)

　　b. 《物語の出だしで》昔々；昔は（⇒昔と比べて今はよくなった話をする時）　　　　(『ユースプログレッシブ英和辞典』)

たしかに、(3) の英英辞典も (4) の英和辞典も「むかしむかし」といった意味に加えて、過去の状況を現在の状況と対比する意味も付記している点で評価できる。ところが、興味深いことに過去の状況を現在の状況と対比する意味に付随する語用論的含意については、「今と比べてむかしはよかった」という含意を挙げる辞典もあれば、「むかしと比べて今はよくなった」という含意を挙げる辞典もあり、相反する語用論的含意が記述されている現状がある。once upon a time は、過去の状況を現在の状況と対比する意味のみならず、その語用論的含意も含めてこれまでの研究では十分に検証されてこなかったことを裏づけている。

実際の言語資料を観察しながら、「むかしむかし」の意味ではなく、現在

の状況との積極的な対比としての過去の時点を表す用法の once upon a time の特性を考えてみることにしよう。(5a), (5b)では、but now, but nowadays という表現が once upon a time を含む文の後に置かれて、現況との積極的な対比が表現されている。

(5) a. How things change. Once upon a time, Microsoft was the Evil Empire. But now Microsoft is middle-aged, respectable and, well, boring. (*The Observer*, July 31, 2011)
(事情は変わるものだ。かつて、マイクロソフト社は悪の帝国であった。しかし今やマイクロソフト社は退屈な、世間体を気にするような、というか、つまらない企業になっている)

b. It's 3 am, and once upon a time, I'd have been drunk and/or off my head in a nightclub. But nowadays, I'm grocery shopping.
(*The Guardian*, Oct. 16, 2004)
(今は午前3時。むかしならナイトクラブで酔いつぶれていただろう。しかし今では食料雑貨の買い物をしているのだ)

また、現在の状況との積極的な対比としての過去の時点を伝える意味を表す once upon a time は、no longer ...(もはや...ない)といった対比を明示的に表す表現と共起して、過去に成立していた状況が現在ではもはや成立していないということを積極的に表現する用例も観察される。

(6) They were friends once upon a time, and they're no longer friends.
(R. Chepesiuk et al. (ed.), *Raising Hell*, 1997)
(彼らはむかしは友人だったが、もはや友人ではない)

これらの例では、once upon a time は過去の一時点を漠然と表現しながら、過去の状況と現況とを対比しながらつなぐ機能を果たしている。現況との対比の上で過去の状況を伝えるという面では、once upon a time は used to と類似した機能を果たしていると言える。once upon a time の本質的機能はあくまでも現況との対比で過去の状況を伝えることであり、once upon a time 自体は現在と過去の時間的な隔たりが大きいとか小さいといった距離感を積極的に表現しているわけではない。次の(7a)では once upon a time

の直後に、現在との時間的な隔たりが大きいことが表されており、(7b)では逆に現在との時間的な隔たりが大きくはないことを表す表現が追記されている。また、(7c)では once upon a time が表す時間的な隔たりが、50 年前の過去のことなのか、それとも今朝のように最近のことなのかで意見が分かれると付け加えられている。

(7) a. Once upon a time, a very long time ago, there was a schoolhouse with a few children and a teacher.

    (*The Los Angeles Times*, July 8, 1992)

    (かつて、はるか遠いむかし、数人の子供たちと 1 人の先生がいる校舎があった)

   b. Once upon a time, not very long ago, automotive design was generally boring.　　(*Chicago Tribune*, Feb. 11, 2001)

    (むかし、と言ってもそれほどむかしではないのだが、自動車のデザインは概して退屈なものだった)

   c. Once upon a time, men were treated like indulged children in the house, as women bustled about cleaning, sweeping, cooking. That was 50 years ago, some men say. That was this morning, some women say.　　(*Newsweek*, Mar. 25, 2002)

    (かつて、男性は家で甘やかされている子供のような待遇を受けていたけれども、女性は洗濯、掃除、料理で大わらわだった。50 年前はたしかにそうだったよと言う男性もいる。一方で、それは今朝の話よと言う女性もいる)

once upon a time の直後に具体的な過去の時期が明示される場合もある。(8)の例は 2005 年 7 月 31 日付けの新聞記事であり、once upon a time はその直後に言及されているように、7 月 31 日より 3 週間ほど前の 7 月 7 日のロンドン同時多発テロの発生時を指示している。

(8) Once upon a time, on 7 July, when London came under terrorist attack, Britain went into a frenzy, with hundreds of thousands of people trying to reach loved ones and find out just what was going

on. Mobile phone networks crashed, unable to handle the traffic.

(*The Observer*, July 31, 2005)

（以前、7月7日のロンドンがテロ攻撃を受けたときにイギリスは狂乱状態になり、何百、何千もの人々が愛する人に連絡をとろうとしたり、何が起こっているのかを知ろうとしていた。携帯電話回線はパンクし、通話量を制御することができなくなった）

　たった3週間ほど前に発生した出来事を once upon a time で指示する理由は何なのであろう。(8)では、話し手が once upon a time を用いた理由は携帯電話回線のパンクといった事例がもはや過去のものであり、現在は発生しないこと、つまり過去の出来事、過去の領域に属する事柄として明確に峻別すべきであるととらえているからである。話し手の認識において現況との明確な対比という意識が働くならば、once upon a time が表現する時間的な隔たりは自在に伸縮するのである。

　さて、(3), (4)で言及したように、once upon a time に付随する「今と比べてむかしはよかった」と「むかしと比べて今はよくなった」という語用論的含意は、どのようにして生ずるのであろう。これはひとえに、むかしを振り返るとき、過去はよかったと考えるのか、今のほうがよくなったと考えるのかという、もののとらえ方のいずれにも使用できるからということになる。次の(9)は、体育の授業の後でシャワーを使うことができたむかしのよき時代を話し手が振り返る文脈であり、「今と比べてむかしはよかった」という含意を伴って once upon a time を発話している。

(9) Now once upon a time, students used to shower in the locker rooms after gym class. That stopped long ago, however, and most schools don't even stock the basics for shower use.

(*San Francisco Chronicle*, Sept. 28, 2005)

（ところで、かつて、生徒たちは体育の授業の後、ロッカールームでシャワーを浴びることができたものだった。しかしながら、ずっと以前にそれはなくなり、今や大部分の学校にはシャワーを使用する基本的な設備さえもないのである）

　一方、(10)では現在の状況が好ましいものとして話し手にとらえられて

おり、once upon a time は「むかしと比べて今はよくなった」という含意を伴っている。

(10) Virtually every other symphony orchestra of note (pardon the pun) has women members. I would like to see more women conductors. However, things do improve: Once upon a time women were not allowed to sing female roles in opera ...

(*Chicago Tribune*, June 24, 1997)

(他の名だたる交響楽団(語呂合わせで失礼(＝of note「名だたる/音の」))には、そのどれをとってみても必ず女性の楽団員がいます。私は女性の指揮者をもっとたくさん見たいと思っています。しかし、事情が好転していることはたしかです。だって、かつては、女性はオペラで女性の役柄を歌うことが許されていませんでしたから...)

これらの例が示すように、once upon a time の語用論的含みは絶対値として一義的に規定されうるものではなく、文脈により相対的に解釈されるものなのである。したがって相対的な値がどちらであるのか決めかねる場合も出てくる。次の例では、現在に対する話し手の不満や落胆の情や過去に対する懐古の念や、逆に現況に対する賛美といった含みを明確に読み取ることは難しい。

(11) Once upon a time, defence of the party's rights was the job of the chairman. Now that office is held by the prime minister's hand-picked helpmate. (*The Guardian*, July 12, 2004)

(以前は、政党の権利弁護は議長の職務であった。しかし今やそれは首相が選んだ協力者の職務となっている)

従来の辞書では once upon a time の語用論的含意は個別的に記述されていた。結局のところ語用論的含意は、過去と現在の時間領域の峻別、隔離という話し手の意識に基づいて派生する。こうした含みが派生するメカニズムは、ちょうど日本語の過去を表す「旧時」、「往時」が過去の栄光を意味するのと類似している。

once upon a time は主題的副詞として、むかし話やおとぎ話の書き出し

で多用されてきた、たいへん馴染み深い表現である。加えて、アメリカ・イタリア合作映画 *Once Upon a Time in America*（『ワンス・アポン・ア・タイム・イン・アメリカ』、1984）の題名や、東京ディズニーランドのシンデレラ城 3D プロジェクション・マッピング "Once Upon a Time" の名称としても使用されている。定型表現 once upon a time のこうした高い認知度を活用して、子供向けの物語以外でも、話し手が過去と現在の状況を対比しながら効果的につなぐ用法が広く観察されるのである。

6.2　過去の場面設定から具体的叙述へとつなぐ： used to から would へ

You can't see the forest for the trees.（木を見て森を見ず）ということばがある。細かい点に注意を払い過ぎて、大きく全体を見ることを忘れることの喩えである。ことばの研究においても、文レベルにとどまらず、文と文とをつないだ談話レベルの言語の諸特性に目を向ける必要がある。例えば、過去の習慣を表す used to と would を例に考える。次の(12)に見るように、used to とは異なり would は have, be のような状態動詞とは共起できない。

(12)　a.　I {used to / *would} have an old Rolls-Royce.（Swan 2005[3]: 623）
　　　　　（私は以前古いロールスロイスを持っていた）

　　　b.　Our village hall {used to / *would} be a school years ago.
　　　　　　　　　　　　　　　　　　　　　　　　（Carter and McCarthy 2006: 663）
　　　　　（私たちの村のコミュニティホールは数年前は学校だった）

しかし、Larsen-Freeman (2003) が引き合いに出す次の(13)の例が示すように、used to と would が動作動詞と共起する場合には両者の意味の違いは文レベルではとらえにくい。

(13)　a.　I used to worry a lot when I was younger.
　　　b.　I would worry a lot when I was younger.
　　　　　（私は若いころはとても心配性だった）

((13a), (13b)：Larsen-Freeman 2003: 72)

このように used to と would はいずれも過去の習慣を表すが、両表現を文レベルを超えて談話レベルでとらえるとき、used to は過去の習慣の場面を設定する機能があり、would はその設定された場面での過去の習慣を詳しく伝える機能があることがわかる (Carter et al. 2000；Larsen-Freeman 2003)。

(14) [driving past a house]

　　Speaker A: I used to play with a boy who lived there!
　　　　　　(not: I would play with a boy who lived there!)
　　Speaker B: Really?
　　Speaker A: Yes, we lived round the corner when I was a kid, and
　　　I'd go there every Saturday.　　　　(Carter et al. 2000: 194)
　　([ある家の前を車で通り過ぎる場面]
　　話し手 A：あそこに住んでいた男の子とむかし遊んだんだ！
　　話し手 B：本当？
　　話し手 A：うん。子供のころ、僕の家族はあの角を曲がったところに住んでいて、毎週土曜日にあそこによく行ったんだ)

実際の用例においても、used to が用いられて過去の場面が談話に確立した後に、would が生起して過去の習慣が具体的に詳述されることが確認できる。

(15) a. "I used to play up here while Frankie would play in the courtyard or with some of the toys downstairs. I'd put on the dresses and pretend I was a princess locked away in a tower."

　　　　　　　　　　　　　　　(T. Reedy, *Stealing Air*, 2012)
　　(「私はここでよく遊んでいたけど、フランキーは中庭で遊んでいたり、階下でおもちゃ遊びをしていたわ。私はドレスを着て塔に閉じ込められた王女様になって遊んだものだったわ」)

b. Before Alvin had taken him out of school Joe used to read books with his mother. All day at home she would read *Jane Eyre* and Joe would read it in school, hiding it behind copies of *Friends and Neighbors.*　　　　　　　(O. S. Card, *The Changed Man*, 1992)

(アルヴィンがジョーを退校させるまで、ジョーは母親と一緒に本を読んでいたものだった。母親は一日中家で『ジェイン・エア』を読み、ジョーは学校では『ジェイン・エア』を『友人と隣人』で隠して読んでいたものだった)

　used to と would はいずれも過去の習慣を表す表現である。しかし実際の言語資料を観察すると、used to が用いられてひとたび過去の場面談話に導入され、その設定が済むと、後続談話で would が用いられて過去の習慣が詳述されるという、情報伝達上果たす機能の棲み分けがあることが確認できる。円滑なコミュニケーションは文レベルの文法に加えて、文と文とをつなぐ仕組みとなる談話レベルの文法によっても支えられている。

6.3　先行情報と比較しながら新情報をつなぐ：比較を表す形容詞句を文頭に立てる倒置構文

　形容詞句が be 動詞を超えて文頭に前置され、主語が文末に後置される倒置構文がある。次の例では、形容詞句 not quite so well known (それほど知られていない) が be 動詞を超えて文頭に前置され、文末に主語 the tale of how Ono first came into contact with Lennon's artwork が後置されている。注意すべきは、文頭に前置された形容詞句が表す内容「ビートルズファンにそれほど知られていないこと」が、先行文脈の内容「ほとんどのビートルズファンが知っているジョン・レノンとヨーコ・オノが出会ったきっかけ」を比較の対象として、先行情報と意味上のつながりを持っている点である。

(16) Most Beatle fans know that John Lennon first met Yoko Ono at a London art gallery in 1966, where he saw and was impressed by her work. <u>Not quite so well known</u> is the tale of how Ono first came into contact with Lennon's artwork.

(*The Los Angeles Times*, Dec. 24, 1996)

(ほとんどのビートルズファンは、ジョン・レノンがヨーコ・オノと初めて出会ったのは 1966 年のロンドンのアートギャラリーで、そこで彼女の作品を見て感銘を受けたことを知っている。それほど知られていないのは、オノがレノンの芸術作品にどうやって最初に接するようになったのかという話である)

この倒置構文は、先行文脈中のことがらを比較対象とする形容詞句を文頭に立てて先行文脈の情報をつなぎ、文末に後置した主語に焦点を当てる。このことから、この倒置構文の文頭の形容詞句には、比較級(＝(17))や最上級(＝(18))、あるいは同等比較表現(＝(19a)–(19c))がしばしば現れて、先行文脈中の情報(＝波線部)の比較対象としてつながりを表す点に特徴がある。

(17) In Shakespeare's The Second Part of *King Henry VI*, the rebel Dick the Butcher speaks the well-known line "The first thing we do, let's kill all the lawyers." Less well known is the second thing Dick suggests they do: behead Lord Say. Why?

(S. Pinker, *The Language Instinct*, 1994)

(シェイクスピアの『ヘンリー六世 第 2 部』で、反逆者の肉屋ディックは「まず最初に法律家連中を皆殺しにしよう」という有名な台詞を話す。あまり知られていないのは、次いでディックがしようと言い出した、セイ卿の首をはねようという台詞だ。なぜだろうか?)

(18) Pollen season starts with trees in spring, when their flowers emerge, followed by grass pollen in early summer. Worst of all is weed season, which begins in midsummer and lasts until cool weather, when most plants have finished blooming and have set their seed.

(*The Washington Post*, Aug. 21, 2013)

(花粉の季節は春の木々から始まり、春の木々が花を咲かせ、その後は初夏の草花粉へと続く。なかでも最悪なのは、雑草の季節である。雑草の季節は夏至のころに始まり、涼しい初秋まで続く。そのころには大部分の植物は花盛りを終えて実を結ぶ)

(19) a. "This is absolutely stunning news," the media commentator Jim Romenesko told the Guardian. "Just as surprising is that it didn't

leak in a building filled with investigative reporters."

(*The Guardian*, Aug. 6, 2013)

(「これは本当に驚くべき知らせだ」 メディアコメンテーターのジム・ロムネスコは『ガーディアン』紙に語った。「同じく驚くべきは、調査報道記者でいっぱいの建物でそれが漏れなかったことだ」)

b. Living with Alzheimer's is difficult for the person who has the disease, but equally difficult is the role of caregiver, especially caring for someone much too young to have such a disease.

(M. N. Allen, S. Dublin and P. J. Kimmerly, *A Look Inside Alzheimer's*, 2012)

(アルツハイマー患者と生活することは同じ病気の人にとっては難しい。しかし、同じように難しいのは介護者の役割である。特に、この種の病気を患うにはあまりにも若すぎる人に対する介護である)

c. The information the Justice Department has disclosed is only part of the story. No less significant is what as a matter of policy it keeps from the public.　(*The Washington Post*, Mar. 26, 2014)

(司法省が発表した情報は話全体のごく一部にすぎない。それに劣らず重要なのは、司法省が方針として公表を控えていることである)

比較を表す形容詞句を文頭に立てて先行情報と比較しながら文を続けることにより、結果として文末に後置した主語に焦点が当たることになる。したがって、(16)–(19)が示すように、文末に後置された主語は伝達価値の高い意味内容が豊かな情報を担う。裏を返せば、代名詞のような既知情報を担う要素はこの構文の文末主語には現れない。

(20)　*Less fortunate was {she / her}.　　　　(Rochemont 1985)

しかし、「次に述べること」を意味する後方照応(cataphoric)用法の指示表現 this は、新たな情報を指示する表現として焦点が当たることになるため、この倒置構文の文末主語に現れることができる。

(21) a. Even more important is this: Aside from signing a contract, the four of you made an implicit agreement about it ("we were all

on the same page").

(*The New York Times Sunday Magazine*, Feb. 15, 2015)

(もっと重要なのは次に述べることだ。つまり、契約書にサインすることはさておいて、あなたがた4人が契約に関して「私たちは全員が同じ見解を持った」と暗黙に了解したということだ)

b. Vizzini: You fool! You fell victim to one of the classic blunders. The most famous of which is "Never get involved in a land war in Asia." But only slightly less well known is this: Never go in against a Sicilian when death is on the line!

(映画の台詞：*The Princess Bride*, 1987)

(ヴィジニ：おまえはばかだ！ おまえは古典的な失策の1つにまんまとかかってしまったんだ。その中で一番有名なのは「アジアでの地上戦は絶対に避けなければならない(＝マッカーサー元帥のケネディ大統領への助言とされる)」だ。でも、それに比べてまだそれほど知られていないことはこれだ。「絶体絶命のときにはシチリア人に攻撃を始めるな！」)

6.4 比例関係をつなぐ：2つの比例構文

The More You Eat The More You Want (食べれば食べるほどますます食べたくなる)、これは The more you have, the more you want. (ものはあればあるほどますますほしくなる)という諺をもじったアメリカのスナック菓子 "Cracker Jack" の1896年の宣伝文句である。日本のスナック菓子の宣伝文句「やめられない、とまらない、かっぱえびせん」(カルビー株式会社)もこの流れを汲むものであろう。

比較級を含む文がつながれて、比例や反比例の関係を表す構文は英語の談話で頻用される。Quirk et al. (1985)は(22a), (22b)のような "the＋比較級 ..., the＋比較級 ..." 構文を比例構文(proportional correlatives)と呼んでいる。Quirk et al. (1985)は、(22a)の exercise のように本構文に現れる現在形は未来を表すことがあるという点や、本構文が(22b)のように金言でしばしば用いられるという点を指摘している。

(22) a. The harder you exercise, the better you'll feel.

(Quirk et al. 1985: 1008)

（本格的に運動をすればするほど、ますます元気になりますよ）

 b. The more, the merrier.

（やればやるほど面白い） (Quirk et al. 1985: 1111)

比例構文には、(22a), (22b)のような "the＋比較級 . . . , the＋比較級 . . ." の形式だけではなく、相関の the (correlative *the*) を伴わない比較級が主文に生じ、"the＋比較級" が従節として機能する形式もある。(23)では "the＋比較級" から始まる the harder they worked が従節として働いている。

(23) They became (the) hungrier the harder they worked.

(Quirk et al. 1985: 1001n)

（彼らは一生懸命に働けば働くほど、腹が減った）

Quirk et al. (1985: 1001n)では、(23)の "the＋比較級" から始まる部分が従節として機能する比例構文は脚注で言及されている。このような形式の比例構文は広く用いられている。

(24) a. He smells worse and worse the more I study him.

(D. Weber and E. Flint, *Torch of Freedom*, 2009)

（彼を調べれば調べるほど、ますます怪しく思われてくる）

 b. "You know I like you less and less the more I know you."

(E. Hemingway, *Death in the Afternoon*, 1935)

（「あなたのことを知れば知るほど、あなたを好きだという気持ちが薄らいでいくの」）

 c. Melatonin works better the more timezones are crossed and for travelling east more than west. (*The Guardian*, May 19, 2013)

（タイムゾーンを多く越せば越すだけ、それも西方よりも東方に移動すればそれだけ、メラトニン（＝時差ボケ防止のサプリメント）の効き目は実感できます）

Quirk et al. (1985)では、"the＋比較級" から始まる部分が従節として機能する比例構文と "the＋比較級 . . . , the＋比較級 . . ." の比例構文との意味

の相違については、言及されていない。しかし、実際の談話を観察すると、これら 2 つの比例構文が情報の自然な流れに沿って選択され、前後の発話内容と円滑につながれていることがわかる。次例では、先行文脈中の話題や、直前の文末要素とつながりのある情報を担う要素を文頭位置で引き継ぐ比例構文がそれぞれに選択されていることが確認できる。

(25) "The sensors are optimized for ten thousand feet aboveground," Jon replied. "The resolution will always be better the lower you go, but usually we go for the best resolution at a higher altitude, not lower. The lower you go, the more likely it is for your target to spot the aircraft." (D. Brown, *A Time for Patriots*, 2011)
(「そのセンサーは地上 1 万フィートに最適化されています」とジョンは答えた。「飛行高度を下げるにつれて、解像度は上がり続けます。しかし、通例、私たちが最良の解像度が得られるように目指しているのは、高い高度においてであって、低い高度においてではありません。あなたが飛行高度を下げれば下げるほど、敵機が自機を捕捉する可能性が高まるからです」)

(25)の下線部の比例構文の先行文脈中では、地上 1 万フィートに最適化されているセンサーが話題となっており、そのセンサーの the resolution(解像度)を主題として文頭位置に据える比例構文が選択されている。一方、波線部では "the＋比較級 ..., the＋比較級 ..." の比例構文が選択されている。ここでは The lower you go, the more likely it is for your target to spot the aircraft. は、直前の文末要素 lower と同一語彙 The lower を文頭位置に据えて情報を円滑に引き継いでいる。いずれの比例構文も、直前の話題や要素とつながりを保つ情報を担う要素を主題として文頭位置で引き継ぎながら、文と文とをなめらかにつないで情報を伝達している。

6.5　同一内容の反復を避けてつなぐ：so＋{助動詞 / be 動詞}＋主語構文と "Ditto."

先行することがらと重なることがらや同様の内容をつなぐとき、話し手はどのような表現を用いるのであろう。次はディズニーによるアニメーショ

ン映画 Winnie the Pooh and Tigger Too（『プーさんとティガー』、1974）の一場面である（英語の原題は and で結ばれる前部と後部が韻を踏んでいる）。虎のティガーのことが大好きだというルーの発話に続けて、他の三者が自分も大好きだと発話するのに、三者三様の表現を用いて変化をつけながら会話をつないでいて興味深い。

(26) Roo: Christopher Robin, I like the old, bouncy Tigger best.
　　　Christopher Robin: <u>So do I</u>, Roo.
　　　Piglet: <u>I do, too</u>.
　　　Roo: <u>Me, too</u>.　　　（映画の台詞：Winnie the Pooh and Tigger Too, 1974）
（ルー：クリストファー・ロビン、僕は元気に飛び跳ねるティガーが一番好きだよ。
クリストファー・ロビン：<u>僕も好きだよ</u>、ルー。
ピグレット：<u>僕もだ</u>。
ルー：<u>僕もさ</u>）

次の小説に描かれている子供の会話例では、前の話し手に続けて自分も馬の名前が気に入ったということを伝えるのに、Me too の too を数字の two に掛けてことば遊びをしながら子供たちが互いの発話をつないで楽しんでいる。

(27) "I like it! Misty!" "I guess she is Misty!" Jack liked the name too. "I guess she is Misty!" Jack liked the name too. "Sapphire, Misty and Pistol. I like them!" "<u>Me too</u>," Dan said. "<u>Me three</u>," said Andy. "<u>Me four</u>," Kevin agreed. "<u>Me five</u>," said John. "<u>Me six</u>," Trevor giggled at the counting!　　　(L. D. Hart, Restoring Acres, 2013)
（「その名前、気に入ったよ！ ミスティだ！」「その雌馬の名前はきっとミスティだね！」 ジャックもその名前が気に入った。「3頭の名前はサファイア、ミスティ、ピストルだね。気に入ったよ！」「<u>僕も</u>」とダンが言った。「<u>僕も</u>」とアンディが言った。「<u>僕も</u>」とケヴィンが言った。「<u>僕も</u>」とジョンが言った。「<u>僕も</u>」とトレヴァーが数を数えてくすくす笑った！）

数字を活用しながら会話をつなぎ、複数の談話の参与者が先行する内容に同意することを伝える英語表現は他にもある。次の例では話し手が、I'll second that（同感です）の序数詞を second, third, fourth と変化させて会話をつないでいる。

(28) "And it's been a challenge being your friend," Ricky Reyes teased from the middle seat. "I'll second that," said Ben. "I'll third that," said Melissa. "I'll fourth that," said Kenny Thompsen, who was also sitting in the middle seat. Jeffrey just grinned.
 (M. Stine and H.W. Stine, *Jeffrey and the Fourth Grade Ghost: Camp Duck Down*, 1990)
 (「それに君の友達でいることはたいへんだよ」とリッキー・レイエスが真ん中の席からからかって言った。「同感」とベンが言った。「同感」とメリッサが言った。「同感」と同じく真ん中の席に座っているケニー・トムセンが言った。ジェフリーはただにやりと笑うだけだった）

日本語でも、子供たちがそれまで遊んでいた鬼ごっこやかくれんぼをやめることを伝えるときに、「一抜けた」、「二抜けた」、「三抜けた」のように順に数字を上げながら前の発話につなぐ類似した現象がある。このように、先行することがらとの重なりや同一性をつなぐ表現は多様である。

ここで、(26)の最初の構文 "So do I." のような so＋{助動詞/be 動詞}＋主語の形式の構文に立ち戻り、その特性を観察しよう。この構文には先行することがらとの重なりや同一性を保証する also, same, too のような語彙は用いられていない。その代わりに、so＋{助動詞/be 動詞}＋主語構文では、まず先行文の一部を代用する表現 so が文頭に据えられ、先行することがらとの内容の重なりや同一性が示される。と同時に、主語要素が文末位置に倒置されることによって文末主語の形をとり、その文末主語に文強勢が置かれる仕組み(構造)を作り出している。

次の(29)の "So have many people." と "so have I" は、"I have heard of him." という先行する文の動詞句 heard of him を so で代用して内容の重なりを伝えながら、それぞれの文末主語要素 many people と I に力点を置いている。

(29) "I assume you know Stephen Byerley, Dr. Lanning." "I have heard

of him. So have many people." "Yes, so have I. Perhaps you intend voting for him at the next election."

(I. Asimov, *The Complete Robot*, 1982)

(「ステファン・バイアリーと面識があおりかと思いますが、ラニング博士」「彼のうわさは聞いたことがあります。私のようにうわさを聞いたことがある人は数多いでしょう」「はい、私もうわさは聞いたことがあります。次の選挙では彼に投票されるおつもりでしょうね」)

so＋{助動詞／be動詞}＋主語構文において、文末焦点の位置に置かれる主語は高い情報伝達価値を担い、強意的に相手に伝えられることになる。文末焦点の位置にくる主語は、その位置が焦点となっているがゆえに豊かな意味内容を伝える長い表現になることがある。つまり、文末の主語は焦点となることに加えて、文末重心の原則に従って情報量が多くなることもある。次の例では、文末主語は関係節や分詞節による後位修飾を受けて十分に豊かな意味内容になっている。

(30) a. He had his wand out, and so did George, who was careful to tread on Malfoy as he followed Fred inside.

(J. K. Rowling, *Harry Potter and the Goblet of Fire*, 2000)

(彼は杖を手にしていた。ジョージも杖を手にしていた。ジョージはフレッドに続いて中に入るとき、偶然を装ってマルフォイを踏みつけてやろうとたくらんでいた)

b. The Slytherins were already there, and so were twenty broomsticks lying in neat lines on the ground.

(J. K. Rowling, *Harry Potter and the Philosopher's Stone*, 1997)

(スリザリン寮生たちはすでに到着していて、たくさんのほうきも地面に整然と並んでいた)

さて、日本語には、前に述べられたことと同じであることを伝える表現「同上」、「同前」などがある。これと類似した意味を表す表現を英語に求めるとすると、ditto を挙げることができるであろう。東西諸言語で使用される ditto mark（繰り返し符号＝"〃"）の ditto で、ラテン語 dictus（言う）の過去分詞を語源に持つ「言われたこと」を意味する単語である（『新英和大辞典』

第6版)。ditto は文語、口語の両方で使用され、ditto {for / to / with} . . . の形式で用いられることがある。

(31) Don't set up camp near the town pier at Fifth Street South — it's too crowded. <u>Ditto for anything along the northern end — too many hotels.</u> (*The New York Times*, Mar. 24, 2010)
(サウス5番街の町の埠頭の辺りにテントを張ることはお勧めしません。そこは人が多すぎるからです。<u>町の北端にかけてもお勧めできません。あの辺りにはホテルが立ち並んでいるからです</u>)

ditto は、相手の発話に対する応答表現として単独で生起することもできる。手元の資料では、ditto が応答表現として単独で現れる用例は、相手が "I love you." といった愛情を伝える発話に対する応答中での使用例が大半である。ditto の応答表現としての用法は興味深い特性を示す。次の2例を観察すると、いずれも自分の愛情表現に対して "Ditto." (同じく) と返答する相手に不満を感じていることがわかる。なぜであろう。(32a) では、男性が "I love you." と言わずに "Ditto." と言って愛情を表現したつもりでいたが、相手の女性は「"Ditto" (同じく) は "I love you" (愛している) と同じ意味ではないわ。私のことを本当に愛しているって言えるの？」と述べ、ditto を愛情表現のことばとして受け取っていないことが描写されている。また、(32b) では、"I love you!" (愛しているよ!) と繰り返す相手の男性に対して "Ditto!" (同じく!) とひと言だけ返した女性が、"Ditto?" (同じく?) と愛情を表現することばに男性が不満を持ったことを察知して、"I love you too, Harry." (私もあなたを愛しているわ、ハリー) ときちんとことばで言い直して愛情を伝えている様子が書かれている。

(32) a. "I have said I love you to you." "No, you haven't, Christian. You said —" "<u>Ditto</u>," they said in unison. "Ditto means the same thing," he pleaded. "Ditto doesn't mean the same thing as I love you. Can you say you truly love me? [. . .]"
(A. Eing, *Betrayals & Fairytales*, 2011)
(「僕は君に愛しているって言ったよ」「いいえ、言わなかったわ、クリ

スチャン。あなたが言ったのは―」「Ditto（同じく）」と彼らは声をそろえて言った。「Ditto は同じ意味だよ」と彼は主張した。「Ditto は I love you（愛している）と同じ意味ではないわ。私のことを本当に愛しているって言えるの？［...］」）

b. "Missy, I love you! Hear this, I love you! I love you!" He softened his voice to a whisper. "I love you! Do you hear me?" "Ditto!" "Ditto?" "I love you too, Harry."

(H.V. Buren, *Seeds of Fortune*, 2000)

（「ミッシー、愛しているよ！ 聞こえてる？ 愛しているよ！ 愛しているんだよ！」 彼は声を和らげてささやき声にした。「愛しているよ！ 聞こえてるの？」「Ditto!（同じく！）」「Ditto?（同じく？）」「私もあなたを愛しているわ、ハリー」）

　これらの例において、"Ditto." という発話に相手が不満を感じるのは、"Ditto." は直前の同一内容の反復を避ける簡便な符号的表現ではあるが、その反面、主語 I も目的語 you も、そして愛情を伝える動詞 love もことばとして伝えないために話し手の主体的な愛情が表現されず、感情のない、無機質で儀礼的な表現、さらに言えば、主語・目的語の入れ替わりまで省略する手抜き表現、面倒くさそうな表現として相手にしばしば受け止められるからである。

　では、なぜ相手の愛情表現に対して、感情がなく、人間臭さのない ditto というひと言で返すことがあるのだろう。ditto を発話する話し手の意図と聞き手が受ける心証は何なのであろう。その答えの手がかりが、次の (33a), (33b), (34) に示す映画 *Ghost*（『ゴースト / ニューヨークの幻』、1990）の台詞にある。(33a) の会話が示すように、モリーが "I love you." と具体的なことばで愛情を伝えても、サムはいつも "Ditto." と返すだけで "I love you, too." のような愛情を具体的に伝える表現では返答してくれない。そして、(33b) のように、モリーはサムが "I love you." ときちんと感情のこもった表現で愛情を伝えてくれないことについに不満を口にする。(33b) の会話からは、サムが "I love you." ではなく "Ditto." で返答するのは、皆がいつも使う "I love you." というありきたりの表現は意味がないと考えていることがわかる。つまり、サムは "I love you." という直接的に愛情を伝える表現を口に

することに対する照れもあり、自分たちだけに通ずる符号的表現 ditto を日ごろから使っていたのである。

(33) a. Molly Jensen: I love you. I really love you.

　　　　Sam Wheat: Ditto.

　　　　(モリー・ジェンセン：愛しているわ。心から愛しているの。
　　　　サム・ウィート：同じく)

　　b. Sam Wheat: I say it all the time.

　　　　Molly Jensen: You say "ditto." That's not the same.

　　　　Sam Wheat: People say "I love you" all the time, and it doesn't mean anything.

　　　　Molly Jensen: Sometimes you need to hear it. I need to hear it.

　　　　(サム・ウィート：いつも愛しているって言っているじゃないか。
　　　　モリー・ジェンセン：あなたは "ditto"(同じく)って言うわ。"I love you" と同じじゃないわ。
　　　　サム・ウィート：みんないつでも "I love you" って言っている。けど、そんなの意味ないよ。
　　　　モリー・ジェンセン：ときには聞きたくなるものよ。私、聞きたいのよ)　　　((33a), (33b)：映画の台詞：*Ghost*, 1990)

(33b)のようにサムの ditto という符号的表現による返答に不満を感じていたモリーではあるが、天国に旅立つサムがついに "I love you" ということばにして愛情をモリーに伝えた(34)の場面では、サムの口癖であった ditto を用いて逆にモリーが返答している。これは、これまでサムが口にしてきた符号的表現 ditto ということばにモリーが愛情をしっかりと込めてサムに伝えたのであろう。

(34) Sam Wheat: I love you, Molly. I've always loved you.

　　　Molly Jensen: Ditto.　　　　　　　　(映画の台詞：*Ghost*, 1990)

　　　(サム・ウィート：愛しているよ、モリー。ずっと好きだったよ。
　　　モリー・ジェンセン：同じく)

先行文との重なりや同一性があるとき、話し手は代用表現や ditto などの表現を活用して簡略的に文をつなぐことがある。しかし、ことばは、無機

質で無色透明な符号や数式とは異なり、話し手の喜怒哀楽や人間臭さをも生き生きと表現する。ことばは生きており血が通っている。これまで見てきた例が示すように、しっかりと具体的にことばにして相手に情報を伝えなければ、時として感情や気持ちのすれ違いが起こることもありうることがわかる。

6.6　情報を事実認定してつなぐ：as a matter of fact

　話し手がある情報を事実認定して談話に積極的に導入する表現に as a matter of fact がある。as a matter of fact は事実認定を受けていない情報や聞き手には容易には知りがたい情報を、事実として先行する情報につなぐ点に特徴がある。as a matter of fact が発話される契機となる先行情報は、聞き手による提示(＝(35a))であっても、話し手自身による提示(＝(35b))であってもよい。

(35) a. "Did Ginger make food this weekend?" Tracy asked. "As a matter of fact she did," Kim said.　　　(R. Cook, *Toxin*, 1999)
   (「今週末、ジンジャーは食事を作りましたか？」とトレイシーが尋ねた。「実は作ったんです」とキムが言った)

b. "[...] People have weird ideas about the size of my income, but as a matter of fact I don't get that kind of fee very often. [...]"　　　(B. Halliday, *Murder Takes No Holiday*, 1961)
   (「[...] 人々は私の収入の多さをすばらしいと考えていますが、実は私はそのような報酬をしょっちゅう受け取っているわけではないんです。[...]」)

　話し手が as a matter of fact を用いて情報を事実認定して談話に積極的に導入するのは、聞き手が事実認定できない情報を事実として確定する場合(＝(35a))と、先行情報に事実を追述することでより正確な事実として確定して聞き手に披瀝する場合(＝(35b))である。

　まず、聞き手が事実認定できない情報を事実として確定する場合に用いられる as a matter of fact の用法がある。この用法の as a matter of fact は、

6.6 情報を事実認定してつなぐ | 189

推論をめぐらせながらある情報を確定しようとする聞き手の確認に対して、話し手が事実を披瀝して答えるような場面や文脈でしばしば用いられる。(36a)–(36c) では I take it, I guess, I bet を用いて未確定の情報を確認する相手に対して、話し手は as a matter of fact を用いて相手の推論とは異なる真実を明かしたり (=(36a), (36b))、相手の推論を事実として認定している (=(36c))。

(36) a. "He told you about Dolly's episode, I take it." Des kept her face a blank. "As a matter of fact, he didn't."

(D. Handler, *The Cold Blue Blood*, 2002)

(「彼はあなたにドリーのエピソードについて話したんですね」 デスは無表情のまま言った。「いや、実は彼は話さなかったんです」)

b. J. Walter Weatherman: [...] I guess you'll be scaring children yourself now.
Buster Bluth: As a matter of fact, I won't. [...]

(テレビドラマの台詞: *Arrested Development*, 2005)

(J・ウォルター・ウェザーマン：[...] 子供たちを怖がらせるんだな。
バスター・ブルース：ところが実はそういうことはしないんだよ。[...])

c. Sharona Fleming: I bet you had lots of notes from your doctor.
Adrian Monk: As a matter of fact, I did. I had a whole, separate binder.

(テレビドラマの台詞: *Monk*, 2002)

(シャローナ・フレミング：医師からもらったたくさんのメモをあなたは持っていたに違いないわ。
エイドリアン・モンク：実はその通りなんだ。セパレート式バインダー丸1冊分になったよ)

次に、先行情報に事実を追述することで、より正確な事実として確定して聞き手に披瀝する場合に用いられる as a matter of fact の用例を示す。as a matter of fact を伴う (37a), (37b) では、先行する相手の発話内容を受けて so do I や so am I という関連する事実が追述されているし、(37c) では先行する before (前に) を補足説明する This morning (今朝) という実際の時間が示されている。

(37) a. "I like it here," Gigi replied. "As a matter of fact, so do I," Evan said.　　　　　　　　　　　　　　(S. Woods, *Loitering with Intent*, 2009)
（「私はここが好きだ」とジジが答えた。「実は私もなんだ」とエヴァンが言った）

b. 'I'm getting a little drunk,' I said. 'Why not? As a matter of fact, so am I.'　　　　　　　　　　(D. Ambrose, *Coincidence*, 2003)
（「少し酔っ払ってきたよ」と私が言った。「そうね。実は私も酔っ払ってきたのよ」）

c. "But I have seen these before. This morning, as a matter of fact. [...]"　　　　　　　　　　　(W.E.B. Griffin, *The Victim*, 1991)
（「でも、これらは前に見たよ。実は見たのは今朝なんだよ。[...]」）

　さて、as a matter of fact は、聞き手には容易には知りがたい事実や聞き手の誤解を解くような事実の披瀝を合図する。結果的に、しばしば聞き手を驚かす事実が明かされたり、話し手の知識の優越を感じさせる事実が伝えられる場合がある。そのため、as a matter of fact は聞き手への配慮を表すような表現、つまり話し手の躊躇やためらいを合図する表現と共起することがある。(38a)では話し手が as a matter of fact の後に休止を置いてためらいながら事実を披瀝しているし、(38b)では聞き手の無知をあげつらっているという含意を回避しながら事情説明をつなぐ It's just that に続けて、話し手が as a matter of fact を用いて実情を伝えている。

(38) a. 'I'm sorry. As a matter of fact ...' Ruth hesitated. '... I'm not sure that I can go.'　　　　　(E. Rhodes, *Ruth Appleby*, 2014)
（「ごめんなさい。実は ...」とルースはためらいながら言った。「... 私は行けるかわからないんです」）

b. 'It's just that ... as a matter of fact, I've got a bit of news for you. I wanted to tell you face to face, but ...'
　　　　　　　　　　　　　(M. Edwards, *The Arsenic Labyrinth*, 2007)
（「ただ、その ... 実はちょっと知らせたいことがあるの。顔を合わせて話したかったんだけれど、...」）

さらに、次の (39a), (39b) では believe it or not（信じようと信じまいと）や You might find this hard to believe（信じがたいかもしれないが）を伴って、as a matter of fact が事実を積極的に伝えている。これらの用例では、聞き手が当該情報を事実として認定するかどうかは聞き手にまかせるという話し手の態度が見て取れる。

(39) a. As a matter of fact, believe it or not, I actually purchased my engagement lehenga from right here in Bahrain.
（R. Barratt, *My Beautiful Bahrain*, 2015）
（信じようと信じまいと、実は私はまさにここバーレーンで自分の婚約衣装のレヘンガ（＝インドの民族衣装）を実際に購入したのです）

b. You might find this hard to believe but as a matter of fact, you were my last client. （P. Kerr, *Hand of God*, 2015）
（信じがたいかもしれないが、実はあなたは私の最後の依頼人だったんです）

6.7 倒置してつなぐ：as＋{助動詞/be 動詞}＋主語構文

主語は異なるが、主文と同じ内容をつなぐ表現に as＋{助動詞/be 動詞}＋主語の倒置構文がある。Swan (2005[3]) は (40) の as＋{助動詞/be 動詞}＋主語構文の例を挙げている。

(40) She was religious, as were most of her friends. （Swan 2005[3]: 280）
（彼女は信心深かったし、彼女の友達の大部分も同様だった）

Swan (2005[3]) は、as＋{助動詞/be 動詞}＋主語構文は文語体で用いられると説明する。しかし、実際には Swan (2005[3]) の主張とは異なって、主語の担う情報量が聞き手の記憶に負担にならないほど小さく、かつ直前の発話につなぐような場合には独立文として口語体でも用いられる。例えば、(41a) では相手の直前の発話 and so do I に対して、話し手が As do I（私も好きです）とつないで自分も相手と同じ気持ちであることを伝えている。また、(41b) では相手の直前の発話 he is handy with a knife に対して、As are you, Reine（君もうまいよね、レーヌ）とつないで相手に事実を確認している。

(41) a. "[...] The girls like the pictures, and so do I." "As do I," Amyas said, appreciating his host even more.

(E. Layton, *Alas, My Love*, 2009)

（「[...] その女の子たちはその絵が好きだし、私も好きです」「私も好きです」とエイミアスは主人に感謝の気持ちをさらに込めて言った）

b. "[...] I already told you he is handy with a knife." "As are you, Reine," Charles said, on impulse. And watched her closely, waiting to see what she would say. "Handier than you know. [...]"

(J. Rock, *The Eloquence of Blood*, 2011)

（「[...] 彼がナイフの扱いがうまいことはあなたにもう話したわよね」「君もうまいよね、レーヌ」とチャールズは思わず言った。そして彼女をじっと見つめ、彼女が何と言うのか確かめようと待っていた。「あなたが知っている以上にうまいわよ。[...]」）

as＋{助動詞 / be 動詞}＋主語構文にはさまざまな特徴が観察される。例えば、同じく倒置構文である so＋{助動詞 / be 動詞}＋主語が先行する文にコンマを介してつながれるときには、andやbutなどの接続詞を伴う。一方、as＋{助動詞 / be 動詞}＋主語の倒置構文は接続詞を伴わない。これは、別の文にコンマを介してつながれるとき、soは副詞であるためandやbutなどの接続詞が必要であるが、asはそれ自体が接続詞であるためandやbutなどの他の接続詞が不要だからである。

(42) a. She needed sleep and so did I.　(I. Andrews, *Magic Burns*, 2008)

（彼女には睡眠が必要だったし、私も必要だった）

b. The one with the bow had another arrow out, but so did I.

(G. Wolfe, *The Knight*, 2005)

（弓を持ったやつがもう1本の矢を放ったが、私も矢を放った）

(43) She was religious, {*and / *but} as were most of her friends.

as＋{助動詞 / be 動詞}＋主語の倒置構文は、文頭(＝(44a))、文中(＝(44b))、文末(＝(44c))の各位置に生じて主文とつながれ、主文主語とは異なる主語

を立てて「... も同様である」という意味を伝える。

(44) a. Like so many other young people, I had, over the years, various hobbies. <u>As did so many children</u>, I collected insects, read comic books, traded bubble gum cards, ran my Lionel electric trains and amassed a treasury of the typical items that can so rapidly clutter up a child's bedroom.

(D. Glut, *I Was a Teenage Movie Maker*, 2006)

(他の多くの若者たちと同様に、何年にも渡り、私にはさまざまな趣味があった。多くの子供たちと同じように、昆虫採集、漫画本を読むこと、風船ガムカード交換、ライオネル電車模型走行、子供部屋をすぐに散らかすようなお宝集めをした)

b. He was taken, <u>as were so many others</u>, in the summer of 1940.

(C. Armstrong, *Death's Head*, 1993)

(他の多くの人たちと同様に、彼は 1940 年の夏に連れて行かれた)

c. You have a destiny, <u>as do I</u>. We have no choice.

(R. J. Sawyer, *The Terminal Experiment*, 2011)

(あなたには運命がある。<u>私も同じである</u>。私たちには選択の余地がないのだ)

さて、このような as ＋ {助動詞 / be 動詞} ＋主語構文が主語を節末に移動して主文とつなぐのには理由がある。それは、主文の主語とは異なる as 節の主語要素に焦点を当てて互いの並列関係を示すため、文末焦点の原則に沿って節末位置に配置するからである。ただし、文のつながりを考えたとき、as 節自体が文末に配置される場合であっても、as 節は主文に付随する情報や補足的情報を追記するため、伝達の中心は as 節内の情報ではなく、主文内の情報にある。例えば、(45a) では主文の主語 I (私) が悲しみに打ちひしがれていることが伝えられた後で、as 節の節末に主語 she (彼女) を配置しながら彼女も同じ気持ちであったことが補足的情報として追記されている。(45b) では主文の主語 Mr. Sinkar (シンカー氏) という具体的人物についての情報が伝えられた後で、as 節の節末に hundreds of other workers (他の数百人もの労働者たち) という Mr. Sinkar 以外の労働者たちも同様であった

ということが付随する情報として追述されている。また、(45c)では統計のもっとも高い数値を示し、伝達価値の高い黒人の子供に関する情報が主文で伝えられた後で、それに続く数値を示すヒスパニックの子供、白人の子供について併記されている。

(45) a. I was heartbroken, as was she.　　（*Chicago Tribune*, Sept. 8, 2007）
　　　（私は悲しみに打ちひしがれ、彼女も同じように打ちひしがれた）

　　 b. After nine days in jail, Mr. Sirkar was deported, as were hundreds of other workers.　　（*The New York Times*, May 19, 2015）
　　　（拘置所に9日間留置された後、シンカー氏は追放され、他の数百人もの労働者たちも追放された）

　　 c. In 2013, 71 percent of black children in America were born to an unwed mother, as were 53 percent of Hispanic children and 36 percent of white children.　　（*The New York Times*, Mar. 12, 2015）
　　　（2013年、アメリカの黒人の子供の71パーセントが未婚の母の子供として産まれており、同様にヒスパニックの子供も53パーセント、白人の子供も36パーセントが未婚の母の子供として産まれていた）

また、次の(46)では、主文で彼のリトルリーグ優勝トロフィーがなくなっていたという伝達価値の高い情報が伝えられた後で、同じく部屋からなくなっていた写真が以前にあった場所についての記述が追記されて、結果的に意味内容が豊かになっている。

(46) Hunter moved his gaze over the room. His Little League championship trophy was gone, as was the picture that had sat front and, center on his dad's desk, of the two of them with the prizewinning fish at the Tarpon Rodeo.　　（E. Spindler, *In Silence*, 2009）
　　　（ハンターは部屋を見渡した。彼のリトルリーグ優勝トロフィーはなくなっていたし、ターポン・ロデオ大会で入賞した魚を父と2人で抱えて写し、父の机のど真ん中に陣取っていた写真もなくなっていた）

as節はコンマを介して主文の後につながれ、文末位置にしばしば現れる。ただし、as節が文末に配置される場合であっても、伝達の中心は主文内の

情報にあり、as 節はそれに付随する情報や補足的情報をあくまでも追記する機能しか持たない。そのため、as 節内の情報が後続する談話の話題となって、話の筋が新たに作られることは通例ない。

6.8　条件と結果を直截的につなぐ：名詞句＋{and / or}＋文

　次はディズニーによるアニメーション映画 *Snow White and the Seven Dwarfs*（『白雪姫』、1937）で、魔女が毒リンゴをことば巧みに白雪姫に食べさせようとする場面である。

(47)　Snow White: A wishing apple?
　　　The Evil Queen: Yes! One bite, and all your dreams will come true.
　　　Snow White: Really?
　　　　　　　　　　　（映画の台詞: *Snow White and the Seven Dwarfs*, 1937）
　　　（白雪姫：望みがかなうリンゴですって？
　　　　魔女：そうとも！　ひと口かじれば、夢がすべてかなうんだよ。
　　　　白雪姫：本当?）

(47)の魔女の台詞 One bite, and all your dreams will come true. に着目すると、名詞句 one bite が文 all your dreams will come true と and を介してつながっている。one bite は名詞句であるにもかかわらず、If you take one bite（ひと口かじれば）に相当する条件節としての機能を果たし、all your dreams will come true（夢がすべてかなうんだよ）という結果を表す部分と、「条件－結果」の関係でつながっている。類例を挙げる。

(48)　a.　"Another minute and I would have turned my phone off."
　　　　　　　　　　　　　　　　（J. Garwood, *Heartbreaker*, 2001）
　　　　　（「もう１分あれば電話の電源を切っていたのに」）

　　　b.　One click and a map pops up showing exactly where the pet lives.　　　　（*Chicago Tribune*, Dec. 27, 2005）
　　　　　（ワンクリックするとペットの正確な位置を示す地図がポップアップする）

c. "Not one more step or I'll shoot you both!"

(L. Byrne, *The Hunter*, 2016)

(「1 歩も動くな。さもないとおまえたち 2 人とも撃つぞ！」)

(48)では名詞句 Another minute, One click, Not one more step が、and (そうすれば) や or (そうでないと) を介して結果を表す後続文につながっている。いずれの例においても、条件節や命令文の動詞を省いた名詞句を用いることで、回りくどさがない直截的な表現となり、指示の緊迫感や、条件と結果のつながりの瞬時性を積極的に伝えることができる。

6.9　条件や制限を補足してつなぐ：if 節、unless 節、when 節と共起する {that is / that is to say}

that is と that is to say は指示表現 that と繋辞 is から成り立ち、that が指示する先行内容を換言する情報につなぐ働きがある。次はその基本的な用例である。

(49) a. Most washerless faucets are mixing faucets — that is, they are designed to mix hot and cold water together as it comes out through a single spout. (*The New York Times*, Mar. 17, 1985)

(ワッシャーのない蛇口はたいてい混合蛇口である。もう少し具体的に説明すると湯と水を混合して単一の蛇口を通って出るように設計されている)

b. Today's crises are all about what is euphemistically called "the financial services industry" — that is to say, they're all about money. (*The New York Times*, Sept. 16, 2012)

(今日の危機はすべて「金融サービス業」と婉曲的に呼ばれていることに関連している。もう少しはっきり言うとすべてお金に関連している)

c. Jo lives — that is to say, Jo has not yet died — in a ruinous place known to the like of him by the name of Tom-all-Alone's.

(C. Dickens, *Bleak House*, 1852–53)

(ジョーは生きている。別の言い方をすればジョーはまだ死んではいないということだ。彼のような人間にはトム・オール・アローンズ(＝ロンドンのスラム街)という名で知られる、荒涼とした場所でだ)

(49a), (49b)では、that is と that is to say が、それぞれ直前の文の内容と換言内容とをつなぐ役割を果たし、具体的な内容、正確に言い換えられた内容を導いている。また、(49c)では、that is to say によって Jo lives(ジョーは生きている)という先行情報が、Jo has not yet died (ジョーはまだ死んではいないということだ)という裏返した内容に換言され、ジョーが荒涼とした場所で生き抜いているという事情とともに伝えられている。

先行文の内容を換言する情報につなぐことを基本的機能として持つ that is や that is to say は、先行文の内容の不十分な点、不正確な点を補うような情報につなぐ機能を派生する。例えば、(50a), (50b)の that is に後接する部分は、I will (teach) if [...] の括弧内の省略や I did (＝I usually made time in my day to stop off and let him out around lunchtime) when [...] の括弧内の代用が if 節、when 節の主文に見られるが、いずれも文としての形式を保っている。これらの例の波線部が示すように、that is は先行文の内容に条件や制限を補足する情報をつないでいる。

(50) a. "I'm going to teach," Iris had said. "That is, I will if I can find work. At least I'll be prepared." (B. Plain, *Evergreen*, 1980)
(「私は教える仕事をするつもり」とアイリスが言った。「ただ、もし仕事が見つかったらだけど。準備だけはしておくわ」)

b. Eggy had been all alone again today, and I felt bad for the little guy, since I usually made time in my day to stop off and let him out around lunchtime. That is, I did when I used to set my own schedule. (V. Laurie, *Crime Seen*, 2007)
(エギーは今日もまたずっと一人ぼっちだった。私はその力の弱い男を気の毒に思った。というのも私は彼のところに昼に立ち寄って、昼食のころにいつも連れ出していたからだ。ただし、スケジュールを自分で決めていたころのことだけど)

ところが、(50a), (50b)とは異なり、if 節、unless 節、when 節の主文が

形式的に省略され、独立して生起する if 節、unless 節、when 節を導く that is や that is to say がある。ただし、(51a)、(51b) の波線部が示すように、主文が省略されてはいるが、先行文の内容に条件や制限を補足する情報をつないでいる。主文が省略されるのは文脈から容易に復元可能であるからである。

(51) a. Polly Prince: And ... Oh, if you do come, you should wear comfortable shoes. That is if you come. But you totally don't have to. 　　　　　　　　　(映画の台詞: *Along Came Polly*, 2004)
(ポリー・プリンス: それと...ああ、あなたがもし本当に来るというのなら、履き心地のよい靴を履くべきよ。もっとも、もし来ることになったらの話だけどね。今日はまったくそんな必要はないわ)

　　b. But there are alternatives to chatting with a dentist and a criminal lawyer and a few other people unrelated to your line of work (that is, unless you are a dentist or a lawyer).
(*The New York Times*, Dec. 5, 2013)
(しかし、歯科医や刑事専門弁護士やあなたの職種に関係していない人たちと話す選択肢があるのです(もちろん、あなた自身が歯科医や弁護士であれば話は別ですが))

(51a), (51b) のような、独立して生起する if 節、unless 節、when 節を導く that is や that is to say の用法に関する詳しい記述は、Quirk et al. (1985)、Biber et al. (1999)、Huddleston and Pullum (2002)、Swan (2005[3])、Carter and McCarthy (2006) といった伝統的な記述文法書や語法書にはないように思われる。

次に、独立して生ずる if 節、unless 節、when 節に後接する that is の用法について観察しよう(ただし、手元の言語資料には、これらの節に後接して that is to say が生ずる例は 1 例もない)。if 節、unless 節、when 節の後位に生ずる that is もまた、先行文の内容に条件や制限を補足する情報をつないでいる。

(52) a. C-3PO: What ... what's going on? Turn around, Chewbacca, I can't see. Oh ... they've encased him in carbonite. He should

be quite well-protected. If he survives the freezing process, that is. (映画の台詞：*Star Wars: Episode V — The Empire Strikes Back*, 1980)
(シースリーピーオー：何が... 何が起こっているんだい？ 振り向いてごらん。チューバッカ、何も見えないよ。ああ... 彼らはカーボナイトで固めてたんだな。彼はとてもしっかりと保護されているはずだ。もっとも、凍結過程を生き残ればの話だけどね）

b. [...], in which a detachment of the Queen's Foot Guards marches to appropriate martial music from St James's Palace (unless it rains, that is).
(R. Humphreys and J. Bamber, *The Rough Guide to London*, 2003)
([...] 近衛歩兵連隊の分隊が、軍楽に合わせてセント・ジェイムズ宮殿から行進します（ただし、雨が降らなければの話ですが））

c. "This is a great place to work. When it's not raining, that is."
(J. Rendell, *The Professors' Wives' Club*, 2008)
(「ここは働くにはすばらしい場所よ。もっとも、雨のときは話は別だけどね」)

　ここまで考察してきたように、先行文の内容を換言する情報につなぐことを基本的機能として持つ that is や that is to say は、先行文の内容の不十分な点、不正確な点を補う情報を付加してつなぐ機能も果たしている。そして、if 節、unless 節、when 節の主文が文脈から容易に復元できる場合には主文を省略し、that is や that is to say を用いて、先行文の内容に条件や制限を補足する情報をつなぐことがわかる。

　なお、先行文の内容の不十分な点、不正確な点を補う情報をつなぐ機能は、否定形の that is not to say that... (だからといって... というわけではない) についても当てはまることである。次の例では、先行文脈でキルト製作で縁飾りを使用することの難点を説明した書き手が、That is not to say that borders are inherently bad. (だからといって縁飾りそれ自体が悪いということではありません) とつなぎ、自分の説明から予想される読み手の誤解をあらかじめ否定している。次いで It's just that... (要するに... だけなのです) と読み手には知りがたい事情を書き手が披瀝している。

(53) Sometimes the border is too narrow or, more commonly, too wide in relation to the size of the blocks. The sheer expanse of a wide border made of a busy fabric might overwhelm the beauty of an elaborately pieced center. That is not to say that borders are inherently bad. It's just that you need to consider whether a border adds to the design or relates well to the other quilt elements.

(W. Ringle and B. Kerr, *Quilts Made Modern*, 2010)

(キルトのブロックの大きさに対して縁飾りの幅が細すぎることもありますし、太すぎることもよくあります。派手目な生地の太い縁飾りの部分の面積が広くなるだけだと、せっかく苦心してつなぎ合わせた中心部分の美しさが沈んでしまって浮かび上がらないこともあるでしょう。だからといって縁飾りそれ自体が悪いということではありません。要するに考えるべきは縁飾りが意匠をいっそう際立たせてくれたり、他のキルトの部分と見事に調和するかどうかということだけなのです)

6.10 同時や直前に発生することがらをつなぐ： just when と just before

あることがらが発生する機会が、偶然にせよ意図的にせよ他と重なってしまう場合がある。また、あることがらがまさに発生しようとする直前に、他のことがらが発生してしまう場合がある。このような状況をとらえて日本語では、「よりに(も)よって」、「折も折」、「矢先に」などのつなぎ表現が用いられることがある。英語においては、重なって発生したことがらをつないだり、発生寸前のことがらと発生したことがらをつなぐとき、時間的なずれがないことを積極的に伝えるために just がしばしば用いられる。(54a)では、彼女が撃とうとしていた事態と彼女が撃たれた事態とがまさに同時に発生したことが描かれている。(54b)ではお湯が沸騰し始めるのとちょうど同時にサツマイモを加えるようにと、調理のタイミングが指示されている。(54c)では船が沈むまさに寸前に海賊乗組員が救命ボートに這い上がったということがらが発生したことが just によって伝えられている。

(54) a. "[...] Just when she was about to shoot me, he shot her. [...]"

(R. Cook, *Marker*, 2005)

(「[...]彼女が俺を撃とうとしたまさにそのとき、彼が彼女を撃ったんだ。[...]」)

b. Season the water liberally and bring to a boil; add any sweet potatoes just when the water starts to boil.

(*San Francisco Chronicle*, Nov. 18, 2015)

(その水にお好みで味つけをして煮立たせてください。それから、お湯がちょうど沸騰し始めた時点で、サツマイモを加えてください)

c. The pirate crew scrambled into a lifeboat just before the ship sank, and they were arrested shortly thereafter.

(*The New York Times*, Feb. 21, 2016)

(船が沈む寸前に、海賊乗組員は救命ボートに這い上がり、その後まもなくして逮捕された)

just when と just before は、それぞれ同一場面で同時に発生したことがら同士をつないだり、発生寸前のことがらと発生したことがらをつなぐことから、物事の進行や成就の障害や邪魔となるような不都合なことがらをしばしばつなぐ。

(55) a. To Paul's annoyance, the phone rang just when Mitchell looked as if he might be edging toward a commitment.

(J. Cresswell, *Suspect*, 2007)

(ポールにとって困ったことに、よりによってミッチェルが約束する方向に向けてじわじわ進んでいるかのように見えた途端に、電話が鳴った)

b. Mays did not come in 2015. Just before he was due to travel, he fell and injured a rib.　(*San Francisco Chronicle*, Feb. 18, 2016)

(メイズは2015年には来なかった。彼は旅立とうとする矢先に、転んで肋骨を怪我してしまったのだ)

たしかに、just when と just before が物事の進行や成就の障害や邪魔となるような不都合なことがらをしばしばつなぐことは事実である。しかし

ながら、いつもそうとはかぎらない。先に見た(54a)–(54c)にはそうした障害や邪魔といった不都合の含みは暗示されていないし、次の例では just when がつなぐことがらの間には話し手が安心できるようなつながり、好都合と思えるようなつながりがあることがわかる。

(56) a. Just when you think it's time to quit on them, they come to life. Just when you think Josh Smith can't make a shot (17-for-47 in the first three games), he seemingly can't miss one (7-of-8 Monday). (*San Francisco Chronicle*, May 25, 2015)
(あなたがたが応援をやめるころだと思った途端、彼らは息を吹き返して成績を残す。あなたがたがジョシュ・スミス(＝米国プロバスケットボール・リーグ NBA の選手)がシュートを決められない(初めの3試合では47本中17本)と思った途端、明らかにシュートを外さない(月曜日は8本中7本))

b. He answered on the fourth ring, just when I was about to panic.
(P. Pike, *Death of a Crabby Cook*, 2014)
(彼は4回目の呼び出し音で電話に出た。私がパニックになる寸前のことだった)

6.11 従属節を独立させてつなぐ：because 節

英語と日本語の文のつなぎ方が同じであるとはかぎらない。そのために、入門期の英語学習者の英語には、日本語の文のつなぎ方をそのまま適用したことに起因する間違いがしばしば観察される。例えば、従属接続詞 because を習ったばかりの日本語話者は、「私は学校を休みました。なぜなら、ひどい風邪を引いたからです」を表現するのに次の(57a)のように because を従属接続詞として用いてしまい、不自然な英語を書いてしまうことがある。正しくは(57b), (57c)のように修正されなければならない。

(57) 私は学校を休みました。なぜなら、ひどい風邪を引いたからです。
 a. *I was absent from school. Because I caught a bad cold.
 b. I was absent from school, because I caught a bad cold.

c. <u>Because</u> I caught a bad cold, I was absent from school.

日本語では「なぜなら」から始まる文を先行文から独立させることができるのに対して、英語では because 節を独立させて用いることができないことが知られている。ただし、次に挙げる4つのような場合には because 節は独立して現れることができる。

(i) 疑問文の返答として、why 疑問文(=(58a))以外にも理由や事情を尋ねる疑問文(=(58b), (58c))に答えをつなぐ場合に because 節が独立して現れる。

(58) a. <u>Why</u> are you crying? 〜 <u>Because</u> John and I have had a row.

(Swan 2005[3]: 82)

(なぜ泣いているんですか？ 〜 ジョンと喧嘩をしたからです)

b. Dr. Ian Malcolm: <u>How</u> do you know they can't breed?
Henry Wu: Well, <u>because</u> all the animals in Jurassic Park are female.　　　　(映画の台詞: *Jurassic Park*, 1993)

(イアン・マルコム博士：彼らが子を産まないとどうしてわかるんですか？
ヘンリー・ウー：ええ、ジュラシック・パークの動物はすべてメスだからです)

c. 'What made you think of her?' asked Brunetti. '<u>Because</u> she sang Violetta with him. [...]'　(D. Leon, *Death at La Fenice*, 1992)

(「何で彼女だと思うんだい？」とブルネッティが聞いた。「彼女は彼とヴィオレッタを歌ったからだ。[...]」)

(ii) Swan(2005[3])が指摘するように、ためらい(hesitations)の後では because 節を独立させて用いることができる。

(59) I don't think I'll go to the party ... <u>Because</u> I'm feeling a bit tired.

(Swan 2005[3]: 82)

(私はパーティに行けそうにないなあ ... 少し疲れているから)

(iii) 文体上の理由から because 節が独立して先行発話につながれる場合

もある。次の例では、前後の文脈の文体からわかるように、話し手はある程度の意味単位ごとに情報を区切って相手に伝えながら、励ましのことばが心に響くように心がけている。

(60) "You're safe, now, and I'll take care of you. Because I love you a lot, and I think you're wonderful. So there."

(J. M. Robbins, *Acting Techniques for Everyday Life*, 2002)

(「もう心配ないよ。私があなたのことを引き受けるよ。だって大好きなんだもの。あなたは立派だと思う。さあ、わかったね」)

(iv) 次の例では、相手の発話を補完して発話を完成させるため(＝(61a))や、補完の必要がないにもかかわらず相手のお決まりの理屈を皮肉って理由を付け加えるため(＝(61b))に、先行する発話に because 節を独立させてつないでいる。

(61) a. "And you're here because ..." "Because I was the logical team member to send. [...]" (K. Hooper, *Blood Dreams*, 2007)

(「そして、あなたがここにいる理由は ...」「私がチームの派遣要員として選ばれたからです。[...]」)

b. Dr. McCoy: You talk about another man's feelings. What do you feel, Spock?
　Mr. Spock: My feelings are not subject for discussion, Doctor.
　Dr. McCoy: Because there are no feelings to discuss!

(テレビドラマの台詞：*Star Trek*, 1966)

(ドクター・マッコイ：君は他の人の感情について話している。君自身はどう思うんだい、スポック？
ミスター・スポック：私の感情は議題ではありません、ドクター。
ドクター・マッコイ：なぜなら議論できる感情がないから、ということとか！)

最後に、because 節以外の従属節が返答として先行する疑問文に独立してつながれる用例を示す。

(62) a. "Can I turn on the light?" Alexander asked. "If you must," Beau

said. (R. Cook, *Invasion*, 1997)

(「明かりをつけてもいい？」とアレクサンダーが聞いた。「どうしても必要なら」とボーが答えた)

b. "When will you call me?" "<u>When</u> I have this sorted out."

(G. Leonard, *Strangers at the Gate*, 1995)

(「いつ私に電話をかけてくれますか？」「この整理を終えたらです」)

c. "How long are you staying on the island?" he asked. "<u>As long as</u> you're here," she responded. (J. Skye, *Death by Desire*, 2012)

(「この島にはどれくらい滞在する予定？」と彼は尋ねた。「あなたがいらっしゃるかぎり」と彼女は答えた)

6.12 分詞構文でつなぐ

あることがらがもう 1 つのことがらとつながり、1 つのまとまった出来事として分詞構文で表現される場合がある。次の例の連続する 3 つの分詞構文は、下線部の動詞の ing 形から始まる分詞節の動作が、コンマを介してつながる主文の動作と継起関係で結びついて、それぞれが 1 つのまとまった出来事を伝えている。

(63) <u>Stopping and listening</u>, Jeffrey could hear conversation. <u>Overpowering any misgivings</u>, he started toward the group. <u>Stepping gingerly on a bed of broken bricks</u>, Jeffrey approached the overhang.

(R. Cook, *Harmful Intent*, 1991)

(立ち止まって聞き耳を立てると、ジェフリーは会話が聞こえてきた。<u>不安に耐え切れなくなり</u>、彼は声のするほうに向かった。<u>壊れた煉瓦が乱雑に積み重なった上を慎重に一歩一歩進んで</u>、ジェフリーはバルコニーの張り出しに近づいた)

分詞構文は、接続詞 if, when, because, though などを伴わずに節と節とをつなぐ点に特徴がある。そのため、条件、時間、理由、譲歩、付帯的状況などの意味解釈は分詞節と主文とがつながる環境によって推論される (詳しくは Stump (1985), Kortmann (1991) を参照)。

(64) a. Crossing the street, John was hit by a car. ('while') 〈同時性〉
(その通りを渡っているとき、ジョンは車にひかれた。(「...間に」))

b. Crossing the street, John entered the bank. ('after') 〈後続性〉
(その通りを渡ると、ジョンは銀行に入った。(「...後で」))

c. Crossing the street, John entered a different country. ('by')
〈経由の手段〉
(その通りを渡ることによって、ジョンは違う国に入った。(「...よって」))　　((64a)–(64c)：Stump 1985: 330f; Kortmann 1991: 111)

また、分詞節を主文の前位と後位のどちらの位置でつなぐかによって、それぞれの節が表す出来事が発生した時間関係も異なる。次の例では、主文の後位に置かれる(65a)の下線部の分詞節が表す出来事は、主文が表す出来事の後で発生したと解釈されるが、主文の前位に置かれる(65b)の分詞節が表す出来事は主文が表す出来事の前、あるいは同時に発生したと解釈される。

(65) a. 'I'll try,' said Frodo, drawing a deep breath. 〈後続性〉
(「やってみる」とフロドーは言って、深呼吸をした)

b. Drawing a deep breath, 'I'll try,' said Frodo. 〈先行性/同時性〉
(深呼吸を{すると/しながら}、「やってみる」とフロドーは言った)
((65a), (65b)：Kortmann 1991: 153)

さて、分詞節と主文の意味関係や時間関係は(64)や(65)のように分詞節と主文とがつながる環境によって推論されるのであるが、分詞節の形式的な特徴から意味解釈が定まる場合もある。例えば、being から始まる(66a)の分詞節は「仮想条件」の意味を表すことはできないが、being が省略された(66b)の分詞節は「仮想条件」の意味を表すことができるという違いがある。

(66) a. Being clean-shaven, Harold would look something like my brother. 〈理由〉
(ひげがきれいに剃られているので、ハロルドは私の兄に似ているよう

b. Clean-shaven, Harold would look something like my brother.
　　　　　　　　　　　　　　　　　　　　　　　　　〈仮想条件〉
　　　　（ひげがきれいに剃られていれば、ハロルドは私の兄に似ているような
　　　　感じに見えるだろう）　　　　　　　((66a), (66b)：Stump 1985: 86)

また、次の(67a)のnotから始まる分詞節は「理由」を表す節として主文とつながるが、(67b)のwithout節は「譲歩」を表す節として主文とつながるという点で異なる。

(67)　a. Not knowing French, Rod asked Jeanne to translate the two texts
　　　　　for him.　　　　　　　　　　　　　　　　　　　　〈理由〉
　　　　（ロッドはフランス語がわからなかったので、ジェニーに2つの表現を
　　　　自分のために訳してくれるように頼んだ）
　　　b. Without knowing French, Rod asked Jeanne to translate the two
　　　　　texts for him.　　　　　　　　　　　　　　　　　　〈譲歩〉
　　　　（ロッドはフランス語がわからなかったけれども、ジェニーに2つの表
　　　　現を自分のために訳してくれるように頼んだ）
　　　　　　　　　　　　　　　　　　　　((67a), (67b)：Kortmann 1991: 184)

さらに、Quirk et al. (1985: 1122)は、分詞節の意味上の主語が主文の主語と異なっていたとしても、聞き手や読み手が意味上の主語を容易に理解できるならば(68a)のように分詞節と主文とをつなぐことができることを指摘している。

(68)　a. Being Christmas, the government offices were closed.
　　　　（クリスマスだったので、官公庁は閉まっていた）
　　　b. *Reading the evening paper, a dog started barking.
　　　　（夕刊を読んでいると、犬が吠え出した）
　　　　　　　　　　　　　　　　　　((68a), (68b)：Quirk et al. 1985: 1122)

しかし、Kortmann (1991: 46)によれば、Quirk et al. (1985: 1122)では容認不可能な例とされる(68b)の分詞構文であっても、分詞節が発話される直前

の文脈中でいくつかの出来事の主語が he であることが伝えられる(69)のような先行文脈とつながれば、分詞節の意味上の主語が he であると容易に推論されるようになり、容認可能性が高くなると言う。

(69) Then he fetched some newspapers from the kitchen table, went into the study, and settled down in his favorite arm-chair, looking forward to a quiet and undisturbed evening. <u>Reading the evening paper</u>, a dog started barking. (Kortmann 1991: 46)
(それから彼は台所のテーブルから新聞を数紙取ってきて書斎に入った。それからお気に入りのアームチェアに腰掛け、静かで平穏な夕方を待っていた。<u>夕刊を読んでいると</u>、犬が吠え出した)

この事実は、分詞構文の分詞節が主文のみならず、文を超えた文脈や場面とつながって発話されることを端的に示している。これは、逆行代名詞化が談話レベルでの機能的制約を受ける現象、つまり代名詞の指示対象が先行文脈や発話の場面から決定、もしくは予測できる場合にかぎり逆行代名詞化が容認されるという現象と類似している。例えば、(70a)の although 節の him は一見したところ後方照応的(cataphoric)に見えるが、John を指すことは直前の文脈から予測できるし、(70b)の if 節内の it は直前に文脈がなくても、話し手が聞き手の眼前で岩を指差しながら発話されるような場面では this rock を指すことがわかる(詳しくは Kuno (1972; 1975)、加藤(1980)、福地(1985)を参照)。

(70) a. "Tell me about <u>John</u>." "Although I dislike <u>him</u>, I am still seeing <u>John</u>." (Kuno 1972: 303)
(「<u>ジョン</u>のことを教えて」「<u>ジョン</u>のことは好きじゃないけど、これからも会うよ」)
b. If you can lift <u>it</u>, would you please move <u>this rock</u>? (Kuno 1975: 284–85)
(もし持ち上げられるようなら、<u>この岩</u>を動かしてもらえますか?)

このことは分詞構文にも当てはまり、分詞節の意味上の主語が主文の主語

と一致していなくても、先行文脈や場面とつながりを持ち、話題として確立している事物ならば聞き手にその指示対象が推論可能となり、容認可能な文と判断される。類例を次に挙げる。例えば、(71a) の下線部の分詞節の意味上の主語はジニーであり、主文の主語は there であるにもかかわらず、両節はつながれて分詞構文として成立している。これは、分詞節が発話される直前の文脈中でジニーが階段を上ったり、託児室を見つけたりする様子が描写されており、ジニーが談話の話題として確立していることから、分詞節の意味上の主語もジニーであると容易に推論されるからである。

(71) a. Walking up the stairs, Ginny quickly found the nursery. It was easy enough to find Gerard's room, it was loudest. <u>Entering the room</u>, there were children everywhere.

(J. Connors, *A Lesson in Forgiveness*, 2010)

(階段を上ると、ジニーはすぐに託児室を見つけた。ジェラードの部屋を見つけるのは容易だった。一番騒々しかったのだ。<u>部屋に入ると</u>、いたるところに子供たちがいた)

b. He took a small box from the pouch around his waist. <u>Opening the small box</u> it held a small knife inside.

(L. Day, *Wolfkeeper's Woman*, 2013)

(彼は腰に巻いたポーチから小さな箱を取り出した。<u>その小さな箱を開けると</u>、小さなナイフが中に入っていた)

こうした実例は少なからず観察されるものの、非英語母語話者にとって、分詞節の意味上の主語と主文の主語とが異なる場合に両節を自然につなぐことができるかどうかは判断ができない。したがって、英作文などの指導では、(71a) は接続詞 when を用いて、<u>When he entered the room</u>, there were children everywhere. のように副詞節として主文とつなぐにとどめておきたい。

第7章

結　語
——英語ということばをあらためて見つめ直す——

　人の心の中を理解することは難しい。心情や感情はとても複雑で繊細であり、普段は表面に現れないからである。しかし、人がことばを通して情報をやりとりする以上、ことばには心の有り様やものの考え方が映し出されるはずである。

　本書では、「文をつなぐ」接続事象に光を当てながら60項余りの例を取り上げて具体的に論じ、英語話者の心の奥底に潜む独特の感性や発想に迫ってきた。特定の理論だけにとらわれることなく、小説、新聞、映画の台詞などの生きたデータの観察と実証による裏づけを積み重ねながら、文をつなぐ表現と構文の特性をひとつひとつ明らかにする姿勢を貫くことを心がけた。英語の文をつなぐ表現や構文は数多い。すでに国内外の先人たちによる語法文法研究や最近の大規模コーパスを活用した分析対象となり、さまざまな角度から解明が進んでいる事象も少なくはない。しかしながら、これまでまったく論ぜられてこなかった事象や、従来の文法書や辞書に記載されていても文脈や場面とのつながりが考慮されてこなかったために、不十分な分析にとどまってきた事象が多いこともまた事実である。本書では、これまで光を浴びてこなかったそうした「文をつなぐ」接続表現や構文を丹念に掘り起こし、実際の用例を吟味しながら実証的にその特性を明らかにしてきた。行きつ戻りつしながら踏み固め、歩んできた道を振り返ると、英語ということばの実像、英語話者の感性や発想がはっきりと見えてくる。

　まず見えてきたのは、ある種の緊張感で文がつながれる英語ということ

ばの姿である。例えば、英語話者が心に浮かぶ別々の意味を伝えるとき、文をつなぐのにセミコロンとコンマというそれぞれ異なる句読法を選択する：cf. Order your furniture on Monday; take it home on Tuesday. (月曜日に家具を注文しなさい。そして火曜日にそれを家に持って帰りなさい) / Order your furniture on Monday, take it home on Tuesday. (もし月曜日に家具を注文すれば、火曜日にそれを家に持って帰れますよ) (p. 130 参照)　英語話者が心でとらえた文脈や場面の情報を指示して新たな文をつなぐときにも、it と that という異なる指示表現を選択する (pp. 10–13 参照)。いずれも日本語にはない英語特有の引き締まった接続の仕方を思わせる事例である。

　その一方で、英語特有のユーモアや「間」、独特の表現が活用されて文がつながれる英語の表情も見えてくる。例えば、Me too. (私も) という１人の発話に続けて、Me three. (私も), Me four. (私も) と続ける軽口の会話には、遊び心の要素が顕著に見られ「文をつなぐ」ことを楽しむ英語話者のユーモア精神が映し出されている。かと思うと静寂の「間」さえもことばになり、文と文をつなぐ：cf. A silence ... Another silence. (沈黙 ... また沈黙) (p. 129 参照)　あるいは、求められてもいないのに自分の意見を差し挟むときには if I can put my two {cents / pennies} in (ひと言、言わせていただければ) と独特の表現をつなぎ表現として活用し、へりくだった気持ちを伝えた上で許可を求めるような周到な表現が好まれる場合もある (pp. 53–57 参照)。

　「文をつなぐ」表現を通して英語話者の喜怒哀楽や人間臭さも浮かび上がってくる。例えば、I love you. (愛しています) と言う相手に対して I love you, too. と自分の愛情を具体的にことばにして伝えずに、Ditto. (同じく) と無味乾燥な符号で返すならば、時として感情や気持ちのすれ違いが起こる (pp. 181–88 参照)。また、アメリカの宇宙ドラマ『スタートレック』に登場し、宇宙人と人間の間に生まれたという設定であるミスター・スポックは、つなぎ表現やためらいことばを発することはなく、相手の同意を得ながら会話をするわけでもない。しかし、そんな冷静で論理的な思考様式のミスター・スポックの台詞の英語を観察すると、呼びかけ語を文末に配して発話内容を相手の発話につなぐ方策によって冷淡な印象を回避し、相手

第7章 結　語

との一定の関係性を保とうと努めるミスター・スポックの姿が描かれていることに気づかされる (pp. 88–92 参照)。

　ことばは生きており血が通っているということをまざまざと思い知らされる。「文をつなぐ」仕組みを通して英語ということばをあらためて見つめ直すと、英語話者の生き生きとした発想や複雑で繊細なもののとらえかたや人情の機微がことばに映し出されることがわかる。幾重にも折りたたまれた心のひだ。その心のひだの奥に見え隠れする人間の心の動きを少しでも明らかにすることができたのであれば、本書は幾分かその使命を果たしたことになるであろう。

参考文献

Biber, Douglas, Stig Johansson, Geoffrey Leech, Susan Conrad and Edward Finegan (1999) *Longman Grammar of Spoken and Written English*, Pearson, Harlow.

Bolinger, Dwight (1972) *That's That*, Mouton, The Hague.

Bolinger, Dwight (1977) *Meaning and Form*, Longman, London. (中右実 (訳) (1981)『意味と形』こびあん書房, 東京)

Burton-Roberts, Noel (1975) "Nominal Apposition," *Foundations of Language* 13.3, 391–420.

Carter, Ronald, Rebecca Hughes and Michael McCarthy (2000) *Exploring Grammar in Context: Grammar Reference and Practice Upper-intermediate and Advanced*, Cambridge University Press, Cambridge.

Carter, Ronald and Michael McCarthy (2006) *The Cambridge Grammar of English*, Cambridge University Press, Cambridge.

Emonds, Joseph (1972) "A Reformulation of Certain Syntactic Transformations," *Goals of Linguistic Theory*, ed. by Stanley Peters, 21–63, Prentice-Hall, Englewood Cliffs, NJ.

Halliday, Michael A. K. and Ruqaiya Hasan (1976) *Cohesion in English*, Longman, London.

Halliday, Michael A. K. and Ruqaiya Hasan (1989) *Language, Context and Text: Aspects of Language in a Social-Semiotic Perspective*, 2nd edition, Oxford University Press, Oxford.

Huddleston, Rodney and Geoffrey K. Pullum (2002) *The Cambridge Grammar of the English Language*, Cambridge University Press, Cambridge.

Isard, Stephen (1975) "Changing the Context," *Formal Semantics of Natural Language*, ed. by Edward L. Keenan, 287–296, Cambridge University Press, Cambridge.

Kamio, Akio (神尾昭雄) and Margaret Thomas (1999) "Some Referential Properties of English *It* and *That*," *Function and Structure: In Honor of Susumu Kuno*, ed. by Akio Kamio (神尾昭雄) and Ken-Ichi Takami (高見健一), 289–315, John Benjamins, Amsterdam and Philadelphia.

Kiparsky, Paul and Carol Kiparsky (1971) "Fact," *Semantics: An Interdisciplinary Reader in Philosophy, Linguistics and Psychology*, ed. by Danny D. Steinberg and Leon A. Jakobovits, 345–369, Cambridge University Press, Cambridge.

Koops, Christian (2007) "Constraints on Inferential Constructions," *Aspects of Meaning Construction*, ed. by Günter Radden, Klaus-Michael Köpcke, Thomas Berg and Peter Siemund, 207–224, John Benjamins, Amsterdam and Philadelphia.

Kortmann, Bernd (1991) *Free Adjuncts and Absolutes in English: Problems of Control and Interpretation*, Routledge, London and New York.

Kuno, Susumu（久野暲）（1972）"Functional Sentence Perspective: A Case Study from Japanese and English," *Linguistic Inquiry* 3, 269–320.
Kuno, Susumu（久野暲）（1975）"Three Perspectives in the Functional Approach to Syntax," *Papers from the Parasession on Functionalism*, ed. by Robin E. Grossman, L. James San and Timothy J. Vance, 276–336, Chicago Linguistic Society, Chicago.
Larsen-Freeman, Diane（2003）*Teaching Language: From Grammar to Grammaring*, Thomson/Heinle, Boston, MA.
Lee, David A.（1991）"Categories in the Description of *Just*," *Lingua* 83.1, 43–66.
Leech, Geoffrey N.（1983）*Principles of Pragmatics*, Longman, London.
Otake, Yoshio（大竹芳夫）（2002）"Semantics and Functions of the *It is that*-Construction and the Japanese *No da*-Construction," *MIT Working Papers in Linguistics* Vol. 43, ed. by Tania Ionin, Heejeong Ko and Andrew Nevins, 143–157, MIT, Department of Linguistics and Philosophy, Cambridge, MA.
Patt, Sebastian（2013）*Punctuation as a Means of Medium-Dependent Presentation Structure in English: Exploring the Guide Functions of Punctuation*, Narr Francke Attempto Verlag, Tübingen.
Quirk, Randolph, Sidney Greenbaum, Geoffrey N. Leech and Jan Svartvik（1985）*A Comprehensive Grammar of the English Language*, Longman, London.
Radden, Günter and René Dirven（2007）*Cognitive English Grammar*, John Benjamins, Amsterdam and Philadelphia.
Rochemont, Michael S.（1985）*A Theory of Stylistic Rules in English*, Garland, New York. ［1978 Doctoral Dissertation, University of Massachusetts, Amherst］
Sopher, Hayeem（1971）"Apposition," *English Studies* 52.5, 401–412.
Stump, Gregory（1985）*The Semantic Variability of Absolute Constructions*, Reidel, Dordrecht.
Swan, Michael（2005）*Practical English Usage*, 3rd edition, Oxford University Press, Oxford.
Wierzbicka, Anna（2006）*English: Meaning and Culture*, Oxford University Press, Oxford.
Wolter, Lynsey K.（2006）*That's That: The Semantics and Pragmatics of Demonstrative Noun Phrases*, Doctoral Dissertation, University of California, Santa Cruz.
内田聖二(編)（2009）『英語談話表現辞典』三省堂, 東京.
大竹芳夫(1994)「文頭に独立して現れる名詞句について」『言語文化論集』第38号, 289–302, 筑波大学現代語・現代文化学系.
大竹芳夫(2009)『「(の)だ」に対応する英語の構文』くろしお出版, 東京.
大竹芳夫(2015)「知りがたい情報の同定と判明を披瀝する英語の構文: It is that 節構文と It turns out that 節構文の比較対照」深田智, 西田光一, 田村敏広(編)『言語研究の視座』172–187, 開拓社, 東京.
加藤雅啓(1980)「英語における照応関係の原理」『英語学』第 22 号, 68–88.
金子稔(1991)『現代英語・語法ノート』教育出版, 東京.
中右実(2013)「非人称 it 構文: 語法と文法の不可分な全体を構文に見る」『英語語

法文法研究』第 20 号, 5–34.
福地肇(1985)『談話の構造』(新英文法選書第 10 巻) 大修館書店, 東京.
安井泉(2013)『英語で楽しむ英国ファンタジー』静山社, 東京.
安井泉(訳)(近刊) ルイス・キャロル著『不思議の国のアリス』

辞　書

Cambridge Advanced Learner's Dictionary, 4th edition (2013) Cambridge University Press, Cambridge.
Cambridge International Dictionary of English (1995) Cambridge University Press, Cambridge.
Collins COBUILD Advanced Dictionary of English, 7th edition (2009) Heinle Cengage Learning, Boston, MA.
Collins COBUILD English Dictionary, New edition (1995) HarperCollins, London.
Collins COBUILD English Usage, 3rd edition (2012) HarperCollins, Glasgow.
Longman Dictionary of Contemporary English, 6th edition (2015) Pearson Education, Harlow. [LDOCE[6]]
Longman Dictionary of English Language and Culture, 3rd edition (2005) Longman/Pearson Educational, Harlow.
Oxford Advanced Learner's Dictionary of Current English, 8th edition (2011) Oxford University Press, Oxford.
Oxford IDIOMS Dictionary for Learners of English, 2nd edition (2001) Oxford University Press, Oxford. [OID[2]]
『ウィズダム英和辞典』第 3 版 (2012) 三省堂, 東京.
『新英和大辞典』第 6 版 (2002) 研究社, 東京.
『新明解国語辞典』第 7 版 (2011) 三省堂, 東京.
『精選版 日本国語大辞典』(2006) 小学館, 東京.
『日本医学会 医学用語辞典(英和)』第 3 版 (2007) 南山堂, 東京.
『ユースプログレッシブ英和辞典』(2004) 小学館, 東京.

索　　引
(語句索引と項目索引の二部構成)

【語句索引】

〔欧文〕

AAMOF (＝As A Matter Of Fact)　60
AAR8 (＝At Any Rate)　60
AFAIAA (＝As Far As I Am Aware)　60
AFAIC (＝As Far As I'm Concerned)　60
AFAIK (＝As Far As I Know)　60
after　9–10, 144–45, 147, 206
(all) that {being said / having been said}　166
all the same　114, 140
allegedly　80–83
also　117, 119, 183
although　50–51
and　1, 8, 13–15, 22–23, 27–29, 38–40, 47–48, 68–72, 97–99, 117, 119, 182, 192, 195–96
and then　8, 10, 14, 133, 141
and therefore　6
Anything is OK.　41
arguably　83–88
as　8, 156, 192
as a matter of fact (＝AAMOF)　ix, 54, 60, 167, 188–91
as do I　191–93
as expected　143
as {for / to}　127, 137–39
as much as　50–51
as regards　137
as soon as　99, 105, 144–45
at last　141–42
at the end　107, 142
awesome　42

B4 (＝Before)　60
BC, B/C (＝Because)　60
be aware of　134
Be Careful.　126
be conscious of　134

because (＝BC, B/C)　v, 2, 6–7, 60, 202–205
before (＝B4)　9–10, 60, 189
being　156, 206–207
believe it or not　191
Best regard　32
BIF (＝Before I Forget)　60
{a big if / a but}　39–40
BTW (＝By The Way)　60
but　7, 23, 38–39, 42, 44, 47, 49–53, 66–67, 71, 108, 113–16, 164–65, 170, 192
But me no buts.　39, 44
but then (again)　16–18
buts　38–39
by　103, 206
by the way (＝BTW)　60, 102–107, 110

Can I put my two cents in?　viii, 46, 54–55
certainly　48–49, 99, 113, 122
CMIIW (＝Correct Me If I'm Wrong)　60
critically　154
crucially　154
CUZ (＝'Cause (Because))　60

dictus (ラテン語)　184
ditto ({for / to / with})　181, 184–87, 211
Don't mention {it / that}.　12
Don't whatever me.　44

end of {story / statement}　34–37
er　88
essentially　154
even {if / so}　22, 114
Excuse me, but . . .　53

a fact {that / which} . . .　18–20
fascinating　88–89
finally　142
{first / firstly}　150–51, 153

[216]

索　引 | 217

for a {moment / second}　112–13
for that matter　116–19
for {what / whatever} it's worth (＝FWIW)　60, 76–80
frankly　51
Full stop.　30, 34–37
funny　88–89, 165
FWIW (＝For What It's Worth)　61
FYI (＝For Your Information)　60

granted　113, 115

handsome　127
having said that　162–66
hey　78, 108–109, 111–12
How are you?　127–28
however　35, 59, 114, 164–65, 172–73
huge　42

I bet　189
I don't mean to change the subject　108–11
I guess　189
I hate to say {it / this}, but . . .　46, 49–53
I hate to say that　52–53
I love you.　79, 185, 187, 211
I mean　71–72, 88, 144
I take it　189
IAC (＝In Any Case)　61
IAE (＝In Any Event)　61
if　22, 38–40, 113, 205
if I can put my two {cents / pennies} in　53, 211
if I could put my two cents in　viii, 54
IIRC (＝If I Remember Correctly)　61
I'll second that.　182–83
I'm fine.　126–29
I'm sorry　44, 76, 79, 112–13, 115, 190
IMHO (＝In My Humble Opinion)　61
IMO (＝In My Opinion)　61
imply　161–62
importantly　148–54
IMPOV (＝In My Point Of View)　61
in my humble opinion (＝IMHO)　57–59, 61

in my {less-than- / not-so-} humble opinion　59
in other words (＝IOW)　25, 61
inarguably　86
interesting　89
interpretation　20–21
IOW (＝In Other Words)　61
it　vii, 10–13, 27–29, 32, 50–52, 100, 166, 208, 211
It is illogical.　88
{it is / it's} just (that) . . .　vi, 30, 72–75, 190, 199–200
It is logical.　88–90
It is true (that) . . .　113, 116
It's absurd!　11

JIC (＝Just In Case)　61
just　74–75, 113, 200
Just because . . . (it) doesn't mean ～　159–61
just {before / when} . . .　200–202
Just that . . .　75

The key point is . . .　41–42
know　132–35

let me add . . .　64–66
like　42
listen　37, 108–109
literally　42
look　108, 111, 161
luckily　143

make　161
matter　119
may　79, 113
{maybe / maybe not}　46–47
Maybe. Maybe not.　47
Me (,) too.　ix, 182, 211
mean　161
The more you have, the more you want.　179

negate　161–62
nevertheless　114
next　132

(the) next thing (S＋V)(,)　viii, 127, 131–37
no　130
{no ifs, ands or buts / no ifs or buts}　37–38
no longer　120, 169–70
no offense, but . . .　42
no worries　42
nonetheless　114
not　46
not to change the subject　108–12
now　36, 170, 173
NOYB (＝None Of Your Business)　61
NP (＝No Problem)　61

of course　113–14
oh　3, 65, 73, 88, 103, 106–107, 109–10, 198
on the contrary　89, 119–22
on the other hand (＝OTOT)　61, 119–21
once upon a time　ix, 167–74
or　2–3, 17, 23–24, 28–29, 36–38, 43, 59, 63–64, 70, 72, 99–101, 118–19, 195–96
or anything　110–12
(or,) {better / rather}　99–102
OTOH (＝On The Other Hand)　61

{perhaps / perhaps not}　46–49
Perhaps. Perhaps not.　47–48
PMFJI (＝Pardon Me For Jumping In)　61
possibility　20
prove　161–62
put my two cents in　54–56

quite {suddenly / unexpectedly}　142–43
quite the contrary　121–22

reportedly　80
Rubbish!　36

same　183
{second / secondly}　150–51, 153, 183
sense　134
significantly　154
A silence. . . . Another silence.　129, 211
Sincerely yours　32

so　183, 192
so am I　116, 189–90
so do I　167, 182–83, 189–92
speaking of　109, 137
still　101, 114
suspicion　20

TAFN (＝That's All For Now)　61
that　vii, 10–13, 32, 52–53, 166, 196, 211
That can't be.　33
that is (to say)　196–99
that said　162–65
That was never it.　33
That's absurd!　11
That's it.　31–33, 142
That's not that.　33
That's that.　30–33
the　134, 136, 180
then　147
therefore　6, 84, 89–91
{third / thirdly}　150, 153–54, 183
this　50–52, 178–79
though　205
too　ix, 182–83
TTBOMK (＝To The Best Of My Knowledge)　61
TTTT (＝To Tell The Truth)　61
two {cents / pennies / pennyworth}　viii, 46, 53–56, 211

um　88
unarguably　86
unfortunately　143, 151
used to　167, 170, 172, 174–76, 197

well　vi, 17, 46, 72, 75, 170, 203
what is more important　153–54
whatever　40–45, 76–80
Whatever you like.　41
when　21–22, 205, 209
When you've seen one, you've seen them all.　21–22
while　206

why, {sure / yes}　61–62
with all due respect　42
with reference to　137
with that said　166
would　167, 174–76
WRT（＝With Regard To）　61

yeah, whatever　vii, 31, 41, 43–44
you know　31, 72, 88, 95, 180
you might find this hard to believe　191
You understand?　126

〔あ行〕
愛している（の／よ／わ）　185–87
あくまで（も）{私見／私個人の考え／私の考え}ですが　57, 59
あっ、忘れるところだった　106
あっそうそう　104, 106–107, 109
〜後で　9
あなたには関係ありません　61
あまり知られていないのは　177
謝って済むこと{じゃないけど／ではありませんが}　76, 79

言い換えると　61
言いにくい{こと／の}ですが　46, 49–53
意識を取り戻すと　136
〜、以上。　34, 37
以上。これ{以上議論の余地／以外に選択肢は}なし　35–36
以上。{話はおしまい／話はもう終わり／もう話すことはありません}　35, 37
以上、わかったわね　36
以前（は）　172–73
急いで言い添えるけど　65
一度〜{すると／すれば}　145, 147
「一抜けた」、「二抜けた」、「三抜けた」　183
一番重要なのは　152
いっそのこと　102
一方　120
いや　49, 101, 118, 121, 123–24, 189
言わせていただけるなら　57, 61

うわさによると　80

ええ、もちろん{そうです／だよ}　61–62
ええと、{そう／その通り}です　62–63

おことばですが　42
おそらく　84, 86
同じく　185–87, 211
同じく（{驚くべきは／見落としてならないことは／重要なことであるが}）　153, 178
同じように難しいのは　178
面白い　89
折も折　200

〔か行〕
〜が　69, 71
かしこ　32
かつて（は）　168, 170–73
〜から　v, 202–204

聞いた話ですが　81–82
気が{ついたときには／ついたら／ついてみれば／つくと}　iv, 14, 132–35
気づくと　134–35
気にしないでください　12
気を悪くしないで欲しいんだけど　42

敬具　32
決してつたなくはない私の意見ですが　59
結構{です／だよ}　41, 127–28
元気だよ　127–28

ご参考になればと{思い／思って}　76, 78–79
ご参考までに（{お伝えしますが／申し上げますが}）　60, 76–77, 80
故人を弔うことになればと思いつつ　77
ことによると　46, 49
これでおしまい　32–33
これにて一件落着　32

〔さ行〕
さもないと　196
さらに言えば　118

| 索　引

しかし　7, 39–40, 114–16, 165
しかし{そうしたら／そのうち}　16
しかし今{では／や}　170
しかしながら　165
私見{によれば／を述べさせてもらえるなら}　57, 60
〜した後　9, 144
実に興味深い　88–89
実は　30, 72–73, 97, 189–91
実はちょっと　73, 190
実はまったくその反対なのです　122
実を言うと　60–61
自分で言うのもなんだが　49
重要なのは〜　42, 149, 152
信じがたいかもしれないが　178
信じようと信じまいと　191
心配ないよ　42

少なくとも私には、〜と映るな　58
少しでもご参考になればと思いお知らせしますが　76
すみませんが　53
すると　6, 15, 143
すると{いつのまにか／突然}　132–33, 136
〜すると(すぐに)　144, 195
〜するまで(ずっと)...する　140
〜寸前に　201

正確に言えば　100

そう言うと　165
そう言えば　103, 117
そう言われてるけどね　81
そうじゃないよ　100
そう{すれば／でないと}　196
草々　32
そうではありません　90
そうではなく　120
そうね、きっとそうよ　87
そうは{言うものの／言っても}　17, 163–65
そして　68, 130, 141, 144, 160–61, 211
そのこと{には触れないでください／は言うな}　12–13

そのとき　6, 201
その反面　120
それだけ{じゃない／のこと／のはずがない}　32–33
それどころか　119–20
それなのに　70
それに　117–19
それに劣らず重要なのは　178
それにしても　110, 112
それにもまして重要な{ことですが／ことは／のは}　152, 154
それは論理的{です／ではありません}　88–89
それほど知られていない({こと／の}は)　176–77, 179
それほどつたなくもない私の意見ですが　59
それゆえ　90–91

(た行)
{第一／第二／第三}に　150–51
大丈夫{だ／です／なんです}　127–29
だから　68
だからといって、〜という{ことではない／ことにはならない／わけではない}　159–62, 199–200
たしかに　115–16
ただ　197
ただ(、){実はその／その／その実／何と言うのか}　vi, 30–31, 72–75, 190
ただし　199
だって　vi, 173, 204
他方　61
「たられば」も「それに」も「でも」もなし　38

ちなみに　103–104
ちょうど〜時点で　201
超ヤバイ　42
ちょっと言ってもいい(ですか)？　56
ちょっと話が{変わるけどね／それますが}　112–13

次いで　8, 147, 177

次の瞬間　133
付け加えさせて{もらいますが／もらいましょう／もらうと}　64–66
伝えられるところでは　80
つまりただ何と言うのか　31

〜て　68
〜で言えば　117–18
でも　32–34, 38–39, 44, 82, 102, 105, 112, 137, 152, 179, 190
「でも、でも」って言わないこと　39, 44
でも実際は　101
でもそうしたら　16
でもね　17
でももも{へちま／へったくれ}もない　39
でもよく考えてみれば　17

というか　102, 170
という話だ　81–83
〜と言えば　76, 116–18
〜と言って{ほぼ間違いないであろう／よい}　84, 86
どういたしまして　12
同感(です)　183
{同上／同前}　184
どうでもいい{さ／だろ／よ／わ}　vii, 40–45
とうとう、ついに...する　140
ところが実は　189
ところで　26, 48, 60, 104–107, 110, 117, 154, 172
〜途端　201–202
{とにかく／ともかく}　18, 41, 60–61
とりあえず以上です　60
とんでもない　100, 121

〔な行〕
なかでも({重要なのは／見逃してならないのは／最悪なのは})　148–49, 177
慰めになればと思って伝えますが　78
なぜなら(ば)　31, 60, 149, 202–204
なるほど　113–15

〜に関しては　56, 61

念のため　61
〜ので　6, 27–28, 52, 55, 71, 109, 133, 155–158
〜のに　68–72

〔は行〕
ばかばかしいわ　36
話の腰を{折ってすみませんが／折るわけではありませんが}　109, 112–13
話を変えるわけじゃない{が／けど}　108–110
話をそらす　105–106, 111–12
話を{そらす／そらしたりなんかする}わけじゃない　108–12
歯に衣着せぬ言い方をすれば　51
ひと言、{いいかな？／言わせていただければ／話してもいいですか？／申し上げてもよろしいでしょうか？／よろしいですか？}　viii, 46, 54–55, 211
ひとたび〜すれば　146–47
ひょっとすると　46–49
別に(どうでもいい)　vii, 30, 40–45
報道によれば　80
僕個人のつまらん意見だと思うなら思ってもいいが　58
僕も　iv, 182
ほぼ間違いなく(言えるのは)　84–85
本当は決してそうではなかったんだけどね　33
ほんの参考までに言うと　78

〔ま行〕
〜前に　9, 60, 64–65, 82, 105, 136, 141, 143, 189
(まことに)申し上げにくいのですが　52
〜まさにそのとき　201
マジで　42
間違いなく(と言える)　49, 56, 84–87
まったく{正反対であった／その反対なので

みたいな　42

むかし（{は／むかし}）　167–71

申し上げても仕方がないことかもしれませんが　78
申し立てによると　80
もう少し{具体的に説明すると／正確に言えば／はっきり言うと}　100, 196
〜も同じ　193–94
もし〜{たら／れば}　38, 90, 130–31, 197–98, 208, 211
「もしも」の仮定の話だが　40
もちろん（、）　39, 79, 90, 114, 117, 146, 198–99
もちろん{そうです／だよ／です／！}　61–63
もっと重要な{ことであるが／のは}　153, 179
もっとも　152–53, 198–99
もっともそれもそのはず〜だから　17–18
〜も同様{だった／である}　191, 193
問題ありません　61, 91

〔や行〕

〜矢先に　200–201

要するに〜だけなのです　199–200
横から失礼します　61
よりに(も)よって　200–201

〔わ行〕

わずかでもお役に立てたのでしたら　77
忘れないうちに　60, 65
私が知るかぎりでは　60–61
私が間違っていたら直してください　60
私自身の見解では　61
私としては　60
私の考えでは　61
私の記憶がたしかなら　61
私のつたない意見だけど　58
我に返ると　135

す}　121–22

【項目索引】

〔欧文〕

although 節　208
as 句　51–52
as（従属）節　8, 193–95
as＋{助動詞／be 動詞}＋主語構文　191–93

be 動詞　176, 181, 183–84, 191–93
because 節　viii, 202–204

concession（譲歩）　113
counter-argument（反論）　113–14

if 節　25, 196–99, 208
it と that の選択　vii, 10–13

just because 節　viii, 159–61

{neither／nor}＋{助動詞／be 動詞}＋主語構文　117, 119

once（節）　144–48, 167–74

should を文頭に置く条件節　89
since（節）　89, 155
so＋{助動詞／be 動詞}＋主語構文　119, 181, 183–84, 192
stressed auxiliaries（強勢を受ける助動詞）　114

"the＋比較級…, the＋比較級…" 構文　179–81
till（節）　139–44

unless 節　196–99
until（節）　139–44

"whatever" attitude（「別にどうでもいい」という態度）　43–44
when 節　196–99
Why 疑問文　1, 203
without 節　207

索引

〔あ行〕

愛情表現　79, 185–86
相手との社会的関係の維持、強化　92
相手の発話の補完　122–23, 204
相手を苛立たせる表現　40, 42, 45, 74
後から思いついたこと(afterthought)　7
アメリカ英語　31, 34, 38, 46, 54, 122
新たな属性　157–58
新たな話題(の導入)　36, 102, 105, 110, 112–113, 138

言い争い　43
言いよどみ　viii, 74–75, 88, 122
言い訳　37–39
イギリス英語　34, 38, 54, 122, 140
意識の流れ　15, 131
一方的な教示　55
イディオム　74, 102, 121, 134, 161
意味上の主語　207–209
意味的切れ方の強弱　131
因果関係　v, 6–9, 68, 95, 132, 137
因数分解　1, 13–14, 16
引用{伝達／文／符}　24–26
韻を踏む　124–25, 182

エモーティコン(emoticon)　60
遠隔の類像性の原則(the iconic principle of distance)　6
婉曲　76–77, 79
演説の結び　32

おとぎ話　167–68, 173
音調　22, 47
(音調上の)休止　22, 73–74, 190
音調上の切れ目　5

〔か行〕

会話文　22
顔文字　66
確信の{度合／揺れ}　46–48
(過去と現在の状況の)対比　ix, 167–74
過去の習慣　167, 174–76
仮想条件　206–207

括弧　18
仮定　38–40, 156
環境の it (ambient it)　27
関係節　23, 184
関係代名詞　23
完結　viii, 33, 122–23
換言　25, 196–97, 199
緩衝{機能／表現}　vi, 75, 117
感嘆表現　32, 82
間投詞　61, 64, 88, 108
慣用表現　38–39, 44, 80
完了形　144–45, 166
緩和表現(softener)　51

既獲得情報(already-learned information)　11
既知情報　159, 178
詰問　74–75
既定値(default value)　10
疑問文　25, 31, 75, 203–204
疑問文の音調　47
逆接　50–51, 67, 164–65
逆行代名詞化　208
旧情報　97
旧情報から新情報へという情報(given-new information)の流れ　96–97
強勢　70, 114, 183
共通要素　13, 15, 23
許可　53, 64–66, 211
儀礼的返答　128
金言　179

口癖　45, 88–89, 187
口ごもり　74
口調変化　106
句読点　131
句読法(punctuation)　130–31, 211
繰り返し符号＝"〃"　184

継起関係　6, 16, 68, 131–32, 137, 165, 205
計算　vii, 10
繋辞 is　196
形式主語(構文)　27–29
形式的な独立性　5–6

224 索　引

継続語(continuatives)　94
軽蔑的態度　127, 137–39
経由の手段　206
形容詞(句)　71, 84, 132, 153, 176–78
劇的効果(dramatic effect)　144
結果　7, 68–70, 195–96
結束性(cohesion)　93–94, 96
結末　69, 142, 144
原因　6–7, 155
嫌悪(感)　82, 137

語彙的結束性(lexical cohesion)　94, 96
後位修飾　184
後景化　8
広告文　125
口語({体／的表現／表現})　viii, 38, 54, 89, 140, 185, 191
後続性　206
後置　176–78
肯定的見解　46
後方照応的(cataphoric)　178, 208
口論　43
誤解　vi, 65, 72–73, 75, 190, 199
語気　32
諺　22, 179
固有名詞　158
誤用(abuse)　87–88, 120
語用論的{意味／含意／特性／含み}　74, 108, 110, 137, 165, 169, 172–73
コロン(colon)　18, 122, 131
コンマ(comma)　22, 97, 130–31, 141, 148, 155, 192, 194, 205, 211

〔さ行〕
最上級　84–85, 151, 154, 177
賛意(の)表明　32
三人称　158
三拍子そろう　125
3部構成の談話　114
時間順配列の類像性の原則(the iconic principle of sequential order)　6, 9
時間的継起{関係／の順序}　16, 137, 147

時間的前後関係　7–8
時間的な隔たり　6, 141, 145, 170–72
時間的隣接性　132, 137
時間の流れ　10, 136
自己完結性(self-containedness)　131
指示(reference)　94
指示対象　3, 11, 134–35, 156–58, 208–209
事実提示　114
事実認定　ix, 1–2, 87, 188
指示表現　vii, 10–13, 50, 52–53, 166, 178, 196, 211
指示文　11
事情説明　190
釈明　vi, 72–75
謝罪　12, 79, 162
終局　34, 142, 144
終結　vii, 30–37
終止符　30, 34
従節　180
従属節　8, 202–204
従属接続(subordination)　5, 8–9
従属接続詞　8–10, 202
主題　10, 97, 181
主題から題述への展開(theme-rheme development)　96
主題的副詞　173
述語動詞　161
述部　159
首尾一貫性(coherence)　93, 96–97
主文　8, 25, 135, 139–48, 150, 155–56, 158, 180, 191–94, 197–99, 205–209
順次性　146–47
使用域　139
状況認識を表す動詞(句)　132, 134
状況の it　27
条件　22, 64–65, 103, 195–99, 205
「条件―{帰結／結果}」(の意味関係)　22, 131, 195
条件節　89, 195–96
常識や予想の打ち消し　119–20
状態動詞　174
承諾・承認表現　61
焦点　70, 98–99, 146, 177–78, 184, 193

焦点をずらす　103–104, 110
使用頻度　140
譲歩　22, 51, 68–69, 113–14, 116, 155, 205
「譲歩―帰結」(の関係)　22
譲歩{節／を表す(副詞)節}　116, 207
譲歩提示　114
情報の切り替え　101–102
情報の事実認定　ix, 87, 188
情報の流れ　v, 96, 149
省略 (ellipsis)(形)　14–15, 19, 69, 94, 100, 136, 153, 156, 186, 197–99, 206
序数詞　183
知りがたい{事実／事情／情報／側面}　76, 144, 157–58, 188, 190, 199
新獲得情報 (newly-learned information)　11
新情報　25, 97, 159, 176

図 (figure)　8
推論　6–9, 22, 69, 156, 164, 189, 206, 208–209
数式　13, 188
ステップの{完了／開始}　144–48

制限　65, 196–99
静寂の「間」　viii, 127, 129–30, 211
絶句　31
接続詞　v, ix, 22, 67, 139–40, 144, 147, 192, 205, 209
接続表現 (conjunctions)　v, 10, 18, 21–22, 37–40, 50–53, 66, 68, 89–91, 94–95, 210
セミコロン (semicolon)　130–31, 211
前景化　8
前言との類似性を伝える構文　117–19
先行性　206
前後即因果の誤謬 (post hoc, ergo propter hoc)　7
前置　97–99, 176
前置詞(句)　23, 140, 156
宣伝文句　124–25, 179

相違点　97, 99
相関の the (correlative the)　180
挿入　24–27
挿入句　153

〔た行〕
題述(部)　96–97
対照 (contrast)({の関係／点})　22, 71, 97, 99, 119
対比(関係)　ix, 7–8, 69, 120, 164, 167, 169–170, 172, 174
代名詞({化／主語})　14–15, 95–97, 157–58, 178, 208
代用 (substitution)(表現)　94–95, 183, 187, 197
多義　127
立場表明　52
ダッシュ(記号(―))　18, 21, 31
ためらい (hesitations)(の「間」)　vi, 62, 64, 66, 190, 203
ためらいことば (hesitators)　88, 211
単数名詞(化)　39, 40
談話辞　ix
談話の流れ　5, 66, 106, 111, 114, 139
談話標識　106–10
談話冒頭　52, 137, 158
談話レベル(の文法)　167, 174–76, 208

地 (ground)　8
知覚　viii, 93, 127, 131–33, 135–37
知覚動詞　135
躊躇　64, 190
直截的な表現　21, 196
直示的　158
追記　57, 65, 103, 110, 163, 171, 193–95
追述　103, 116, 118, 139, 162–63, 166, 188–89, 194
使いすぎ (overuse)　87
{「接ぐ」／「つなぐ」}事象(文を～)　vii
つなぎ表現　vi, vii, viii, 16, 18, 46, 53, 57, 59–60, 72–74, 76–77, 93, 99, 101, 107–108, 119, 127, 137, 147, 200–211

定冠詞　134
定型表現　34, 167, 174
抵抗感　49–50, 52–53
定性　156

226 | 索　引

訂正情報(の伝達)　99, 101, 118–19
訂正(表現)　viii, 93, 99–101, 118–19
訂正表現を導く or　118
程度を表す副詞　121
丁寧さの原則　125
定名詞句　11
手紙文　32, 107
天候・寒暖・明暗・時間などを表す文　27–29
伝達部　24–27
伝聞情報　80–82

同意　40, 88, 182, 211
等位接続(co-ordination)　5, 8–9, 23–24
等位接続詞　23, 68–69
同格関係　40
同格構文　156
動作動詞　174
動作の{起動／禁止}　126
動作の{継続／反復}　140–41
動詞(句)　14, 39, 66, 97–99, 132, 134–35, 183, 186, 196, 205
動詞句前置(VP preposing)　97, 99
頭字語(acronym)　59
同時性　206
倒置　183, 191
倒置構文　176–78, 191–92
同等比較表現　177
導入表現　168
独立文　70, 191
突発的な思いつき　107, 109–10
トピック　96

〔な行〕
{内実／内情}　162–63

念押し表現　126

〔は行〕
背景情報　158–59
配慮意識　vii, 113
配列順序　vii, 6, 9–10, 124
発話態度の{切り替え／表明}　51–53, 61
発話内容に対する根拠(evidence)　7–8

発話の契機　17, 100, 103, 108, 148, 159–60, 188
話し手の評価　143, 148, 154
話の一番の山場となる(climactic)情報　68
話の筋　v, 31, 104, 109, 195
話の{方向／向き}　viii, 93, 102–105, 108–109, 112
場面設定(表現)　167, 174
反意語　86
反復　ix, 140–41, 181, 186
反論(提示)　39–40, 113–16

控え目な態度　78
比較　150–51, 176–78
比較級　84–85, 151, 154, 177, 179–81
比較を表す{形容詞句／副詞}　154, 176, 178
非指示的　156–57
否定(形)　100, 120, 147, 199
否定辞　46, 111, 130
否定的な環境　38
否定的{見解／陳述}　46, 121
否定の応答　121–22
被伝達部　27
皮肉　39, 57–58, 83, 112, 117, 204
皮肉混じりの懐疑(ironic scepticism)　82
比喩的表現　161
描写文　156
ピリオド　5, 15, 19, 21, 122, 141
比例関係　179
比例構文(proportional correlatives)　179–81
披瀝　55, 57, 72–73, 75, 144, 163, 188–90, 199

副詞({句／節})　ix, 25, 27, 46, 94, 121, 143, 148, 154–55, 192, 209
副詞相当語句　137
複数名詞(化)　38–39
付言　64–65, 110, 116–19
符号的表現　186–87
付随する情報(主文に〜)　193–95
付帯的状況　205
不定　156–57
文語(体)　89, 140, 168–69, 185, 191
分詞{構文／節}　156, 184, 205–209

文修飾副詞　80–81, 83–88, 148, 150, 153–54
文体上の理由　203
文中　24, 76, 92, 192
文頭　24, 27, 70, 76, 89, 92, 94, 97, 148, 154–160, 176–78, 181, 183, 192
文頭{に立つ／の}it　27
文頭に独立する名詞句(を伴う文)　154–58
文の独立性　131
文末　24–25, 57, 76, 91–92, 94, 97–99, 155, 176–78, 181, 183–84, 192–94, 211
文末(の)主語　178, 183–84
文末重心の原則　184
文末焦点(の原則)　99, 184, 193
文脈効果　25, 27
分離(separation)　15, 131
分離された叙述部(detached predicatives)　156
文レベル(の文法)　157, 167, 174–76

平行性(parallelism)　94, 161
平叙文　2
並置(juxtaposition)　5–9
並列(関係)　24, 68, 146, 193
へりくだった{気持ち／態度／見方}　vii, 53–55, 57, 211
弁解　37–39, 74
返答　46, 64, 70, 89, 128, 130, 185–87, 203–204

方程式　13
補完(的)　v, viii, 48–49, 93, 122–23, 204
補足(的情報)　v, 39, 64–66, 103, 193, 195
本音の披瀝　55

〔ま行〕
前置き　18, 49, 51, 55, 57, 81
間を埋めることば(fillers)　88

未完結　viii, 30–31, 122–23

未完成(incompletion)　31
むかし話　167–68, 173
無関心(な態度)　vii, 40–42, 45, 127, 137–39
無動詞副詞節(verbless adverbial clause)　155
名詞化(接続表現の〜)　37–40
名詞句　18–21, 23, 101, 137, 154–59, 195–96
名詞句＋{and／or}＋文　195
命令文　120, 124–26, 131, 196
メトニミー(換喩)　40

〔や行〕
ユーモア　211

呼びかけ語　25, 91–92, 108, 211

〔ら行〕
リスト　14
リップサービス　66, 93, 108
略語　60
理由　v, viii, 1–2, 155–56, 159, 205–207
理由や事情を尋ねる疑問文　203
隣接ペア(adjacency pairs)　94

類似(情報)　117–19
類像性　6, 9

例外　65, 162–63

〔わ行〕
話題　34–37, 40–44, 102, 104–105, 107, 109–110, 112–13, 127, 137–39, 159, 166, 181, 195, 209
話題継続を表す{and／also}　117, 119
話題の{提示／転換}　105, 107–109, 137–38
話題の展開(の{拒否／拒絶})　vii, 30, 40–41, 45

〈編者紹介〉

内田聖二（うちだ・せいじ）1949 年生まれ。奈良大学教授。

八木克正（やぎ・かつまさ）1944 年生まれ。関西学院大学名誉教授。

安井　泉（やすい・いずみ）1948 年生まれ。筑波大学名誉教授。

〈著者紹介〉

大竹芳夫（おおたけ・よしお）1965 年新潟市生まれ。筑波大学第一学群人文学類卒業。筑波大学大学院教育研究科教科教育専攻英語教育コース修了。教育学修士。博士（応用言語学）。文部科学省在外研究員（米国ハーバード大学言語学科客員研究員）等を経て、現在、新潟大学教授（教育研究院人文社会・教育科学系）。"Semantics and Functions of the *It is that*-Construction and the Japanese *No da*-Construction." (*MIT Working Papers in Linguistics*. 43. 米国マサチューセッツ工科大学, 2002)、『「の（だ）」に対応する英語の構文』（くろしお出版、2009）など論著多数。

〈シリーズ〉英文法を解き明かす——現代英語の文法と語法 ③

談話のことば1　文をつなぐ

2016 年 7 月 31 日　初版発行

編　　者	内田聖二・八木克正・安井　泉
著　者	大竹芳夫
発行者	関戸雅男
印刷所	研究社印刷株式会社

KENKYUSHA
〈検印省略〉

発行所　株式会社　研究社
　　　　http://www.kenkyusha.co.jp

〒 102-8152
東京都千代田区富士見 2-11-3
電話（編集）03(3288)7711（代）
　　（営業）03(3288)7777（代）
振替　00150-9-26710

© Seiji Uchida, Katsumasa Yagi, Izumi Yasui, and Yoshio Otake, 2016
装丁：清水良洋（Malpu Design）
ISBN 978-4-327-23803-2　C 3382　　Printed in Japan